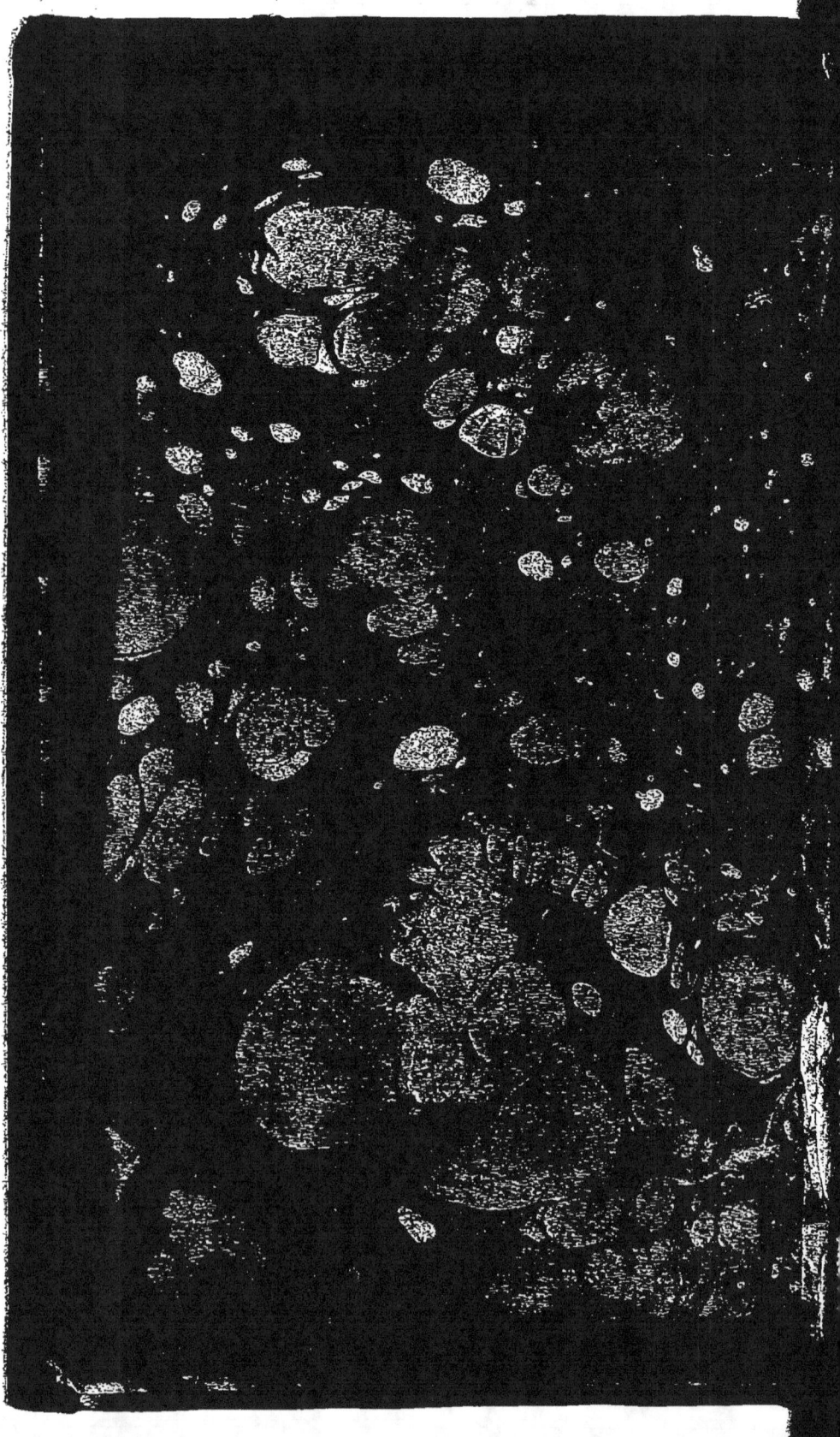

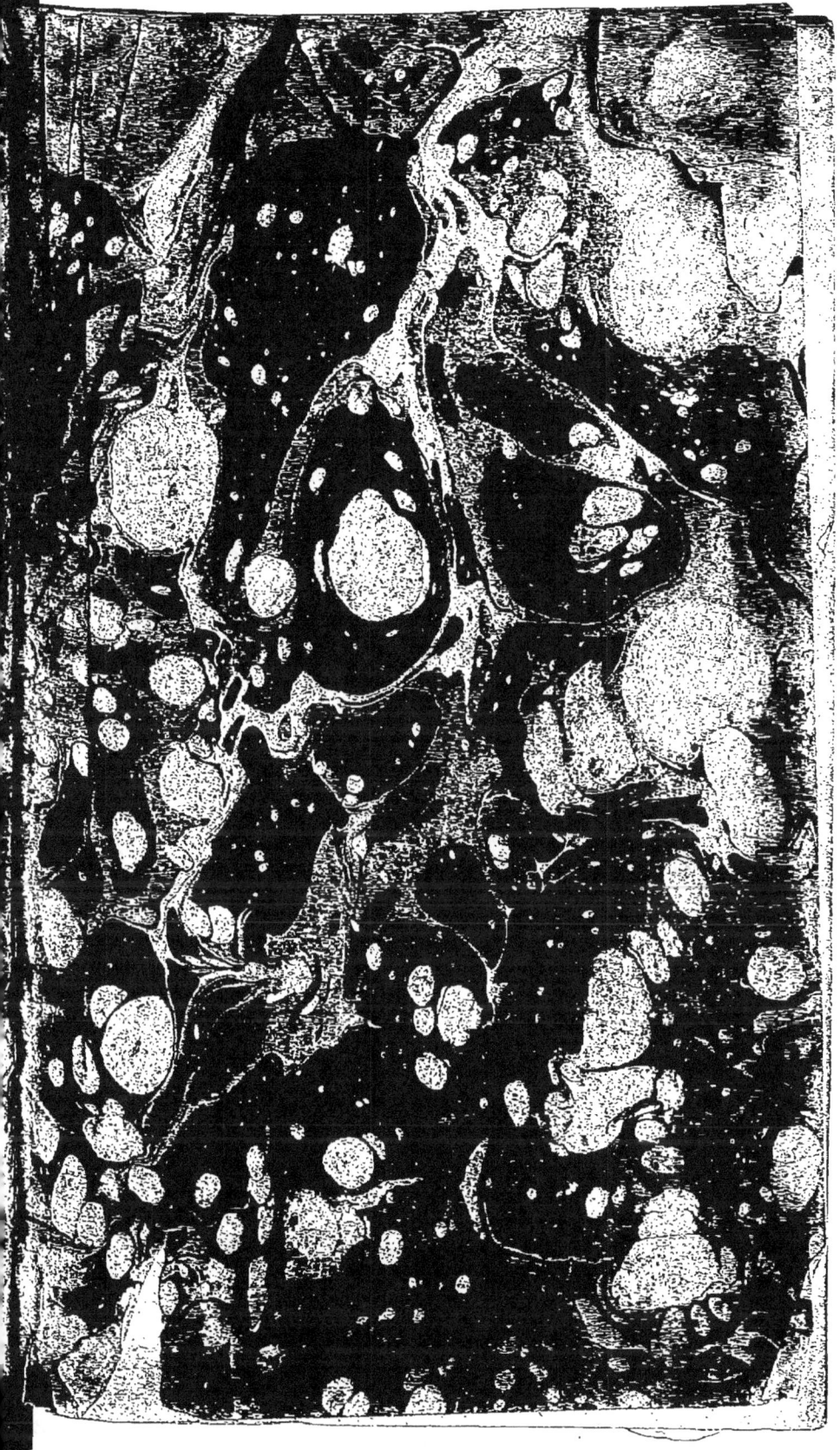

8° X
12156

3730-a.

5645

GRAMMAIRE

ITALIENNE.

Extrait du décret concernant les contrefacteurs, rendu le 19 juillet 1793, l'an II de la république.

A R T. III. Les officiers de paix, juges de paix, ou commissaires de police seront tenus de faire confisquer, à la réquisition et au profit des auteurs, compositeurs, peintres ou dessinateurs et autres, leurs héritiers ou cessionnaires, tous les exemplaires des éditions imprimées ou gravées sans la permission formelle et par écrit des auteurs.

A R T. IV. Tout contrefacteur sera tenu de payer au véritable propriétaire, une somme équivalente au prix de trois mille exemplaires de l'édition originale.

A R T. V. Tout débitant d'édition contrefaite, s'il n'est pas reconnu contrefacteur, sera tenu de payer au véritable propriétaire une somme équivalente au prix de cinq cents exemplaires de l'édition originale.

Nous soussignés, propriétaires de la présente édition, la plaçons sous la sauvegarde des lois et de la probité des citoyens, déclarant que nous poursuivrons devant les tribunaux tout contrefacteur, distributeur ou débitant d'édition contrefaite de cet Ouvrage.

GRAMMAIRE ITALIENNE,

ÉLEMENTAIRE ET RAISONNÉE,

SUIVIE

D'UN TRAITÉ DE LA POÉSIE ITALIENNE;

Ouvrage qui a eu l'approbation de l'Institut National de France :

Par G. BIAGIOLI,

Ex-professeur de Littérature grecque et latine à l'Université d'Urbin, et de langue italienne au Prytanée de Paris.

PRIX : 5 FRANCS.

A PARIS,

Au Magasin des Livres Italiens de L. FAYOLLE, rue St.-Honoré, n.° 1442, près le Palais du Gouvernement.

AN 13. — M. DCCC. V.

A MONSIEUR,

MONSIEUR LE GÉNÉRAL RAPP,

AIDE-DE-CAMP

DE SA MAJESTÉ L'EMPEREUR ET ROI.

Monsieur le Général,

Daignez permettre que cet Ouvrage auquel j'ai travaillé sans relâche depuis le moment où je fus nommé professeur de langue italienne au Prytanée de Paris, paroisse enfin sous vos auspices.

vj

Le désir d'être utile me l'a fait entreprendre; c'est un titre à votre bienveillance. Puissé-je aussi mériter votre suffrage, et paroître digne aux yeux du public de l'approbation que les savans ont donnée à mon travail; approbation qui m'autorise à penser que j'ai atteint en partie le but que je me suis proposé. Votre amour éclairé pour les lettres, Monsieur le Général, le goût que vous avez pour notre langue et pour notre littérature, me portent à vous dédier cette Grammaire; et les bontés dont vous avez bien voulu m'honorer, me permettent d'espérer que vous daignerez agréer cet hommage, et croire à ma reconnoissance et à mon entier dévouement.

J'ai l'honneur d'être,

Monsieur le Général,

Avec un profond respect,

Votre très-humble
et très-obéissant serviteur,

BIAGIOLI.

INSTITUT NATIONAL.

CLASSE
DE LA LANGUE ET DE LA LITTÉRATURE FRANÇOISES.

(Le Secrétaire perpétuel de la Classe certifie que ce qui suit est extrait du procès-verbal de la séance du mercredi, 22 ventôse an 13.)

Monsieur DOMERGUE a lu à la Classe le rapport suivant :

MESSIEURS,

« AVANT la nouvelle organisation de l'Institut
» national, M. Biagioli soumit à l'examen de la Classe
» de Littérature et Beaux-Arts, un Ouvrage de sa
» composition, intitulé : *Grammaire italienne, élé-*
» *mentaire et raisonnée.* Nommé l'un des commis-
» saires, j'étois prêt à faire mon rapport, lorsque
» les changemens arrivés à l'Institut ont changé l'é-
» tat des choses : cependant la demande de M. Bia-
» gioli ayant été accueillie, et la classe de la langue
» et de la littérature françoises ne voulant pas laisser
» sans effet un arrêté pris par la Classe de Littérature

» et Beaux-Arts, vous avez desiré, Messieurs, con-
» noître mon avis sur cet Ouvrage. Je l'ai lu avec
» attention, et voici les observations qu'il a fait
» naître.

» 1.° Le plan de l'Ouvrage m'a paru bien conçu;
» toutes les parties s'enchaînent heureusement, et
» se prêtent une clarté mutuelle. On regrette seule-
» ment que l'auteur n'ait pas adopté la méthode ana-
» lytique, la seule reconnue bonne, soit qu'on veuille
» acquérir des connoissances, soit qu'on ait l'inten-
» tion de les communiquer.

» 2.° Les règles du grammairien sont déduites des
» principes de la science grammaticale, et autorisées
» par des exemples tirés des classiques; mais ici
» M. Biagioli adopte trop facilement le préjugé ita-
» lien qui proclame l'infaillibilité des classiques. Se-
» lon ce préjugé, toutes les phrases du Dante, de
» Pétrarque et de Bocace sont correctes, tandis que
» notre raison nous fait trouver quelques taches dans
» les immortels écrits de Boileau et de Bossuet, de
» Racine et de Fénélon.

» 3.° L'auteur s'applique avec succès à chercher
» la raison de l'usage, et à le rapporter aux règles
» générales.

» 4.° Les nombreuses anomalies des verbes
» italiens ont fixé particulièrement l'attention de
» M. Biagioli, et paroissent ne plus offrir de diffi-
» cultés.

» 5.° Quelques idées peu connues et souvent neu-
» ves se font remarquer dans le chapitre des prépo-
» sitions et dans celui des accens.

» L'Ouvrage est terminé par un traité de versifi-
» cation, où l'on voit le poëte et l'homme de goût
» éclairer le grammairien. Cet article, fait avec soin,
» est bien propre à faire sentir l'harmonie des vers
» italiens, et à donner la juste intonation des voix
» dans la déclamation et dans le chant.

» D'après ces considérations, M. Biagioli, auteur
» de l'Ouvrage manuscrit, intitulé : *Grammaire ita-*
» *lienne, élémentaire et raisonnée*, me paroît méri-
» ter, de la part de l'Académie, un encourage-
» ment honorable; il le mérite, parce qu'il a fait un
» Ouvrage distingué, parce qu'il a le pouvoir et la
» volonté de le rendre meilleur, parce que l'Académie
» me semble devoir favoriser les moyens de commu-
» nication entre deux peuples que leurs besoins et
» leurs sentimens ont réunis en un seul, sous un
» chef également respecté des deux nations. »

Signé, URBAIN DOMERGUE.

La classe approuve ce rapport et en adopte les conclusions.

Certifié conforme à l'original.

A Paris, le 1.er germinal an 13.

Signé, SUARD, *secrétaire.*

PRÉFACE.

Une expérience de plusieurs années dans l'enseignement de la langue italienne, m'a mis à même de juger de l'insuffisance de la plupart des Grammaires; bien convaincu qu'elles ne peuvent donner aux étrangers une connoissance approfondie de cette langue, j'ai entrepris d'en composer une qui m'aidât à atteindre le but que je me propose dans mes leçons journalières, et qui remplaçât avec avantage les méthodes dont j'ai été long-temps obligé de me servir. Après avoir lu avec attention les Ouvrages de Dumarsais, de Condillac, et de plusieurs autres écrivains dont la France s'honore à juste titre, j'ai recommencé à étudier ma langue naturelle; j'ai réuni et discuté les observations que mes lectures m'avoient fournies depuis long-temps; j'ai consulté de nouveau les meilleurs grammairiens italiens, et surtout ceux de nos auteurs que l'on regarde comme classiques, et qui font autorité pour la langue. L'Ouvrage que je publie est le résultat de ce long travail; j'ose me flatter qu'en le lisant, on se convaincra que ce qui m'a fait prendre la plume, n'est ni un vain désir d'innovation, ni l'envie de me conformer à l'usage qui semble vouloir que tout professeur de langue fasse imprimer des Élémens. Si je publie une nouvelle Grammaire, c'est qu'il m'a paru avantageux de suivre, dans plusieurs parties, une route nouvelle pour faire connoître à fond la nature et le génie de la langue italienne; pour en exposer les vrais principes avec plus de simplicité, d'ordre et de précision; pour séparer avec soin les règles fondamentales de celles qui ne sont qu'accessoires, ou qui ne dérivent que des caprices de l'usage; pour ne présenter surtout que les préceptes établis par nos bons écrivains, que ceux qui constituent proprement la langue, en rejetant avec sévérité tout ce que l'ignorance et l'envie de faire de gros livres ont accumulé dans les Ouvrages élémentaires. Mon but a donc été non-seulement de faciliter l'étude de l'italien, mais encore de donner à cette étude une meilleure direction, et de la rendre plus fructueuse, en conduisant les élèves, dès leurs premiers pas, à l'intelligence de la véritable langue italienne, de celle dont les auteurs

PRÉFACE.

du bon siècle se sont servis, et qu'ils ont fixée, de celle que parlent et qu'écrivent encore les hommes instruits, les littérateurs d'un goût éclairé.

En réfléchissant, comme j'ai eu occasion de le faire, sur la cause du peu de progrès que font réellement dans la langue italienne la plupart des étrangers, et surtout des François qui l'étudient, j'ai cru m'apercevoir qu'il falloit l'attribuer en grande partie à l'opinion généralement répandue, que l'italien s'apprend avec une extrême facilité et en très-peu de temps. C'est un préjugé que je regarde comme très-nuisible à l'avancement des élèves : la ressemblance qui semble exister au premier coup d'œil entre les vocabulaires des deux langues, a commencé à le faire admettre; le charlatanisme de ces prétendus professeurs qui promettent journellement, dans leurs programmes, d'enseigner l'italien en deux ou trois mois de leçons, a achevé de l'établir et de le répandre; mais que résulte-t-il de ces ridicules promesses? On croit savoir l'italien, et on le sait effectivement aussi bien que les trois quarts de ceux qui l'apprennent, lorsqu'on entend passablement ces auteurs modernes, et surtout ces misérables traductions qui déshonorent et corrompent journellement notre idiome; lorsqu'à l'aide de constructions barbares ou de mots souvent étrangers à la langue, on est parvenu à composer quelques phrases, qui ne présentent tout au plus que du françois italianisé. C'est ainsi qu'au lieu de, *ho scritto ora*, je viens d'écrire, j'entends dire journellement, *vengo di scrivere* ; *vene farò il dettaglio*, au lieu de *vene farò il racconto*, ou *la narrazione*, je vous en ferai le détail; *partaggio*, au lieu de *spartimento*, ou *divisione*, partage; *egli è troppo saggio e prudente per approvar la tal cosa*, au lieu de *egli è tanto saggio e prudente che non è capace di approvar la tal cosa*, il est trop sage et trop prudent pour approuver une telle chose, etc. Sans doute les François doivent trouver facile un style pareil; mais ce n'est pas là de l'italien, ce n'est pas la langue dans laquelle ont écrit *Dante*, *Petrarca*, *Boccaccio*, *Bembo*, *Davanzati*, *Ariosto*, etc.; ce n'est pas celle qu'il faut apprendre pour entrer en communication avec les hommes célèbres dans tous les genres, qui feront éternellement la gloire de la littérature italienne : c'est ce dont s'aperçoivent malheureusement trop tard ceux qui, sous la foi d'un guide ignorant ou trompeur, ont cru acquérir, au bout de peu de temps, et au prix d'un très-léger travail, l'intelligence et l'usage de notre langue. Arrêtés, dès les premiers pas, lorsqu'ils entreprennent la lecture de nos classiques, fatigués d'avoir à lutter contre ce qu'ils appellent alors des *difficultés* et des *bizarreries*, ce qu'ils regardent même comme des tours ou des expressions vieillies, des expressions et des tours qui constituent véritablement la nature et le génie de la langue, ils rejettent loin d'eux nos meilleurs ouvrages, et seroient souvent tentés, par dépit et par dégoût, de leur assigner le même rang que l'on assigne en France à la poésie de *St-Gelais*, ou à la prose de *Joinville*.

J'avoue que les motifs de mon travail ont été surtout le désir et l'espérance de contribuer à faire cesser les injustes préventions et l'instruction superficielle qui réduisent à si peu de chose ce que l'on connoît, hors de l'Italie, des écrits de nos anciens. Familiarisé, dès ma plus tendre jeunesse avec ces inimitables modèles, et naguère obligé de les étudier continuellement pour en faire le sujet de mes leçons, j'ai souvent été à portée de sentir la justesse du précepte, répété tant de fois par nos grands critiques : « Que celui-» là doit être le plus estimé de nos écrivains, » qui approche le plus des trois astres brillans » qui ont porté notre langue au plus haut de-» gré de perfection ». Aussi est-ce particulièrement dans les écrits de *Dante*, de *Petrarca*, et de *Boccaccio* que j'ai cherché le génie et les règles de la langue italienne.

Si les motifs qui m'ont fait entreprendre un pareil ouvrage, les conseils dont j'ai profité pour le composer, les encouragemens et l'approbation qu'il a obtenus de la part des hommes les plus éclairés, et enfin ma propre expérience ne m'aveuglent point sur l'utilité de mon travail, j'ose espérer, non que la nouvelle méthode que je soumets au public, donnera à tous les élèves, dans un temps fixé et surtout dans l'espace de quelques semaines, une parfaite connoissance de la langue italienne; mais que dans un temps que leur intelligence, leur application à l'étude, et la capacité de leur maître peuvent seuls déterminer, cette méthode les conduira certainement à entendre sans difficulté les meilleurs auteurs italiens et à goûter leurs beautés; à écrire avec pureté dans leur langue; à bien connoître le génie qui la caractérise, les tours qui lui sont familiers, le choix et la valeur des termes qu'elle emploie; à sentir même l'harmonie qui lui est propre et qui l'accompagne toujours. Voilà, si je ne me trompe, ce qu'il faut appeler savoir l'italien, ou toute autre langue. On ne se détermine ordinairement à entreprendre ce genre d'étude, qu'afin de pouvoir puiser l'instruction et le plaisir dans une source nouvelle; il faut donc atteindre complètement le but pour recueillir le fruit de ses peines; si l'on reste en deçà, quelque court qu'ait été le travail, c'est toujours du travail en pure perte.

En faveur des personnes à qui l'âge ou le peu d'habitude d'une étude sérieuse ne permet pas d'embrasser plusieurs objets à la fois, j'ai divisé les règles de la Grammaire en deux parties : la première ne contient que les principes les plus simples et les plus généraux; dans la deuxième, je reviens sur mes pas, et j'explique avec plus d'étendue ce qui exige de la part des étudians plus d'attention et de travail. Il conviendra donc de commencer par apprendre simplement les règles générales, et d'en faire immédiatement l'application, en traduisant en italien les phrases qui sont placées à la suite de chaque règle. En même temps on apprendra les verbes. Après cela, on recommencera la grammaire, observant alors de réunir aux règles que contient la première partie, les explications qui sont placées dans la seconde, que l'on peut regarder comme un supplément. C'est alors que les élèves commenceront à être exercés sérieusement à la traduction dans les deux langues. Pour celle du françois en italien, le maître ne sauroit mettre trop d'attention à ne jamais laisser passer une construction, un mot qui n'appartienne à notre langue, qui ne soit analogue à son génie : c'est par la comparaison continuelle des tours propres à chaque langue qu'il doit exciter l'attention et aider la mémoire de son élève. Quant à la traduction de l'italien en françois, je n'ai qu'un seul conseil à donner, ou plutôt à répéter, c'est de choisir, dès le premier moment, les meilleurs auteurs pour les faire traduire. Personne ne contestera sans doute que la langue de nos classiques ne soit vraiment la langue italienne : n'est-il donc pas ridicule qu'un professeur, en faisant lire à ses élèves certains auteurs modernes, leur donne l'habitude d'un misérable jargon, qu'il faut leur faire oublier lorsqu'on les initie à l'étude des auteurs dans lesquels se trouve la langue qu'ils veulent et qu'ils doivent apprendre?

TABLE

Des abréviations et des auteurs cités dans cette Grammaire.

Amet., *Ameto*. O commedia delle Nimfe del Boccaccio.

A., *Arios.* Il Furioso d'Ariosto.

Bemb., *As.* ou *Bem.* Asolani di Bembo.

B., ou *Boc.*, ou *B. G. N.* Il Decamerone, il Filocolo, la Teseide, la Fiammetta di Boccaccio.

Buon. Buonarroti. *La Fiera.* Commedia in versi.

Cecch. Cecchi, l'Esaltazione della croce.

Circ. Gell. La Circe del Gelli.

Cron. Morell. Cronica del Morelli.

Cronichet. d'Amar. Cronichetta d'Amaretto.

Dav. T. An. Stor. Ger. V. d'Agr. Tacito. Volgarizzamento degli Annali, Storie, Germania, e Vita d'Agricola di Bernardo Davanzati.

Dati prose *Fiorentine.*

D. Inf. Pur. Par. Dante, Inferno, Purgatorio, Paradiso.

Fir. As. Dial. Luc. Firenzuola, Asino d'Oro, Dialogo, Lucidi Commedia.

G. V. Giovanni Villani, la Storia.

Guid. Guido giudice. Testo a penna citato dal vocabolario della Crusca.

Lett. di B. Lettere di Bentivoglio.

M. V. Storia di Matteo Villani.

Novel. Ant. Novelle Antiche.

Petr., *Son.*, *C.* Petrarca, Sonnetti, e Canzoni.

Passav. Passavanti, Specchio di vera penitenza.

Red., *Redi.* Esperienze su gl' insetti.

Sen. Ben. Varch. Varchi. Traduzione de' Libri de Benefizj di Seneca.

GRAMMAIRE ITALIENNE.

INTRODUCTION.

Des parties du discours en général.

L'OBJET de toute Grammaire est d'exposer les principes communs à toutes les langues pour former un discours, et les règles particulières à une langue.

Le discours résulte de l'assemblage de plusieurs propositions qui ont rapport à un but principal.

Cette opération de l'esprit par laquelle il considère que telle modification convient ou ne convient pas à un objet, se dit *jugement;* et tout jugement, exprimé par des mots, se nomme *proposition.* La chose dont on juge, s'appelle le *sujet* de la proposition ; et la modification qu'on déclare convenir ou ne pas convenir à la chose, se nomme *attribut.* Ainsi dans la proposition : *Il frutto è acerbo,* le fruit est âpre; *il frutto* est le *sujet,* acerbo son *attribut.*

Les parties nécessaires à la construction du discours sont le nom, l'adjectif, et le verbe. L'article, les pronoms, les prépositions, les adverbes, les conjonctions et les interjections ne sont pas absolument nécessaires.

Le nom est un mot qui exprime un être ou une chose. L'adjectif est un mot qui attache au nom une qualification. *Albero*, arbre, est un nom; *verde*, vert, est un adjectif.

Quoique les qualifications ne puissent exister par elles-mêmes hors du sujet, cependant on les considère quelquefois séparément; alors les idées que nous en formons s'appellent des idées abstraites, et les noms par lesquels nous les exprimons; comme : *bellezza*, beauté ; *durezza*, dureté, etc., s'appellent des noms métaphysiques ou abstraits.

L'article est un mot qui, dans le discours, est identifié avec le mot devant lequel on le place, et le fait prendre dans une acception particulière.

Le verbe sert à réunir le sujet avec son attribut, ou à exprimer le rapport de l'un avec l'autre ; il marque l'affirmation, l'action ou l'état du sujet.

Les participes servent à abréger le discours en réduisant plusieurs propositions en une, comme : *Veduto il padre, esclamò*; ayant vu son père, il s'écria; au lieu de : *vide il padre, ed esclamò* ; il vit son père, et il s'écria. *Scrivendo parla* ; il parle en écrivant; pour *scrive, e parla*; il écrit, et il parle.

Au lieu de répéter le nom d'une chose dont on a parlé on emploie un autre mot qui en réveille l'idée; comme : *egli*, lui ; *ella*, elle, etc. Ces mots s'appellent pronoms, parce qu'ils sont mis à la place d'un nom.

On se sert des prépositions pour exprimer le rapport d'une chose avec une autre avec plus de précision; comme : *Travaglia per la gloria*, il travaille pour la gloire; au lieu de : *Travaglia, e l'oggetto del suo travaglio è la gloria*, il travaille, et l'objet de son travail est la gloire.

Pour abréger et varier le discours, au lieu d'une préposition et d'un nom, on emploie un seul mot équivalent, qu'on appelle adverbe. On l'a nommé ainsi, parce qu'on l'a vu le plus souvent associé au verbe; mais il modifie aussi l'adjectif et l'adverbe lui-même; comme : *Parlate piano*, parlez doucement; *dolcemente feroce*, fier avec douceur; *troppo lentamente*, trop lentement.

Les conjonctions servent à réunir les parties du discours et les propositions les unes aux autres; comme : *Più fanno i principi con la reputazione e col consiglio, che con la mano, e con l'armi*; les princes font plus par la réputation et le conseil que par la force et par les armes.

Enfin, pour exprimer les affections de l'âme, on fait usage des interjections. Elles expriment les cris qui dans la douleur, dans la joie, etc., s'échappent d'une âme passionnée : *Ahi ! dura terra, perchè non t'apristi ?* Hélas ! terre cruelle, pourquoi ne t'ouvris-tu pas ?

PREMIÈRE PARTIE.

CHAPITRE PREMIER.

De l'alphabet italien, et de la prononciation de quelques lettres et syllabes.

Les lettres de l'alphabet italien sont au nombre de vingt-deux : *A, B, C, D, E, F, G, H, I, J, L,*
<small>tche, dge, acca,</small>
M, N, O, P, Q, R, S, T, U, V, Z.
<small>cou, ou, dseta.</small>

Il est impossible de représenter par écrit le son véritable de plusieurs syllabes; il n'y a qu'un Italien qui puisse le communiquer aux étrangers : voici cependant ce qu'il importe le plus d'observer.

Il faut en italien prononcer chaque voyelle distinctement, lors même que plusieurs voyelles se rencontrent dans la même syllabe; comme : *suoi*, *tuoi*, etc.; prononcez souoï, touoï, etc.

L'*u* après le *z* et le *g*, et devant l'*o*, se prononce rapidement, comme dans les mots *questo*, *guadagno*, *cuore*, etc., ce qui ne peut se faire sentir sans le secours d'un maître.

J se prononce comme *i* ; mais à la fin des mots, il doit rendre le son des deux *i* qu'il remplace.

Les syllabes *ce*, *ci*, *ge*, *gi*, ont à peu près le son de *tche*, *tchi*, *dge*, *dgi*.

Che, *chi*, se prononcent exactement comme *ké*, *ki*; *ghe*, *ghi*, comme *gué*, *gui*.

Gli se prononce en mouillant le *gl*, comme les deux *l* dans le mot *mouiller*.

Sce, *sci*, se prononcent comme *ché*, *chi*.

Le *z* a presque le son de *ts*.

Dans les mots dérivés du grec et du latin, aux lettres *k*, *x*, *y*, on substitue *c*, *s*, *i*.

La lettre *x* se conserve dans le mot *Xanto*, Xante, rivière, pour le distinguer de l'adjectif *santo*, saint.

Les Italiens remplacent le *ph* par *f*, comme *filosofo*, philosophe.

La lettre *h* n'est initiale que dans les mots *ho*, *hai*, *ha*, *hanno* du présent du verbe *avere*, avoir, pour les distinguer de *o*, particule disjonctive; de *ai*, préposition unie à l'article; de *a*, *préposition* simple; et de *anno*, année.

―――――――――――

CHAPITRE II.

Des noms.

PARMI les noms, il y en a qui sont les uns plus généraux que les autres. Les premiers, savoir ceux qui sont communs à tous les individus semblables, sont appelés noms communs; les seconds, c'est-à-dire, ceux qu'on ne donne qu'à un plus petit nombre d'individus de la même classe, ou à un seul, sont dits *noms propres*. Ainsi, *animale*, animal; *cane*, chien; *uccello*, oiseau, sont des noms communs: *Cicerone*, Cicéron; *Roma*, Rome; *Antonio*, Antoine, sont des noms propres.

Non-seulement les noms d'une langue diffèrent de ceux d'une autre; ils sont encore dans chacune assujettis à des règles particulières, que le commerce avec les autres hommes et l'étude nous apprennent peu à peu. Les Grecs disoient *antropos*; les Latins, *homo*; les Italiens disent *uomo*; et les François, *homme*. Les Latins avoient trois genres; nous n'en avons que deux. Les Grecs avoient trois nombres: le singulier, le duel et le pluriel; nous n'avons que le premier et le dernier. Enfin, ces peuples exprimoient par une inflexion particulière du nom, qu'ils appeloient cas, les rapports que nous ne pouvons exprimer que par le secours des prépositions, ce qu'il est très-important de connoître d'abord.

Il faut donc connoître cette différence très-essentielle, ensuite le genre des noms, et enfin les différentes terminaisons qu'ils prennent en changeant de nombre.

De la manière d'exprimer les rapports que les Grecs et les Latins exprimoient par les cas.

Pour exprimer les rapports entre deux termes, ou entre un mot et un autre, les Grecs et les Latins se servoient des différentes inflexions des noms; les désinences ainsi variées s'appeloient cas, et les noms qui, dans les variations de leurs cas avoient la même terminaison, étoient de la même déclinaison. Les noms italiens n'ayant qu'une seule terminaison au singulier comme au pluriel, il est évident qu'ils n'ont ni cas, ni déclinaisons, et en conséquence leurs terminaisons ne peuvent servir qu'à deux choses : la première, à exprimer l'unité ou la multiplicité d'un objet ; la seconde, à en marquer le genre. Ainsi le nom *cavallo*, cheval, indique que l'on parle d'un seul objet, et d'un mâle ; et *cavalle*, jumens, fait connoître que l'on parle de femelles, et de plusieurs : mais comment exprimer les rapports et les vues différentes sous lesquelles on peut considérer les noms ? Pour cela on a eu recours à quelques prépositions qui, étant placées devant les noms, remplacent précisément les cas des Grecs et des Latins.

Le sujet de la proposition et le terme de l'action exprimée par le verbe, étant connus par la place qu'ils occupent, n'ont besoin d'aucune préposition pour être distingués ; comme : *Alessandro vinse Dario*, Alexandre vainquit Darius. C'étoit le nominatif et l'accusatif des Latins : *Vicit Darium Alexander*.

Pour marquer le rapport d'extraction, savoir, le terme d'où une chose a été tirée, d'où elle a pris le nom, et dont elle est composée, on se sert de la préposition *di* : *Statue di marmo* (B. G. 1, n. 10), statues de marbre. Les Latins exprimoient ce rapport par l'ablatif et la préposition *de* : *Templum de marmore*, temple de marbre ; *tempio di marmo*.

Cette préposition sert aussi à mettre en rapport deux noms, dont l'un qualifie l'autre, comme : *Città di Firenze*, ville de Florence. Le nom qualifiant et la préposition sont équivalens à un adjectif : *Statue marmoree, tempio marmoreo*, etc.

Le rapport d'attribution est marqué par la préposition *a*, et si le mot commence par voyelle, par *ad* : *Simili ad oro* (B. G. 9), semblables à de l'or : c'étoit le datif des Latins, *auro similes*.

Pour appeler une personne, et pour saluer, on se sert du nom seul, sans aucune préposition : *Caro mio signore* (B. G. 4, n. 4), mon cher seigneur. C'étoit le vocatif des Latins.

Les rapports d'éloignement et de dépendance se marquent par la préposition *da*. Exemple : *È umore, che cola da arbori* (Dav. G. di T.). C'est une humeur qui coule des arbres. *La forza di essi dipende da la potenza romana* (*idem*) ; leur force dépend de la puissance romaine. Dans la préposition *di*, on peut élider la voyelle lorsqu'elle se trouve devant une autre ; mais dans la préposition *da*, on ne fait point d'élision, pour ne pas la confondre avec la première. Les Latins exprimoient ces rapports par l'ablatif.

Ainsi nous ne parlerons jamais de nominatif, de génitif, etc., dénominations étrangères à la langue italienne.

Exercice premier.

1. Table de bois.   Table, *tavola* ; bois, *legno*.
2. Porte de fer.   Porte, *porta* ; fer, *ferro*.

3. Boîte d'or.   Boîte, *scatola*; or, *oro*.
4. Semblable à Alexandre.   Semblable, *simile*; Alexandre, *Alessandro*.
5. Éloigné de mon père.   Éloigné, *lontano*; mon père, *mio padre*.
6. Loin de Rome.   Loin, *lungi*; Rome, *Roma*.
7. Arbres à fruits.   Arbres, *arbori*; fruits, *frutti*.
8. Ces idées ont été tirées de cet Ouvrage.   Ces idées, *queste idee*; ont été tirées, *sono state estratte*; cet ouvrage, *quest' opera*.
9. J'ai une statue qui a un pied de fer, une cuisse de plomb, un œil de cristal, et la tête d'argent.   J'ai une statue, *ho una statua*; qui, *che*; a un pied, *ha un piede*; cuisse, *coscia*; plomb, *piombo*; œil, *occhio*; cristal, *cristallo*; et la tête, *e la testa*; argent, *argento*.
10. Un marchand de vin.   Marchand, *mercante*; vin, *vino*.
11. Il est parti de la ville.   Il est parti, *è partito*; la ville, *la città*.
12. Une femme de vertu.   Femme, *donna*; vertu, *virtù*.
13. Rayons de soleil.   Rayons, *raggi*; soleil, *sole*.
14. Une action de clémence.   Action, *azione*; clémence, *clemenza*.
15. Ouvrages de philosophie.   Ouvrages, *opere*; philosophie, *filosofia*.
16. Homme de lettres.   Homme, *uomo*; lettres, *lettere*.
17. Règles de grammaire.   Règles, *regole*; grammaire, *grammatica*.
18. Il dépend de son frère.   Il dépend, *dipende*; son frère, *suo fratello*.
19. De qui dépendez-vous?   Qui, *chi*; dépendez-vous, *dipendete*.

20. Il sera toujours favorable à son père.	Il sera toujours, *sarà sempre*; favorable, *favorevole*; père, *padre*.
21. Elle n'est pas semblable à sa mère.	Elle n'est pas, *non è*; semblable, *simile*; sa mère, *sua madre*.

CHAPITRE III.

Du genre.

Les Italiens n'ont ordinairement que deux genres, le masculin et le féminin; mais cependant on ne peut s'empêcher de reconnoître un troisième genre. Il y a sur ce point des irrégularités; mais voici des règles certaines pour ne pas s'y tromper.

Les noms en *a* sont féminins, excepté les noms propres d'hommes, ceux de dignités et de professions exercées par les hommes, et les suivans dérivés du grec : *dramma*, drame; *epigramma*, épigramme; *stemma*, armoiries; *poema*, poëme; *problema*, problème; *pianeta*, planète, etc.

Les noms en *u* sont tous féminins, excepté *Perù*, Pérou.

Les noms en *i* sont aussi féminins, excepté le mot *dì*, jour, avec ses composés, et les suivans : *barbagianni*, hibou; *brindisi*, brinde.

Les noms en *o* sont masculins, excepté les suivans : *mano*, main; *eco*, écho; *Saffo*, Saphos; *Erato*,

Érato ; *Cloto*, Clotho ; *Atropo*, Atropos ; *Aletto*, Alecton ; *Cartago*, pour *Cartagine*, Carthage ; *immago*, pour *immagine*, image ; *testudo*, pour *tesdudine*, tortue, qui sont féminins.

Quant aux noms terminés en *e*, ceux qui finissent en *me*, *re*, *nte*, sont masculins, excepté *fame*, faim ; *speme* (poét.) espérance ; *febbre*, fièvre ; *torre*, tour ; *polvere*, poudre ou poussière ; *scure*, hache ; *gente*, gens ; *mente*, esprit, qui sont féminins. *Fante*, valet ; *fronte*, front ; *folgore*, foudre ; *fonte*, fontaine, sont des deux genres.

Tous les autres noms terminés par *e* sont du même genre que les noms français auxquels ils correspondent, excepté *siepe*, buisson ; *nave*, navire ; *sorte*, sort ; *salute*, salut, qui sont féminins. *Guiderdone* (poét.), récompense, qui est masculin ; et *trave*, poutre ; *domane*, demain ; *fine*, fin, qui sont des deux genres.

SUPPLÉMENT.

Plusieurs noms d'arbres à fruits, terminés en *o*, en changeant l'*o* en *a*, deviennent féminins, et marquent le fruit produit par les mêmes arbres ; comme : *castagno*, châtaignier ; *castagna*, châtaigne ; *pero*, poirier ; *pera*, poire ; *ciriegio*, cerisier ; *ciriegia*, cerise. Les suivans n'ont qu'une seule terminaison en *o*, et ils signifient l'arbre comme le fruit : *fico*, figuier et figue ; *pomo*, pommier et pomme ; *arancio*, oranger et orange ; *cedro*, citronier et citron.

EXEMPLE.

Il pero è arbore manifesto, e le sue diversitadi sono infinite, e in ciascuna città sono diverse le pere l'una dall' altra (Cr. 5, 20, 1).

Le poirier est un arbre connu, dont il y a plusieurs espèces, et dans chaque ville les poires sont différentes les unes des autres.

Les noms qui ont la terminaison en *a* et en *e*; comme : *basa*, ou *base*, base; *dota*, ou *dote*, dot, etc., conservent le genre de la première terminaison; excepté *gregge*, troupeau, qui se terminant en *a*, devient féminin, et on dit *la greggia*.

EXEMPLES.

Ciascuno la notte debbe stare intorno al suo gregge (Cr. 9, 62, 1).

Pendant la nuit chacun doit se tenir auprès de son troupeau.

Una pecora malata corrompe l'altra, e tutta la greggia (G. V.).

Une brebis malade infecte non-seulement sa compagne, mais encore tout le troupeau.

Quant aux noms des animaux, les uns n'ont que le masculin; comme : *tordo*, grive, etc. D'autres n'ont que le féminin; comme : *volpe*, renard. D'autres ont le féminin différent du masculin; comme : *leone*, lion; *leonessa*, lionne. D'autres forment leur féminin, en changeant en *a* l'*o* du masculin;

comme : *passero*, moineau ; *passera*, la femelle.
D'autres, enfin, sont des deux genres, et n'ont qu'une seule terminaison ; comme : *serpe*, serpent.

EXEMPLES.

Te non colomba, ma velenosa serpe conoscendo (B. g, 7).

Te connoissant non pour une colombe, mais pour un serpent venimeux.

Vengonmi ancora nella mente talvolta le pietose lagrime di Licurgo, e della sua casa, meritamente avute del morto Archemoro dal serpe (B. fiamm.).

Je me souviens aussi quelquefois des larmes pieuses que Lycurgue et sa famille eurent bien raison de répandre à la mort d'Archemore, mordu par un serpent.

Exercice second.

On fera déterminer aux élèves, par écrit, le genre des noms suivans d'après les principes énoncés dans le chapitre précédent.

Guerra, guerre.	f.	*Mano*, main.	f.
Animo, courage.	m.	*Studio*, étude.	m.
Difetto, défaut.	m.	*Pianeta*, planète.	m.
Principe, prince.	m.	*Giogo*, joug.	m.
Regola, règle.	f.	*Città*, ville.	f.
Occhio, œil.	m.	*Volpe*, renard.	f.
Imperio, empire.	m.	*Ambizione*, ambition.	m.
Sorte, sort.	f.	*Quiete*, repos.	f.
Fede, foi.	f.	*Lume*, lumière.	m.
Lusinga, flatterie.	f.	*Servitù*, servitude.	f.

Affare, affaire. *m.* *Allegrezza*, allégresse. *f.*
Dovere, devoir. *m.* *Onore*, honneur. *m.*
Pudore, pudeur. *m.* *Paura*, peur. *f.*
Dolore, douleur. *m.* *Pace*, paix. *f.*
Fulmine, foudre. *m.* *Mare*, mer. *m.*
Esiglio, exil. *m.* *Onoranza*, honneur. *f.*
Nuova, nouvelle. *f.* *Guiderdone*, récompense. *m.*
Fiume, fleuve. *m.* *Lancia*, lance. *f.*
Gente, gens. *f.* *Vendetta*, vengeance. *f.*
Neve, neige. *f.* *Salute*, salut. *f.*
Piacere, plaisir. *m.* *Fronte*, front. *m. et f.*

CHAPITRE IV.

Du nombre.

Dans la langue italienne, il y a deux nombres : le singulier pour marquer un seul objet, le pluriel pour en indiquer plusieurs. Il ne suffit donc pas de connoître la terminaison que les noms ont au singulier; il faut savoir quelle est la manière de former leur pluriel.

Tous les noms masculins, quelle que soit leur terminaison, forment le pluriel, en changeant la dernière voyelle du singulier en *i*; comme : *poeta*, poëte ; *poeti*, poëtes; *padre*, père; *padri*, pères.

Les mots *bue*, bœuf; *uomo*, homme, font au pluriel : *buoi*, bœufs ; *uomini*, hommes : le premier, par irrégularité; le second, par analogie.

Les mots dont on a retranché une syllabe à la fin, tels que *rè* pour *rege*, roi; *fe* pour *fede*, foi et semblables, doivent être invariables, comme on le verra dans le traité de versification.

EXEMPLES.

E tutti rugiadosi gli occhi suoi (Pétrar.).
Et ses yeux remplis de larmes.

Restava solamente al rè il dover novellare (B.).
Il n'y avoit plus que le roi qui devoit raconter sa nouvelle.

Cotesta è usanza de' Rè (Varch.).
C'est un usage des rois.

Les noms féminins terminés en *a*, changent pour le pluriel, *a* en *e*; comme : *ragazza*, fille ; *ragazze*, filles. Ceux qui sont terminés en *e* changent cette voyelle en *i* : *madre*, mère ; *madri*, mères. Il faut excepter les mots : *requie*, repos ; *specie*, espèce ; *superficie*, surface ; *barbarie*, barbarie ; *serie*, série ; *progenie*, race ; *effigie*, effigie, qui conservent au pluriel la même terminaison, pour éviter le mauvais son des deux *i*, si on écrivoit *requii*, *specii*, etc., terminaisons que l'usage n'a données qu'aux noms masculins. Le mot *moglie*, épouse, forme le pluriel, en supprimant l'*e* final.

EXEMPLES.

Rose vermiglie (Pétrar.).
Des roses vermeilles.

In sulle torri di Pisa (Cronichett. d'Amar.).
Sur les tours de Pise.

De' quali son quasi infinite le specie (Circ. Gell.).
Dont les espèces sont presque sans fin.

Les noms en *i*, en *u*, et ceux en *a* accentué, retiennent la même terminaison au pluriel; comme : *Crisi*, crise; *crisi*, crises; *virtù*, vertu; *virtù*, vertus; *bontà*, bonté; *bontà*, bontés. On en verra la raison dans le traité de versification.

Les noms terminés en *ajo* forment leur pluriel, en supprimant l'*o* final; comme : *librajo*, libraire; *libraj*, libraires.

Les noms terminés en *io*, d'une seule syllabe, forment le pluriel en changeant *io* en *j*; comme : *principio*, principe; *principj*, principes; mais si devant l'*io* se trouve *gl* ou *ch*, on forme le pluriel en retranchant simplement l'*o* final; comme : *periglio*, péril; *perigli*, périls; *ginocchio*, genou; *ginocchi*, genoux. Si l'*io* final forme deux syllabes (en ce cas il y a toujours un accent sur l'*i*, qu'il conserve même au pluriel), il faut alors changer l'*o* en *i*, et écrire le pluriel avec deux *ii*; comme : *mormorìo*, murmure; *mormorii*, murmures; *calpestìo*, bruit de pieds; *calpestii*, bruit des pieds. Si on écrivoit autrement ces mots, ils auroient au pluriel une syllabe de moins qu'au singulier.

EXEMPLES.

O invidia! nemica di virtute, ch' a' be' principj volentier contrasti (Pétrar, son. 159)!

O envie! ennemie de la vertu, toi, qui t'opposes avec plaisir aux belles entreprises!

In ogni sua parte, così di sotto, come di sopra, era vestito di natii peli di cavallo. (Guid.)

Tout son corps étoit couvert de crins de cheval.

REMARQUES.

Tous les noms terminés en *ca* et *ga*, prennent une *h* au pluriel avant l'*e* final; comme : *monaca*, religieuse; *monache*, religieuses; *verga*, verge; *verghe*, verges. On voit que l'*h* n'est placée ici que pour soutenir l'uniformité du son du mot.

EXEMPLE.

Noi abbiam fatto come fanno le monache di Genova. (Cecch.)

Nous avons fait comme font les religieuses de Gênes.

Les noms terminés en *co* et *go* qui n'ont que deux syllabes, prennent aussi une *h* au pluriel avant l'*i* final; excepté : *greco*, grec; *porco*, pourceau, dont le pluriel est *greci*, *porci*. Ceux qui ont plus de deux syllabes, ne prennent point d'*h*, excepté les suivans : *albergo*, auberge; *almanacco*, almanach; *beccafico*, becfigue; *bifolco*, laboureur; *dittongo*, diphtongue; *catafalco*, mausolée; *dialogo*, dialogue; *impiego*, emploi; *intrigo*, intrigue, et quelques autres que l'usage fera connoître. Ces règles s'appliquent également aux adjectifs; comme : *bianco*, blanc; *bianchi*, blancs; *bianche*, blanches.

EXEMPLE.

I savj si partirono, e tornarsi a' loro alberghi. (Novel. Ant.)

Les sages partirent, et s'en retournèrent à leurs auberges.

SUPPLÉMENT.

Il y a plusieurs noms terminés en *o*, qui ont plus élégamment le pluriel en *a*; voici ceux dont on fait le plus souvent usage : *anello*, anneau; *braccio*, bras; *calcagno*, talon; *corno*, corne; *dito*, doigt; *frutto*, fruit; *ginocchio*, genou; *centinajo*, centaine; *grido*, cri; *labbro*, lèvre; *legno*, bois à brûler; *osso*, os, et quelques autres. Il est bon de remarquer, 1.° que cette élégance paroît l'avoir emporté sur l'ancien usage; 2.° que ces noms ne sont ni masculins, ni féminins; 3.° qu'ils prennent au pluriel l'article féminin.

EXEMPLES.

Di vaga fiera le vestigia sparse
Cercai. (Pétr.)

Je cherchai les traces égarées d'une charmante et cruelle beauté.

Nelle quali a centinaja si mettevano i sopravegnenti. (B. Introd.)

Dans lesquels on entassoit par centaines les cadavres qu'on apportoit.

Il y a des noms qui n'ont que le singulier; comme : *prole*, progéniture ; *stirpe*, race ; *mane*, matin ; *miele*, miel, etc., et d'autres qui n'ont que le pluriel ; comme : *nozze*, noces ; *esequie*, funérailles ; *molle* ou *molli*, pincettes, etc.

Exercice troisième.

1. Nos connoissances doivent être tirées de principes évidens. — Nos, *le nostre* ; connoissance, *cognizione* ; doivent, *debbon* ; tirée, *tratta* ; principe, *principio* ; évident, *evidente*.

2. N'avez-vous point de préjugé sur ces questions ? — N'avez-vous point, *non avete* ; préjugé, *pregiudicio* ; sur cette question, *su questa questione*.

3. Il y a différentes espèces d'animaux sur la terre. — Il y a, *vi sono* ; différente, *differente* ; espèce, *spezie* ; animal, *animale* ; la terre, *la terra*.

4. Il entre dans beaucoup de détails. — Il entre, *entra* ; beaucoup, *molte* ; détails, *particolarità*.

5. Ces exemples peuvent servir de modèle. — Cet exemple, *questo esempio* ; peuvent, *possono* ; servir, *servire* ; modèle, *modello*.

6. Il a de grands sentimens. — Il a, *ha* ; grand sentiment, *grande sentimento*.

7. Recueil de préceptes et de règles pour bien parler. — Receuil, *raccolta* ; précepte, *precetto* ; règle, *regola* ; bien parler, *ben parlare*.

8. Il a fait un choix de livres. — Il a fait, *ha fatto* ; un choix, *una scelta* ; livre, *libro*.

9. C'est un sujet d'estime, de louange, et d'admiration. — C'est un sujet, *è un soggetto* ; estime, *stima* ; louange, *lode* ; admiration, *ammirazione*.

10. Il y a dans ce livre un ad- — Il y a, *v'è* ; ce livre, *questo li-*

20 GRAMMAIRE

mirable enchaînement de preuves solides.	bro ; admirable enchaînement, *connessione maravigliosa* ; preuve solide, *prova solida*.
11. C'est une société d'hommes choisis.	C'est une société, *è una società* ; homme choisi, *uomo scelto*.
12. Il n'a pas besoin de leçons.	Il n'a pas besoin, *non ha bisogno* ; leçon, *lezione*.
13. César n'eut pas besoin d'exemples.	César, *Cesare* ; n'eut pas, *non ebbe* ; exemple, *esempio*.
14. Il a fait un recueil de difficultés.	Difficulté, *difficoltà*.

CHAPITRE V.

Des noms personnels.

LES noms personnels, ainsi appelés parce qu'ils désignent des personnes, sont les suivans : *io*, je, première personne des deux genres ; *tu*, tu, seconde personne aussi des deux genres ; *se*, soi, des deux genres, qui marque le retour de l'action sur le sujet.

Variations du nom personnel io.

SINGULIER.

Sujet. . . . . *Io*, je.
Rapports { d'extraction. . *Di me*, de moi.
{ d'attribution. . *A me, mi*, à moi, me.
Termes { de l'action. . . *Me, mi*, moi, me.
{ d'éloignement. *Da me*, de moi.

ITALIENNE.

PLURIEL.

Sujet. . . . . *Noi*, nous.
Rapports { d'extraction. . *Di noi*, de nous.
{ d'attribution. . *A noi, ci*, à nous, nous.
Termes { de l'action. . . *Noi, ci*, nous.
{ d'éloignement. *Da noi*, de nous.

Variations du nom personnel tu.

SINGULIER.

Sujet. . . . . *Tu*, tu.
Rapports { d'extraction. . *Di te*, de toi.
{ d'attribution. . *A te, ti*, à toi, te.
Termes { de l'action. . . *Te, ti*, toi, te.
{ d'éloignement. *Da te*, de toi.

PLURIEL.

Sujet. . . . . *Voi*, vous.
Rapports { d'extraction. . *Di voi*, de vous.
{ d'attribution. . *A voi, vi*, à vous, vous.
Termes { de l'action. . . *Voi, vi*, vous.
{ d'éloignement. *Da voi*, de vous.

Variations du nom personnel se.

Ce nom étant destiné à marquer le retour de l'action sur le sujet, il est évident qu'il ne peut pas représenter le sujet lui-même.

Rapports { d'extraction. . *Di se*, de soi.
{ d'attribution. . *A se, si*, à soi, se.

GRAMMAIRE

Termes { de l'action. . . *Sè, si,* soi, se.
{ d'éloignement. *Da se,* de soi.

Lorsque, dans une phrase, le terme de direction ou celui de l'action est marqué par un seul nom personnel, celui-ci se rend généralement par les mots *mi, ci, ti, vi, si.*

EXEMPLES.

Io vi priego. (B. G. 4, n. 2.)
Je vous prie.

Nel qual tempo mi hai ammassati tanti onori, e tesori, che alla mia felicità non manca, che moderarla (Dav. an. 10, lib. 14.)
Pendant ce temps, tu m'as comblé de tant d'honneurs et de tant de trésors, qu'il ne manque plus à mon bonheur que d'en jouir avec modération.

Ce n'est que pour donner plus de force à la phrase, que l'on peut, en ce cas, rendre le nom personnel par *me, a me, noi,* etc.

EXEMPLE.

Lascia dir me. (Bocc.)
Laisse-moi dire.

Il faut absolument rendre le nom personnel par *me, a me,* etc., lorsqu'après celui-ci, on a égard à un autre nom qui marque aussi le terme de direction ou celui de l'action.

EXEMPLES.

A me pare, se pare a voi. (B. G. 8, n. 3.)
Je suis d'avis, si cela vous plaît, etc.

On ne pourroit pas dire : *Mi pare, se vi pare.*

Tu la minacci a me, a te natura. (Dav. An. di J. lib. 16.)
Tu me menaces, et tu es toi-même menacé par la nature.

Ferir me di saetta in quello stato,
E a voi armata non mostrar pur l'arco! (P. p. 1.)
Me percer d'une flèche dans cet état, et à vous qui étiez armée, n'avoir pas même montré son arc!

On ne pourroit pas dire : *ferirmi, mostrarvi.*

La raison de cela est, dit le savant Bembo, que dans *ferir me,* le *me* a l'accent; et dans *ferirmi,* le *mi* n'en a point. L'usage exige, dit-il, que l'on donne l'accent au nom personnel, toutes les fois qu'il est suivi d'un autre nom, comme dans les exemples précédens. Mais d'où vient cet usage? de l'importance d'exprimer la force de la pensée par celle des mots. En effet, qui ne sent pas la différence de *ti amo,* je t'aime; et de *amo te,* j'aime toi?

Les mots *mi, ci, ti, vi, si,* peuvent se mettre avant ou après le verbe; mais l'usage veut qu'à l'impératif (s'il n'est pas accompagné de la négation), à l'infinitif, au gérondif et au participe, on les mette après; et alors ces mots se joignent au verbe, de manière qu'ils ne forment qu'un seul mot.

EXEMPLES.

Oimè! anima mia, ajutami! (B. G. 4, n. 6.)
Ah! mon amie, viens à mon aide.

Facendo vista di non vederlo. (B. G. 8, n. 3.)
Faisant semblant de ne pas le voir.

Non vengo io, compagni miei, per accendere in voi affetto verso di me, ne coraggio a virtù, che troppo vi abbondano; ma per pregarvi che nell' una e nell' altro vi moderiate. (Dav. st. di T.)

Je ne viens point ici, mes compagnons, pour exciter votre amitié envers moi, ni pour vous exhorter à la valeur dont vous n'êtes déjà que trop enflammés; mais pour vous prier de vous modérer dans l'une et dans l'autre.

Trovandolo un dì. (B. G. 8, n. 3.)
Le trouvant un jour.

Vedutolo. (B. G. 9, n. 8.)
L'ayant vu.

Lorsque l'infinitif est suivi d'un ou de plusieurs de ces monosyllabes, on retranche l'*e* final, afin de donner à l'expression plus de force dans le ton.

Lorsque les mots *mi, ci, ti, vi, si,* sont suivis d'un de ces monosyllabes *lo,* le; *la,* la; *li, le,* les; *ne,* en, il faut changer en *e* l'*i* des premières.

EXEMPLES.

Ma tu me n' hai renduti favori dismisurati, ricchezza infinita. (Dav. an. di T.)
Mais tu m'as donné pour cela des faveurs extraordinaires et des richesses immenses.

Io poco mene curo. (B. G. 4.)
Je m'en soucie peu.

Quelquefois pour donner à la phrase une certaine grâce, on met ces monosyllabes avant les mots *mi*, *ci*, etc., sans aucun changement.

EXEMPLE.

Io il vi dirò. (B. G. 4, n. 2.)
Je vous le dirai.

SUPPLÉMENT.

Lorsque les mots *mi*, *ci*, *ti*, etc., sont précédés d'un verbe, dont la dernière voyelle est accentuée, on supprime l'accent, et on redouble la consonne des mots *mi*, *ti*, etc.

EXEMPLES.

Ma dimmi, come se' tu qui, e perchè? (B. G. 5, n. 10.)
Mais, dis-moi, comment et pourquoi tu es ici?

Incontrollo di crudo verno sino a Pavia. (Dav. An. di T.)
Il alla au-devant de lui jusqu'à Pavie, par un froid très-rigoureux.

Ce redoublement se fait d'après un principe général de la prosodie italienne, qui exige que, quelque changement que l'on fasse dans un mot, on conserve toujours la même quantité des syllabes ; et comme c'est encore un principe de notre prosodie, que toute voyelle suivie de deux consonnes est longue, il est évident que par ce redoublement, la voyelle reprend la valeur que lui ôte la suppression de l'accent.

On dit en italien : *eccomi*, me voici ; *eccoti*, te voici ; *eccolo*, le voilà, etc. ; parce que dans ces phrases, les mots *mi*, *ti*, *lo*, marquent le terme de l'action, comme on le voit évidemment en y remettant le verbe supprimé par ellipse.

EXEMPLE.

Eccomi, che domandi tu ? (B. G. 7, n. 2.)
Me voici, que demandes-tu ?

C'est-à-dire : *Ecco, mi vedi, che domandi tu ?*

Au lieu de dire : *con me, con te, con se* ; on peut dire : *meco, teco, seco* ; comme disoient les Latins : *mecum*, etc. ; et en vers on dit aussi : *nosco, vosco*, pour *con noi, con voi*.

EXEMPLES.

Parlo poi meco. (Bem. S. 35.)
Ensuite je parle avec moi-même.

Euripide v'è nosco. (D. pur. c. 22.)
Euripide y est avec nous.

ITALIENNE.

Exercice quatrième.

1. Nous ne vous aimons pas, parce que jamais vous ne nous avez aimés. — Aimons, *amiamo*; parce que, *perchè*; jamais, *mai*; avez aimé, *avete amato*.
2. Je vous le rendrai de même. — Rendrai, *renderò*; de même, *lo stesso*.
3. Vous m'avez donné une épée, et je vous ai donné un livre. — Donné, *dato*; épée, *spada*; livre, *libro*.
4. Me voici, que voulez-vous? — Voulez, *volete*.
5. Vous dînerez avec moi. — Dînerez, *pranzerete*.
6. Je ne vous en donnerai plus. — Donnerai, *darò*; plus, *più*.
7. Donne-moi ce livre, et je te rendrai celui que tu m'as prêté. — Donne, *dà*; ce, *questo*; rendrai, *renderò*; celui que, *quello che*; as prêté, *hai prestato*.
8. Il voudroit vous être utile, mais il n'en a pas les moyens. — Voudroit, *vorrebbe*; utile, *utile*; mais il n'a pas, *ma non ha*; les, *i*; moyen, *mezzo*.
9. Nous nous en irons. — Irons, *andremo*.
10. Laissez-nous parler. — Laissez, *lasciate*; parler, *parlare*.
11. Aimez-moi, et je vous promets de vous être fidèle. — Aimez, *amate*; promets, *prometto*; fidèle, *fedele*.
12. Dis-moi, pourquoi ne m'as-tu pas écrit? — Dis, *dì*; pourquoi, *perchè*; n'as-tu pas écrit, *non hai scritto*.
13. Si vous me blessez, je tâcherai de vous blesser aussi. — Si, *se*; blessez, *ferirete*; je tâcherai, *procurerò*; blesser, *ferire*; aussi, *pure*.
14. Il vous demande si vous l'aimez. — Demande, *chiede*; aimez, *amate*.

15. En vous voyant, j'ai cru voir mon frère. — Voyant, *vedendo*; j'ai cru, *ho creduto*; voir, *vedere*; mon frère, *mio fratello*.

16. Il nous amuse beaucoup. — Amuse, *diverte*; beaucoup, *molto*.

17. Vous vous êtes blessé. — Êtes blessé, *siete ferito*.

CHAPITRE VI.

De l'article.

L'AUTORITÉ du grammairien philosophe que je me suis proposé pour modèle, et le droit, peut-être, d'exposer sur ce point ce que je pense, m'auroient fait donner une autre place à l'article, si, d'autre part, la force de l'habitude ne m'avoit contraint de soumettre mon opinion à celle du plus grand nombre. D'ailleurs, travaillant plutôt pour les autres que pour moi, je ne dois point m'exposer au reproche d'embrasser un système quel qu'il soit. Je ferai donc de l'article un chapitre particulier; et, sans chercher si je n'eusse pas mieux fait de le placer autre part, je me contenterai de parler de la nature de ce mot, d'en exposer la syntaxe, et de faire connoître les attributions que l'usage lui a données.

Les articles sont au nombre de trois : *Lo*, *il*, le; *la*, la.

Lo, dont le pluriel est *gli*, se met devant les noms masculins qui commencent par *s*, suivie d'une autre consonne, et devant ceux qui commencent par *z* ou par voyelle.

EXEMPLES.

Lo strepito, le bruit.
Lo zotico, le rustique.
L'onore, l'honneur.

Gli strepiti, les bruits.
Gli zotici, les rustiques.
Gli onori, les honneurs.

Il, qui fait au pluriel *i*, se met devant les noms masculins dont les lettres initiales ne sont pas les lettres indiquées ci-dessus.

EXEMPLES.

Il canto, le chant.
I canti, les chants.

Le mot *dio*, dieu, prend *gli* au pluriel : *gli dei*, les dieux ; la raison en est évidente.

La, dont le pluriel est *le*, se met devant tous les noms féminins; et lorsque le nom commence par *a*, on retranche la voyelle de l'article, au singulier.

EXEMPLES.

La donna, la femme.
Le donne, les femmes.
L'anima, l'ame.
Le anime, les ames.

Au pluriel, l'élision de la voyelle dans l'article,

dépend de l'oreille de l'écrivain; cependant l'élision ne peut avoir lieu avec les mots *effigie*, effigie; *estasi*, extase, etc., qui ayant la même terminaison au singulier et au pluriel, ne peuvent être distingués que par l'article.

De la manière de lier les articles avec les prépositions di, a, da, etc.

En faveur de l'harmonie du discours, et pour éviter le son désagréable qui résulte de la rencontre de plusieurs monosyllabes de suite, le bon sens a voulu qu'on ne fît qu'un seul mot de l'article et des prépositions dont l'usage est le plus fréquent, toutes les fois que la préposition se trouve devant le même mot qui est déterminé par l'article. C'est pour cela qu'au lieu de dire : de le père, on dit : du père; et au lieu de : à les hommes, à les femmes, on dit : aux hommes, aux femmes, etc. Il en est de même pour l'italien; et voici de quelle manière on doit lier ces mots dans le discours.

SINGULIER.

Stampatore,	*Lo stampatore*,
Imprimeur.	L'imprimeur.
Di stampatore,	*Dello stampatore*,
D'imprimeur.	De l'imprimeur.
A stampatore,	*Allo stampatore*,
A imprimeur.	A l'imprimeur.
Da stampatore,	*Dallo stampatore*,
D'imprimeur.	De l'imprimeur.

ITALIENNE.   31

In stampatore,   *Nello stampatore,*
En imprimeur.   Dans l'imprimeur.
Con stampatore,   *Collo stampatore,*
Avec imprimeur.   Avec l'imprimeur.

PLURIEL.

Stampatori.   *Gli stampatori,*
Imprimeurs.   Les imprimeurs.
Di stampatori,   *Degli stampatori,*
D'imprimeurs.   Des imprimeurs.
A stampatori,   *Agli stampatori,*
A imprimeurs.   Aux imprimeurs.
Da stampatori,   *Dagli stampatori,*
D'imprimeurs.   Des imprimeurs.
In stampatori,   *Negli stampatori,*
En imprimeurs.   Dans les imprimeurs.
Con stampatori.   *Cogli stampatori,*
Avec imprimeurs.   Avec les imprimeurs.

SINGULIER.

Marmo,   *Il marmo,*
Marbre.   Le marbre.
Di marmo,   *Del marmo,*
De marbre.   Du marbre.
A marmo,   *Al marmo,*
A marbre.   Au marbre.
Da marmo,   *Dal marmo,*
De marbre.   Du marbre.
In marmo,   *Nel marmo,*
En marbre.   Dans le marbre.
Con marmo,   *Col marmo,*
Avec marbre.   Avec le marbre.

GRAMMAIRE

PLURIEL.

Marmi,   *I marmi,*
Marbres.   Les marbres.
Di marmi,   *Dei marmi,*
De marbres.   Des marbres.
A marmi,   *Ai marmi,*
A marbres.   Aux marbres.
Da marmi,   *Dai marmi,*
De marbres.   Des marbres.
In marmi,   *Nei marmi,*
En marbres.   Dans les marbres.
Con marmi,   *Coi marmi,*
Avec marbres.   Avec les marbres.

SINGULIER.

Donna,   *La donna,*
Femme.   La femme.
Di donna,   *Della donna,*
De femme.   De la femme.
A donna,   *Alla donna,*
A femme.   A la femme.
Da donna,   *Dalla donna,*
De femme.   De la femme.
In donna,   *Nella donna,*
En femme.   Dans la femme.
Con donna,   *Colla donna,*
Avec femme.   Avec la femme.

PLURIEL.

Donne,   *Le donne,*
Femmes.   Les femmes.

Di donne,	*Delle donne,*
De femmes.	Des femmes.
A donne,	*Alle donne,*
A femmes.	Aux femmes.
Da donne,	*Dalle donne,*
De femmes.	Des femmes.
In donne,	*Nelle donne,*
En femmes.	Dans les femmes.
Con donne,	*Colle donne,*
Avec femmes.	Avec les femmes.

On voit par ces exemples, comment de la réunion des articles avec les prépositions, on forme *dello, del, della,* etc.

Après la préposition *per*, l'article doit être *lo*, quel que soit le commencement du mot suivant, et au pluriel *li*, si le mot ne commence ni par voyelle ni par *s*, suivie d'une autre consonne. Cependant on peut aussi lier l'article *il* avec cette préposition, et il en résulte *pel* pour le singulier ; *pei* ou *pe'* pour le pluriel. Dans le discours, on dit plus communément *per il*, et *per i*.

De l'emploi des articles.

Ce n'est point pour indiquer le genre des noms, comme plusieurs grammairiens l'ont prétendu, qu'on a introduit l'usage des articles dans les langues qui n'ont pas de cas ; mais bien pour exprimer certaines vues de l'esprit, que, dans ces langues, l'article seul peut faire connoître, en déterminant la signification générale des noms, avantage que les Latins n'ont pas toujours. En effet, les trois idées suivantes : *Ber vino*, *ber del vino*, *ber il vino*; dont la première exprime simplement : Faire usage du vin; la seconde : Boire une quantité indéterminée de vin; et la troisième : Boire tout le vin; peuvent être rendues en latin par la seule phrase : *Vinum bibere*. D'après ces principes invariables, voici les règles que je donne pour l'emploi des articles dans la langue italienne.

On peut désigner un objet d'une manière déterminée, ou d'une manière indéterminée. Dans le premier cas, on doit absolument se servir de l'article auquel l'usage a donné l'attribution de restreindre la signification générale des noms, et de les faire considérer sous un point de vue particulier; mais, dans le second cas, il ne faut point l'employer.

EXEMPLE.

Per crudeltà della donna amata.
Par la cruauté de la femme aimée.

Bocace a dit : *della* (*di la*) *donna*, parce qu'il vouloit désigner une femme particulière qu'il avoit dans l'esprit; mais s'il avoit voulu généraliser son idée, il auroit dit simplement *di donna*, sans article, comme le prouve l'exemple suivant de Pétrarque :

Non volsi ombra di poggi,
Ma della pianta più gradita in cielo.

Je ne cherchai point l'ombre des collines, mais celle de l'arbre le plus chéri du ciel.

Il a dit : *ombra di poggi*, parce qu'il a voulu simplement mettre en rapport les deux noms, *ombra* et *poggi*, sans déterminer plutôt une colline qu'une autre; et il a dit : *ombra della pianta*, parce qu'il a voulu désigner un arbre particulier qu'il préféroit à tous les autres par les raisons que tout le monde connoît.

Les noms propres d'hommes ne reçoivent l'article que lorsqu'ils sont altérés (chap. VIII); comme : *il Carlone*, le grand Charles, à cause de la terminaison équivalente à un adjectif.

Les noms de famille appliqués à une seule personne distinguée parmi celles qui ont le même nom, peuvent recevoir l'article; comme : *il Dante, il Petrarca*, etc., parce qu'on y sous-entend le mot *poeta*, poëte ; de manière que *il Dante* est une expression abrégée de *il poeta Dante*, le poëte Dante.

L'usage veut que les adjectifs de qualité : *signore*, monsieur; *signora*, madame, soient précédés de l'article ; comme : *Il signor maestro*, monsieur le maître ; *la signora Teresa*, madame Thérèse.

Lorsque l'on parle d'une femme du commun, on peut dire ; comme (B. G. 4), *la Maddalena*, Magdeleine ; mais, en ce cas, il y a ellipse.

C'est un principe général à toutes les langues, que les mots changent de valeur selon les vues différentes que l'usage leur donne : *quando*, quand; *come*, comment; *dove*, où, sont des adverbes; *il quando, il come, il dove*, sont des noms; *leggere*, lire;

studiare, étudier, sont des verbes ; *il leggere*, *lo studiare*, sont aussi des noms.

Voici une liste d'exemples que les maîtres feront analyser à leurs élèves.

Popoli di Germania. (Dav. Ger. di T.) — Peuples de la Germanie.

Ariento, e oro non hanno. (Id.) — Ils n'ont ni or ni argent.

In Levante sono alberi, che sudano incensi, e balsamo. (Id.) — En Orient, il y a des arbres d'où découlent du baume et de l'encens.

I Fenni hanno gran ferocità, brutta povertà, non armi, non cavalli, non casa, pascon erba, vestono pelli, dormono in terra. (Id.) — Les Finois sont féroces, pauvres, sans armes, sans chevaux, et sans maison ; ils paissent l'herbe, se couvrent de peaux, et couchent sur la terre.

Circonda il rimanente con larghi golfi l' Oceano, ampie isole, genti, e regni scoperti dall' ultima guerra. (Id.) — L'Océan environne le reste par de vastes golfes, de grandes îles, des nations et des royaumes découverts depuis la dernière guerre.

I traditori, e fuggitori impiccano ad arbori. (Id.) — Ils suspendent à des arbres les traîtres et les fuyards.

Paura, e spavento gli tiene insieme. (Id.) — La peur et l'épouvante les tiennent réunis.

I Britanni sparsi, con mescolato pianto d'uomini, e donne, strascinavano i feriti, chiamavano i sani, abbandonavan le case, appiccavan- — Tandis que des hommes et des femmes versoient des larmes, on voyoit les Anglois dispersés, traîner les blessés, appeler ceux qui avoient échap-

vi fuoco per ira. (D. Vita d'Agr.)	pé aux coups, abandonner leurs maisons, et de désespoir y mettre le feu.
Quivi con molta famiglia con cani e con uccelli e con cavalli in conviti in festa in gioja....... cominciarono a vivere. (B. G. 4, n. 3.)	Là, ils commencèrent à vivre dans la joie et dans les festins, environnés de domestiques, de chiens, d'oiseaux et de chevaux.
Per oro, e per argento. (D. inf. C. 19.)	Pour de l'or et de l'argent.
Signor mio dolce, il quando potrebbe essere qual' ora più vi piacesse, ma io non so pensare il dove. (B. G. 8, n. 4.)	Mon doux ami, ce sera quand vous voudrez ; mais je ne sais pas le lieu.
Il buon' uomo rispose del si. (B. G. 1, n. 6.)	Le bon homme répondit : Oui.

SUPPLÉMENT.

Tous les objets semblables ont été rangés en différentes classes ; on a donné à chaque classe d'individus un nom particulier, afin de les distinguer les uns des autres. C'est ainsi qu'on a composé les classes des hommes, des chevaux, des arbres, etc., qu'on a subdivisées ensuite en d'autres classes secondaires pour y placer les individus qui, par des qualités particulières, se distinguent de leurs semblables ; et on a dit : hommes de lettres, chevaux de guerre, arbres à fruits, etc. Veut-on dans le discours, simplement, indiquer une classe quelconque ? Il suffit d'en prononcer le nom ; comme : *uomo*, homme ; *cavallo*, cheval ; en disant : *l'uomo*, l'homme ; *il cavallo*, le cheval, l'article feroit voir que l'on parle d'un individu de la classe, ou de la classe même considérée par abstraction sous la forme d'un tout individuel, pouvant comprendre tous les individus d'une classe sous un nom singulier. Si on disoit : *un uomo*, un homme ; *un cavallo*, un cheval, on parleroit à la vérité d'un seul individu, mais sans le désigner singulièrement ; de manière qu'on ne sauroit pas si l'on parle de Pierre ou de Paul, du cheval de Roland ou de celui de Renaud.

Veut-on parler de tous les individus qui composent une classe ? Il faut employer l'article ou un des adjectifs, *ogni*, chaque ; *tutti*, tous.

EXEMPLE.

Alle donne è onesto piangere i defonti, agli uomini ricordarsene. (Dav. G. di T.)

Il convient aux femmes de pleurer les morts, et aux hommes de s'en ressouvenir.

Pour rendre la phrase plus énergique, et pour lui donner plus d'élégance, on peut supprimer l'article.

EXEMPLE.

Messo da banda delizie, agi, e piaceri, faceva ogni cosa degna d'imperio. (Dav. lib. 1.)

Oubliant les délices et les plaisirs, il ne faisoit que des choses dignes de l'empire.

Enfin veut-on indiquer une quantité indéterminée d'individus contenus dans une classe ? Pour ce dernier cas, il ne faut point d'article.

EXEMPLE.

Ho posseduto uomini, cavalli, armi e ricchezze. (Dav. lib. 12)

J'ai possédé des hommes, des chevaux, des armes et des richesses.

Venons aux classes secondaires, ou, ce qui est la même chose, aux phrases où un nom général est qualifié par un adjectif.

Veut-on parler d'une manière générale des individus qui composent cette classe ? Alors il faut se servir de l'article.

EXEMPLE.

Amor che solo i cor leggiadri invesca. (Petrar.)
L'amour qui ne s'attache qu'aux cœurs sensibles.

Veut-on simplement indiquer quelques individus de cette classe ? Cela peut se faire de trois manières différentes :

1.° En se servant de la préposition seule ;
2.° De la préposition avec l'article ;
3.° De l'adjectif *alcuni*, quelques.

EXEMPLE.

Gli altri tutti che alle tavole erano, che v'avea di valenti uomini. (B. G. 10, n. 4.)

Tous les autres qui étoient à table, et il y avoit des hommes de distinction, etc.

On pouvoit dire également : *dei valenti uomini*, ou *alcuni valenti uomini*. *Di valenti uomini*, c'est-à-dire, *un buon numero di valenti uomini*; *dei valenti uomini*; savoir, *alcuni individui tratti dalla classe dei valenti uomini*.

Par ce que nous venons de dire, on voit la fausseté de la règle établie par ces grammairiens qui disent que *les articles du génitif se suppriment devant un nominatif et un accusatif* (*); comme : Je vois des hommes, *veggo uomini*; et non pas, *veggo degli uomini*. Cette phrase peut avoir deux sens; et il y a en italien deux manières différentes de la rendre. Si je veux dire que les objets que je vois, sont des individus de la classe des hommes, il ne faut point d'article : *veggo uomini*; mais si je veux exprimer que je vois quelques hommes, il faut se servir de l'article ou de l'adjectif *alcuni* : *Veggo degli uomini*, ou *alcuni uomini*. Voici deux exemples de Bocace (G. 1), qui prouvent évidemment ce que j'avance. Pour le premier cas : *Non come uomini, ma come bestie morieno*; pour le second cas : *Concedesi questo tanto, che alcuna volta è già addivenuto, che per conservar quella* (vita) *senza colpa, si sono uccisi degli uomi-*

(*) Il n'y a rien de plus faux que de dire que *des hommes* peut être nominatif ou accusatif. *Des hommes* signifie quelques-uns des hommes : donc il ne sera au nominatif et à l'accusatif, que lorsque *ex hominibus* le sera aussi, ce qui est impossible.

ni. Dans le premier exemple, Bocace dit : Que ceux qui étoient atteints par la peste mouroient, non comme les hommes meurent ordinairement, assistés par leurs parens, amis, etc.; mais comme meurent les bêtes, dans l'oubli et dans l'abandon de tout le monde. S'il avoit dit : *degli uomini*, et *delle bestie*; cela signifieroit que ces malheureux mouroient, non comme meurent quelques hommes, mais comme meurent quelques bêtes, ce qui seroit contre le bon sens. Au contraire, dans le second exemple, en disant : *degli uomini*; il fait entendre que le droit de conserver sa propre vie est tel, que pour la défendre on a tué quelquefois des hommes; savoir : quelques hommes sans crime; mais s'il eût dit simplement, *uomini*, il auroit exprimé que, pour défendre sa propre vie, on a tué quelquefois des individus, et que ces individus étoient, non des chiens, des chats, des brebis, etc.; mais bien des hommes, ce qui seroit vraiment ridicule.

Vénéroni et ses partisans disent aussi que *souvent* la préposition *de*, lorsqu'elle précède un infinitif, se rend en italien par l'article. Cette règle, ainsi énoncée, est contraire au sens-commun, met les étudians dans une pénible incertitude; et s'ils devinent quelquefois le *souvent* mystérieux, ils n'en savent jamais la raison. Voici donc comme il faut énoncer cette règle : Les Italiens, comme nous le verrons en son lieu, pouvant, à la place d'un nom, employer l'infinitif du verbe correspondant; toutes les fois qu'un infinitif, précédé de la préposition *de*, tient la place d'un nom, qui marque le sujet de la proposition ou le terme de l'action, cet infinitif prendra, en italien, l'article que l'on donneroit au nom qu'il représente.

EXEMPLE.

Non perciò al reo vieto il produrre ogni provanza di sua innocenza. (Dav. L. 3.)

Je ne défends pas pour cela au coupable de produire toutes les preuves de son innocence.

Exercice cinquième (*).

1. Il a de l'argent, du cœur, de la charité et de l'ambition.

   Il a, *ha*; argent, *danaro*; cœur, *cuore*; charité, *carità*; ambition, *ambizione*.

2. Donnez-moi du pain.

   Donnez, *date*; pain, *pane*.

3. Entrez dans le détail des règles d'une saine dialectique.

   Entrez, *entrate*; détail, *particolarità*; règle, *regola*; saine, *sana*; dialectique, *dialettica*.

4. Ces raisons sont des conjectures bien foibles.

   Cette raison, *questa ragione*; sont, *sono*; conjecture, *congettura*; bien foible, *molto debole*.

5. Il cherche des détours pour exprimer les choses les plus faciles.

   Cherche, *cerca*; détours, *rigiri*; exprimer, *esprimere*; chose, *cosa*; plus, *più*; facile, *facile*.

6. Ces exemples peuvent servir de principes pour

   Cet exemple, *questo esempio*; peuvent, *possono*; principe,

(*) Ces phrases sont tirées des principes de la Grammaire de Du Marsais.

ceux qui cultivent la littérature.	principio; ceux, quelli; cultivent, coltivano; littérature, letteratura.
7. Se charger la mémoire des phrases de Cicéron.	Charger, sopraccaricare; mémoire, memoria; phrase, frasa.
8. C'est un discours soutenu par des expressions fortes.	C'est un discours, è un discorso; soutenu, sostenuto; expression forte, espressione forte.
9. Plein des sentimens les plus beaux.	Plein, pieno; sentiment, sentimento; plus, più; beau, bello.
10. Il a recueilli des préceptes pour la langue et pour la morale.	Il a recueilli, ha raccolto; précepte, precetto; langue, lingua; moral, morale.
11. Servez-vous des signes dont nous sommes convenus.	Servez, servite; signe, segno; dont, di cui; sommes convenus, siamo convenuti.
12. Nous sommes obligés d'user de signes extérieurs pour nous faire entendre.	Obligés, obbligati; user, usare; signe extérieur, segno esterno; faire, fare; entendre, capire.
13. Il a fait un choix de livres italiens.	Il a fait, ha fatto; italien, italiano.
14. Les richesses de l'esprit ne peuvent être acquises que par l'étude.	Richesse, ricchezza; esprit, spirito; ne peuvent, non possono; acquises, acquistate; étude, studio.
15. Il y a au Pérou une abondance prodigieuse de richesses inutiles.	Abondance prodigieuse, prodigiosa; inutile, inutile.
16. Les biens de la fortune sont fragiles.	Bien, bene; fortune, fortuna; fragile, fragile.

17. La mémoire des faits est la plus brillante. — Fait, *fatto*; est, *è*; brillante, *brillante*.

18. La mémoire est le trésor de l'esprit, le fruit de l'attention et de la réflexion. — Trésor, *tesoro*; fruit, *frutto*; attention, *attenzione*; réflexion, *riflessione*.

19. Le but des bons maîtres doit être de cultiver l'esprit de leurs disciples. — But, *scopo*; bon maître, *buon maestro*; doit, *deve*; cultiver, *coltivare*; de leurs disciples, *dei loro discepoli*.

20. Il n'a pas besoin de la leçon que vous voulez lui donner. — Leçon, *lezione*; voulez, *volete*; lui donner, *dargli*.

21. Du pain et de l'eau suffisent. — Eau, *acqua*; suffisent, *bastano*.

CHAPITRE VII.

Des adjectifs.

Les adjectifs, comme nous l'avons déjà dit, servent à qualifier les noms. Or, comme toute qualité suppose toujours une substance, il est évident que tout adjectif suppose aussi un nom exprimé ou sous-entendu. En outre, l'adjectif et le nom ne formant qu'une seule identité, c'est-à-dire l'adjectif n'étant autre chose que le nom considéré avec telle ou telle autre qualification, il s'ensuit que l'adjectif doit se conformer au nombre et au genre du nom qu'il qualifie; c'est ce que les grammairiens appellent concordance de l'adjectif avec le nom.

Division des adjectifs.

Je diviserai les adjectifs en deux classes : je placerai dans la première les adjectifs physiques ; savoir, tout mot qui exprime une qualité qui existe réellement, ou que nous croyons exister dans les noms qu'il qualifie, ou, ce qui revient au même, tout mot qui qualifie le nom, de manière que le mot qualifiant et le nom qualifié, pris ensemble, ne présentent à l'esprit qu'un seul objet; comme : *nero*, noir ; *rosso*, rouge ; *quadro*, carré, ect. ; et je nommerai adjectif métaphysique tout mot qui n'exprime pas des qualités physiques, ainsi que les précédens, mais qui marque simplement l'action de l'esprit qui considère l'objet de son attention sous un point de vue particulier, tels que : *mio*, mon; *questo*, ce ; *tutto*, tout ; *ogni*, chaque, etc.

Des adjectifs physiques.

Tous ces adjectifs, dans la langue italienne, sont terminés par *o* ou par *e*. Les premiers servent pour le masculin, et on en forme le féminin en changeant l'*o* en *a* ; comme : *pensiero amoroso*, pensée amoureuse; *fiamma amorosa*, flamme amoureuse. Les seconds servent également pour les deux genres ; comme : *dolce affanno*, doux chagrin; *dolce pena*, douce peine.

Dans les phrases, *tant de*, *trop de*, *beaucoup de*, *peu de*, et semblables, que les grammairiens appellent improprement adverbes de quantité, et qui sont de véritables noms, puisqu'on peut les regarder comme un tout dont on peut tirer une portion; les mots *tant*, *trop*, *beaucoup*, *peu*; etc., sont employés ordinairement dans notre langue comme adjectifs; en conséquence, la préposition *de*, nécessaire en *françois* pour marquer le terme d'extraction, devient inutile en italien; et ces mots prennent la terminaison qui convient au genre et au nombre des noms qu'ils qualifient; excepté ces trois: *più*, *meno*, *assai*, qui sont invariables.

EXEMPLES.

Egli ne portò subitamente l'anima mia fra tanti fiori, e fra tante rose. (B. G. 4, n. 2.)

Il emporta aussitôt mon âme parmi tant de fleurs et parmi tant de roses.

Oltre a questo ho trovati per la via più miei amici. (B. G. 8, n. 3.)

Outre cela, j'ai trouvé en chemin plusieurs de mes amis.

Bocace (G. 3, n. 2) dit : *Un poco di fuoco*, un peu de feu ; ici, *un poco*, signifie *una piccola porzione* ; c'est pourquoi le terme d'où elle a été tirée doit être désigné par la préposition *di*.

SUPPLÉMENT.

On trouve dans les classiques *tanto di gravezza* (D. inf. c. 1.); tant de fatigue. *Più di spavento* (B. G. 5. n. 8.); plus d'épouvante. *Molto di piacere* (B. G. 5, n. 4.); beaucoup de plaisir, et semblables. Dans ces phrases, les mots, *tanto*, *più*, *molto*, sont pris substantivement comme en françois.

Tanto et *cotanto* signifient *sì grande*, si grand.

EXEMPLES.

Lassando l'atto di cotanto uffizio. (D. inf. C. 5.)
Laissant l'action d'un si grand office.

Quelle grazie rendute al re, che a tanto dono si confaceano. (B. G. 10, n. 2.)
Ayant rendu au roi les grâces qui convenoient à un si grand don.

Tanto et *cotanto* ajoutent à la phrase plus d'énergie que *sì grande*.

Les expressions *il più*, *i più*, *le più*, signifient le plus grand nombre.

EXEMPLE.

I più senza alcuna febbre, o altro accidente morivano. (B. G. 1.)
Le plus grand nombre mouroit sans aucune fièvre ni autre accident.

Je finirai ce chapitre en faisant observer que les adjectifs n'ont aucune place fixe dans la construction du discours ; c'est le bon sens et l'oreille qui doivent les placer avant ou après leurs noms. Il suffit de remarquer, que lorsqu'on a un nom accompagné de deux adjectifs, on les sépare souvent avec beaucoup de grâce par le nom même, comme dans les exemples suivans : *Un bellissimo piano e dilettevole* (B. G. 1.); une plaine très-belle et agréable. *Da grossi salari e sconvenevoli tratti* (id.); attirés par un salaire excessif.

Exercice sixième.

1. Vous aimez avec trop d'ardeur une femme qui n'est pas digne d'être aimée. — Aimez, *amate*; ardeur, *ardore*; femme, *donna*; qui, *che*; digne, *degno*; aimé, *amato*.

2. C'est une femme jeune, prudente, jolie et estimée. — C'est, *è*; jeune, *giovine*; prudente, *prudente*; joli, *leggiadro*; estimé, *stimato*.

3. Il ne mange qu'un peu de pain, et ne boit qu'un peu d'eau. — Mange, *mangia*; boit, *beve*.

4. Il a beaucoup de zèle et peu de savoir. — Zèle, *zelo*; savoir, *sapere*.

5. Apportez-moi un peu de vin. — Apportez, *portate*; vin, *vino*.

6. L'empire françois possède beaucoup de grands hommes, beaucoup de soldats et beaucoup d'argent. — Empire françois, *impero francese*; possède, *possede*; grand, *grande*; soldat, *soldato*.

7. C'est un jardin d'une beauté ravissante. — Jardin, *giardino*; beauté, *bellezza*; ravissant, *maraviglioso*.

ITALIENNE. 49

8. Il y avoit au milieu une belle fontaine de marbre blanc. — Il y avoit, *v'era*; milieu, *mezzo*; fontaine, *fontana*; marbre, *marmo*; blanc, *bianco*.

9. Je vous donnerai tant de coups de bâton, que je vous ôterai l'envie de me désobéir. — Donnerai, *darò*; coup de bâton, *bastonata*; ôterai, *leverò*; envie, *voglia*; désobéir, *disubbidire*.

10. Vous ne m'avez pas écrit autant de fois que je l'aurois desiré. — Avez, *avete*; écrit, *scritto*; fois, *volta*; l'aurois desiré, *l'avrei desiderato*.

11. Il ne m'a pas donné trop d'argent pour mon voyage. — Donné, *dato*; pour mon, *per il mio*; voyage, *viaggio*.

12. Amusons-nous avec beaucoup de décence. — Amusons, *divertiamo*; décence, *decenza*.

13. Il ne faut pas avoir trop de confiance. — Ne faut pas, *non bisogna*; avoir, *avere*; confiance, *confidenza*.

14. Il y a beaucoup d'historiens qui racontent peu la vérité. — Il y a, *vi sono*; historien, *storico*; racontent, *raccontano*; vérité, *verità*.

~~~~~~~~~~~~~~~~~~~~~~~

CHAPITRE VIII.

Des noms altérés, ou des augmentatifs et des diminutifs.

ON appelle ainsi les noms dont la signification naturelle est augmentée ou diminuée, par l'augmentation d'une ou de plusieurs syllabes dans le mot primitif. La langue italienne est très-riche en ces sortes de mots, qui servent à donner de la précision et de la force, ou de la grâce et de la délicatesse au discours.

Parmi les augmentatifs, les uns servent à marquer simplement le volume et la grandeur, et sont terminés en *one*, tant pour le masculin que pour le féminin: *albero*, arbre; *alberone*, grand arbre; *donna*, femme; *donnone*, grande femme. Il faut observer que lorsqu'un nom est altéré de la sorte, bien que le mot radical soit féminin, il devient masculin.

EXEMPLE.

Questo pecorone mi vuol far conoscer le femine, come se io fossi nata jeri. (B. G. 6.)

Cette grosse bête veut me faire connoître les femmes, comme si j'étois née d'hier.

D'autres servent à marquer que l'on méprise, ou que l'on regarde comme mauvaise la personne ou la chose représentée par le nom simple. Les masculins finissent en *accio*, *azzo*, *astro*, comme: *omaccio*, vilain homme; *giovanastro*, méprisable jeune homme.

EXEMPLE.

Il batter delle mani, il grido intorno
Se gli levò del popolazzo tutto. (A. C. 17.)

Le battement de mains et les cris de toute la populace se firent entendre autour de lui.

Les féminins sont terminés en *accia*, *azza*, *aglia*, *astra*.

ITALIENNE. 51

EXEMPLE.

I m' asseta' in su quelle spallacce. (D. inf. C. 17.)
Je m'assis sur ces vilaines et larges épaules.

Les diminutifs se divisent aussi en deux classes. Les uns servent à marquer du mépris; les autres expriment la petitesse de l'objet. Les premiers sont terminés en *etto*, *ello*, *uccio*, *icciuolo*, *uzzo*, pour le masculin; et en *etta*, *ella*, etc., pour le féminin.

EXEMPLES.

Giovinetto senza sentimento. (B. G. 4.)
Petit jeune homme sans sentiment.

Fraticello pazzo. (B. G. 3, n. 7.)
Fou et méprisable moine.

Omicciuolo. (B. G. 3, n. 1.)
Pauvre petit homme.

Feminetta. (B. G. 9, n. 5.)
Femme méprisable.

Les seconds finissent en *ino*, *etto*, *ello*, *uccio*, *uzzo*, pour le masculin; et en *ina*, *etta*, etc., pour le féminin.

EXEMPLES.

Figliolino, ou *Figlioletto*. (B. G. 10, n. 4.)
Petit enfant.

Le cui labbra parean due rubinetti. (B. G. 4, n. 10.)

Dont les lèvres paroissoient deux petits rubis, etc.

Boccuccia. (B. G. 4, n. 10.)
Petite bouche.

Vecchierella. (B. G. 10, n. 4.)
Aimable petite vieille.

Ces derniers servent à exprimer non seulement la petitesse des objets, mais aussi cette affection et cette tendresse que la nature nous inspire pour les êtres qui ont le plus besoin de notre secours.

Il seroit impossible d'exprimer toutes les manières de former les diminutifs. Ce n'est qu'en lisant les bons auteurs qu'on peut les apprendre; et il n'y a que les observations du maître à des écoliers intelligens qui puissent faire connoître la délicatesse et la finesse de ces nuances. Voici un exemple des différentes manières dont on peut faire les diminutifs d'un seul mot : *casa*, maison; *casetta*, *casina*, *casuccia*, *caserella*, *casellina*, *casettina*, *casinina*, *casuccina*, *caserellina*, *casipola*. Je laisse au maître le soin d'expliquer la signification et les nuances de ces mots.

SUPPLÉMENT.

On peut quelquefois réunir à l'augmentatif de grandeur celui qui exprime le mépris ; et il en résulte un double augmentatif ; comme : *omaccione*, grand vilain homme; *ribaldonaccio*, grand vilain coquin.

On forme aussi des doubles diminutifs; comme : *cosetta*, petite chose ; *cosettina*, très-petite chose.

Au lieu de faire le diminutif du nom, on peut le faire de l'adjectif qui le qualifie ; ce qui donne à la phrase une grâce particulière.

EXEMPLES.

Il breve, asciuto, e ritondetto piede. (A. c. 7.)
Le petit pied potelé, rond et court.

Cela est imité des Latins, et Catulle a dit : *Aureolum malum* ; la petite pomme d'or.

Questo tenerello nobil putto. (D. an. di T.)
Ce tendre et noble enfant.

On peut aussi diminuer à la fois le nom et l'adjectif.

EXEMPLE.

Con una boccuccia piccolina. (B. g. 4, n. 10.)
Avec une petite bouche.

Cette tournure de phrase a beaucoup de grâce.
Il y a des diminutifs qui ont une terminaison irrégulière ; tels sont : *cerbiatto*, petit cerf ; *verdigno*, un peu vert ; *amariccio*, un peu amer ; *casupola*, mauvaise maisonnette ; *mediconzolo*, médecin ignorant ; et plusieurs autres que l'usage fera connoître.

La langue italienne a donc l'avantage d'exprimer, par un seul mot, ce que d'autres ne peuvent rendre que par deux et même par trois.

GRAMMAIRE

Exercice septième.

1. J'ai une petite table de bois de chêne. — J'ai, *ho*; table, *tavola*; chêne, *quercia*.
2. Ma sœur a un petit chat, un petit chien, un petit enfant et un petit cheval. — Sœur, *sorella*; chat, *gatto*; chien, *cane*; enfant, *figliuolo*; cheval, *cavallo*.
3. Cette jolie fille a le visage un peu noir. — A, *ha*; visage, *volto*; noir, *nero*.
4. Votre belle-sœur a de petits pieds, de petites mains, et une jolie petite bouche. — Votre, *vostro*; belle-sœur, *cognata*; pied, *piede*; main, *mano*.
5. C'est un pauvre poëte. — C'est, *è*; poëte, *poeta*.
6. Ce petit homme qui a les jambes crochues, et qui demeure avec ce grand vilain homme, que vous connoissez, a beaucoup d'esprit, mais peu de prudence. — Jambe, *gamba*; crochu, *storto*; demeure, *abita*; connoissez, *conoscete*; prudence, *prudenza*.
7. Une petite étincelle peut produire un grand incendie. — Étincelle, *favilla*; peut, *può*; produire, *produrre*; incendie, *incendio*.
8. Il est venu chez moi un petit vieillard, avec deux petits enfans, me demander un peu de pain. — Il est venu, *è venuto*; chez, *da*; vieillard, *vecchio*; enfant, *fanciullo*; demander, *a domandare*.
9. Elle parle toujours de ses petits pieds ronds. — Parle, *parla*; toujours, *sempre*.
10. Un grand nez, une vilaine bouche, de lourdes é- — Nez, *naso*; bouche, *bocca*; épaule, *spalla*; portrait, *ri-*

paules et de très-petites
jambes : voilà le portrait
de ce médecin ignorant,
qui aime tant cette pe-
tite et jeune fille.

CHAPITRE IX.

Des comparatifs et des superlatifs.

L'ADJECTIF, dans son premier degré de signification, est dit être au positif ; comme : *brillante*, brillant ; *oscuro*, obscur, etc., etc.

Si l'adjectif qualifie un objet relativement à un ou à plusieurs autres, il peut y avoir parmi ces objets un rapport d'égalité, de supériorité, d'infériorité, ou enfin de prééminence.

Si le rapport est d'égalité, l'adjectif reste toujours au positif ; et l'on exprime ce rapport par les adverbes, *tanto* ou *altrettanto*, qui ont pour corrélatif *quanto*, ou par les adverbes *sì* ou *così*, dont le corrélatif est *come*.

EXEMPLES.

Non parendole tanto servire a Dio, quanto voleva. (B. g. 3, n. 10.)

Ne lui paroissant pas servir Dieu autant qu'elle le vouloit.

Volta ver me sì lieta, come bella. (D. par. c. 2.)

Se tournant vers moi aussi joyeuse que belle.

GRAMMAIRE

Lorsqu'entre plusieurs objets comparés ensemble, il y a un rapport de plus ou de moins, l'adjectif est alors au comparatif de supériorité ou d'infériorité. Dans la langue italienne, on distingue ces comparatifs comme en françois, par les mots *più*, plus ; *meno*, moins, ajoutés à l'adjectif ; excepté les comparatifs suivans, tirés du latin : *maggiore*, plus grand ou plus grande ; *minore*, plus petit ou plus petite ; *migliore*, meilleur ou meilleure ; *peggiore*, pire ; *peggio*, pis, qui contiennent en eux-mêmes les mots *plus* ou *moins*.

EXEMPLE.

La Britannia, la maggiore isola, che noi sappiamo. (Dav. v. d'Agr.)

L'Angleterre, la plus grande île que nous connoissions.

Généralement la particule *que* qui suit les mots *plus* et *moins*, s'exprime en italien par la préposition *di*, avec ou sans l'article, selon que le mot le demande.

EXEMPLES.

Chi starebbe meglio di me, se quegli denari fosser miei? (B. g. 2, n. 5.)

Qui seroit plus heureux que moi, si cet argent m'appartenoit?

La moglie, e 'l figliuolo non mi sono più del padre, e della republica a cuore. (Dav. An. di T. lib. 1.)

Ma femme et mon fils ne me sont pas plus chers que mon père et la république.

Ce n'est pas par un caprice de la langue que l'on rend en ce cas la particule *que* par la préposition *di*, mais bien par un principe certain de la grammaire : il est évident que devant le second terme de la comparaison, il y a ellipse, et que les mots supprimés sont *a comparazione*, en comparaison ; de manière que les phrases : *Meglio di me ; più del padre*, sont une abréviation des suivantes : *Meglio a comparazione di me ; più a comparazione del padre*. Osera-t-on dire encore, après une démonstration aussi simple que juste, que le second terme de la comparaison doit être au génitif ? Que l'on dise plutôt que toutes les fois que devant le second terme de la comparaison on peut sous-entendre l'expression *a comparazione*, supprimée par ellipse, ce terme doit être précédé de la préposition *di*. L'écolier qui aura connu d'abord l'attribution de cette préposition, en saisira promptement la raison, et ne sera plus dans l'incertitude.

Mais si devant le second terme de la comparaison, l'ellipse de l'expression *a comparazione* ne peut pas avoir lieu, alors la particule *que* s'exprime par *che*.

EXEMPLES.

Pietro che maggior voglia aveva di mangiare che di dormire. (B. G. 5, n. 10.)

Pierre qui avoit envie de manger plus que de dormir.

Allor temetti più che mai la morte. (D. inf. C. 31.)

Alors je craignis la mort plus que jamais.

Observez que l'ellipse des expressions *a compa-razione*, ne peut jamais avoir lieu lorsque les termes de la comparaison sont exprimés par deux verbes, deux adverbes, ou deux adjectifs.

Enfin lorsque deux termes de la comparaison sont deux substantifs, on peut employer *che* au lieu de la préposition *di*.

EXEMPLE.

Mille sospiri più cocenti che fuoco gettava. (B. G. 4, n. 10.)

Il poussoit mille soupirs plus brûlans que le feu.

C'est du goût de l'écrivain que dépend le choix entre *che* et *di*.

Le troisième degré de comparaison est appelé superlatif. Il y a un superlatif absolu, et un superlatif relatif: le premier est celui qui, sans avoir égard aux êtres semblables, élève le positif au plus haut degré; le second indique un excès au-dessus ou au-dessous des êtres semblables, auxquels il a rapport.

Le superlatif absolu se forme de l'adjectif, en changeant la dernière voyelle en *issimo*, pour le masculin, en *issima*, pour le féminin, en *issimamente*, pour l'adverbe; comme : *dolcissime donne*, très-douces femmes; *dottissimamente*, très-savamment. C'est une imitation des superlatifs des Latins.

Les superlatifs suivans, tirés de la langue latine, sont irréguliers : *ottimo*, très-bon; *pessimo*, très-mauvais; *massimo*, très-grand; *minimo*, très-petit; *supremo*, très-haut; *infimo*, très-bas; *acerrimo*, très-rude ; *celeberrimo*, très-célèbre ; *benissimo*, et *ottimamente*, très-bien ; le second doit être préféré.

Dans le superlatif relatif, le second terme doit être précédé des prépositions *di*, ou *tra*, ou *oltre a*.

EXEMPLES.

Nella egregia città di Firenze, oltre ad ogni altra italica bellissima. (B. G. 1.)

Dans l'illustre ville de Florence, la plus belle de toutes les autres d'Italie.

Il più forte di tutti gli uomini. (Dav. Ger. di T.)
Le plus fort de tous les hommes.

Ici il y a une ellipse que l'étudiant saisira de lui-même.

SUPPLÉMENT.

La répétition de l'adjectif est équivalente à un superlatif.

EXEMPLE.

Lento lento. (D. inf. C. 17.)
Très-lent.

Il en est de même de l'adverbe.

EXEMPLE.

Ne ancora spuntavano li raggi del sole ben bene. (B. G. 7.)
Les rayons du soleil paroissoient encore à peine.

Il y a des superlatifs que l'on forme avec les expressions *oltre misura* ; *oltre modo* ; *fuor di misura* ;

senza fine; sopra modo, qui marquent un excès illimité.

EXEMPLES.

Uomo materiale e grosso senza modo. (B. G. 5, n. 8.)

Homme très-stupide et très-grossier.

Dolente oltre modo. (B. G. 8, n. 10.)
Très-affligé.

Bellissima sopra modo. (Bembo. A. lib. 1.)
Très-belle.

Il me reste à faire observer que, dans toutes les langues en général, il y a des adjectifs qui marquent des qualités qui ne sont susceptibles de recevoir aucun degré d'excellence ; tels sont : *eterno,* éternel ; *divino,* divin ; *immortale,* immortel, etc. ; car on ne peut pas dire *plus éternel,* ni *très-éternel;* on pourroit les appeler *adjectifs absolus,* pour les différencier des autres, qui, pouvant être élevés par degrés jusqu'à la perfection, relativement à leurs semblables, seroient dits *adjectifs relatifs.*

Exercice huitième.

1. Si vous êtes plus savant que moi, je suis plus prudent que vous. — Si, *se* ; êtes, *siete* ; savant, *dotto* ; suis, *sono* ; prudent, *prudente.*

2. Nous avons été plus riches que nous ne le sommes aujourd'hui. — Avons été, *siamo stati* ; riche, *ricco* ; aujourd'hui, *oggi.*

3. Je serois plus heureux que toi, si je n'étois pas éloigné de mes parens. — Serois, *sarei* ; heureux, *felice* ; étois, *fossi* ; éloigné, *lontano* ; de mes, *dai miei* ; parent, *parente.*

4. Il est aussi utile d'écrire que de parler la langue que l'on apprend. — Utile, *utile*; écrire, *scrivere*; parler, *parlare*; que l'on apprend, *che s'impara*.

5. Vous êtes plus savant que riche. — Vous êtes, *siete*.

6. J'ai vu autant d'enfans que de soldats. — J'ai vu, *ho veduto*; enfant, *fanciullo*.

7. Vous avez autant de vertus que de talens. — Avez, *avete*; talent, *talento*.

8. J'ai acheté autant de tables de marbre que de tableaux. — J'ai acheté, *ho comprato*; tableau, *quadro*.

9. Votre épouse est très-prudente, très-sage, très-jolie et très-riche. — Sage, *saggio*.

10. Ces fruits sont très-mûrs et très-bons. — Fruit, *frutto*; mur, *maturo*.

11. Vous vous croyez le plus savant et le plus heureux de la ville. — Croyez, *credete*; ville, *città*.

12. Si nous avions autant de prudence que de force, nous serions plus heureux. — Avions, *avessimo*; prudence, *prudenza*; force, *forza*; serions, *saremmo*.

13. Cet enfant est très-joli. — Ce, *questo*; enfant, *fanciullo*.

CHAPITRE X.

Des adjectifs métaphysiques.

Nous sommes déjà convenus d'appeler ainsi les mots dont l'attribution est de marquer une certaine considération de l'esprit, et qui font prendre les noms devant lesquels on les place dans une acception particulière, sans leur donner aucune qualification ; tels sont les mots : *tutto*, tout ; *ogni*, chaque ; *questo*, ce ; *mio*, mon ; etc. Nous allons les voir distribués en différentes classes, pour mieux connoître leur usage.

Des adjectifs tutto ; ogni, qualche, etc.

Tutto, tout, marque l'unité indivisible d'une société, d'un individu, etc. Lorsque cet adjectif précède un nom, celui-ci demande l'article.

EXEMPLE.

Tutte le notti si lamenta, e plora. (P. p. 2. 5. 10.)
Il se plaint et gémit toutes les nuits.

Ogni, chaque, est invariable, sert pour les deux genres, et manque de pluriel ; cet adjectif exprime chaque individu composant une société, une compagnie, etc. Ainsi, lorsqu'on voudra rendre en italien, *tout* ou *toute* ; si ces adjectifs marquent une totalité indivisible, on se servira de l'adjectif *tutto* ; mais s'ils représentent la totalité distributivement, s'ils prennent, pour ainsi dire, les individus l'un après l'autre, en ce cas on les rendra par *ogni*.

EXEMPLES.

Concorso tutto il popolo della città. (B. G. 2, n. 1.)

Tout le peuple de la ville étant accouru.

Ogni madre de' suoi figliuoli è balia. (Dav. Ger. di T.)

Toute mère est la nourrice de ses enfans.

Qualche ou *alcuno*, quelque. Le premier n'a point de pluriel.

EXEMPLES.

Qualche dolce mio detto. (P. p. 1, c. 17.)
Quelques douces paroles de moi.

Se forse alcuni dubbj hai intorno alla fede. (B. G. 1, n. 2.)

Si tu as quelques doutes sur la foi.

Qualsisia, qualsivoglia, qui que ce soit.
Ces mots servent pour les deux genres; mais au pluriel les *essere* et *volere*, qui entrent dans leur composition, prennent la désinence du nombre, et font *qualsisiano, qualsivogliano*.

EXEMPLE.

In un momento rampicarsi sopra qualsivoglia più alto muro. (Red.)

Grimper en un instant à un mur quelque haut qu'il puisse être.

L'usage veut que si les mots *niuno* et *nessuno*, aucun, sont après le verbe, celui-ci soit précédé de la négation; et que, s'ils sont avant le verbe, on la supprime.

EXEMPLES.

Non contradice a ciò nessuna legge. (Cron. Morell.)

Aucune loi ne s'oppose à cela.

Niuna gloria è ad un aquila aver vinta una colomba. (B.)

Il n'y a aucune gloire pour un aigle d'avoir vaincu une colombe.

Le mot *niente*, rien, est assujéti à la même règle.

EXEMPLES.

Niente operò. (Dav. v. d. Agr.)
Il ne fit rien.

Niente hanno. (Dav. G. di T.)
Ils n'ont rien.

Cette manière est bien plus énergique que si l'on disoit : *Non operò niente. Non hanno niente.*

SUPPLÉMENT.

Le nom accompagné de l'adjectif *tutto*, demande l'article. Cet adjectif exprimant une universalité indéfinie qui comprend tous les êtres, de quelque classe qu'ils soient, on ne pourroit pas, sans l'article, borner cette généralité à la classe particulière, désignée par le nom. Les expressions *tuttodi*, *tuttogiorno*, ne sont que des expressions adverbiales, où les mots *di* et *giorno* sont pris indéfiniment. En effet ces mêmes mots, pris d'une manière déterminée, exigent l'article.

EXEMPLE.

A casa tornata mise la vecchia in faccende per tutto il giorno. (B. G. 2, n. 5.)

Arrivée chez elle, elle chargea de commissions, pour tout le jour, sa vieille gouvernante.

Exercice neuvième.

1. Tout homme savant doit être estimé. — Doit, *deve*; estimé, *stimato*.
2. Vous chantez toute la journée. — Chantez, *cantate*.
3. Nous avons acheté quelques tableaux pour en faire présent à notre frère. — Avons acheté, *abbiamo comprato*; faire présent, *regalare*; notre, *nostro*.
4. Quel que soit cet ennemi, il sera toujours plus foible que nous. — Ennemi, *nemico*; sera, *sarà*; foible, *debole*.
5. Je ne parle à personne. — Parle, *parlo*.
6. Votre frère ne sait rien, et croit tout savoir. — Votre, *nostro*; sait, *sà*; croit, *crede*; savoir, *sapere*.
7. Nous n'avons rien, et cependant nous nous croyons plus riches que tous ceux qui n'aiment que les richesses. — Avons, *abbiamo*; cependant, *nulladimeno*; croyons, *crediamo*; ceux, *quelli*; aiment, *amano*.

8. Dans ce pays, tous les hommes sont courageux, et toutes les femmes sont aimables.	Pays, *paese*; courageux, *coraggioso*; aimable, *amabile*.
9. Faites-moi le plaisir de m'envoyer quelques livres de votre bibliothéque.	Faites, *fate*; plaisir, *piacere*; envoyer, *mandare*; de votre, *della vostra*; bibliothéque, *libreria*.
10. Quoique les langues diffèrent entre elles, elles ont cependant quelques rapports.	Quoique, *sebbene*; different, *differiscano*; entre elles, *fra se*; ont, *hanno*; cependant, *tuttavia*; rapport, *relazione*.

CHAPITRE XI.

Des adjectifs numéraux.

Quelle que soit l'opinion des autres grammairiens, il me paroît que ces mots étant destinés à qualifier une collection d'individus sous le rapport du nombre, on doit les mettre dans la classe des adjectifs métaphysiques. Cependant on les regarde aussi comme des noms, toutes les fois qu'on dit: *il due*, le deux; *il tre*, le trois; etc.

Les adjectifs du nombre cardinal sont les suivans : *uno*, un; *due*, deux; *tre*, trois; *quattro*, quatre; *cinque*, cinq; *sei*, six; *sette*, sept; *otto*, huit; *nove*, neuf; *dieci*, dix; *undici*, onze; *dodici*, douze; *tredici*, treize; *quattordici*, quatorze; *quindici*, quinze;

sedici, seize; *diciasette*, dix-sept; *diciotto*, dix-huit; *diciannove*, dix-neuf; *venti*, vingt; *vent'uno*, vingt-un; etc.; *trenta*, trente; *quaranta*, quarante; *cinquanta*, cinquante; *sessanta*, soixante; *settanta*, soixante et dix; *ottanta*, quatre-vingt; *novanta*, quatre-vingt-dix; *cento* (invariable), cent; *mille*, mille; etc.

Dans tous les nombres composés de *cento*, et de *cinquanta*, on supprime par élégance la dernière syllabe du premier nombre, et l'on dit : *cencinquanta*, au lieu de *cento cinquanta*.

Lorsqu'un de ces adjectifs est accompagné d'un nom, celui-ci peut être mis avant ou après indifféremment. Mais avec *vent'uno*, *trent'uno*, etc., si le nom se met après le nombre, l'usage veut qu'il soit au singulier; comme : *vent'uno scudo*, vingt-un écus. La raison et la philosophie n'étant point satisfaites de cet usage, je conseille aux étudians de dire comme Davanzati : *Pisone visse anni trent'uno*, plutôt que : *Pisone visse trent'un' anno*; Pison vécut trente-un ans.

Les adjectifs du nombre ordinal sont *primo*, premier; *secondo*, second; *terzo*, troisième; *quarto*, quatrième; *quinto*, cinquième; *sesto*, sixième; *settimo*, septième; *ottavo*, huitième; *nono*, neuvième; *decimo*, dixième; *undecimo*, onzième; *duodecimo*, douzième; *decimo terzo*, treizième, etc.

Après les noms de souverains, pour désigner celui que l'on veut nommer parmi ceux qui ont le même nom, on se sert en italien des adjectifs ordinaux.

EXEMPLE.

Federigo secondo. (B. G. 1, n. 7.)
Frédéric deux.

Entre le mot *tutto* et un adjectif du nombre cardinal, on met ordinairement la conjonction *e*, toutes les fois que ce dernier ne commence pas par une voyelle; comme : *tutti e tre*, tous les trois ; *tutti e quattro*, tous les quatre; mais on ne dit pas *tutti ed otto*, tous les huit.

Ce que les François expriment ainsi *par deux, par trois, par dixaine, par centaine*, etc., les Italiens l'expriment par *a due, a tre, a decina, a centinajo*.

EXEMPLE.

Come le pecorelle escon del chiuso,
Ad una, a due, a tre...... (Dante).

Comme les brebis sortent de l'étable par une, par deux, par trois.

Quand on prend à la fois plusieurs compagnies ou troupes, composées du même nombre d'individus, on dit : *ad uno, ad uno; a due, a due*, etc.; un à un, deux à deux, etc.

EXEMPLE.

E teneansi per mano a due a due. (Petr.)
Ils se tenoient par la main deux à deux.

L'expression *essere intra due* ou *fra due*, est une expression elliptique qui signifie : *être incertain*.

EXEMPLE.

Vivomi fra due. (Petr.)
Je vis incertain.

SUPPLÉMENT.

On peut se servir du mot *uno*, à la place de *ciascheduno*, chacun.

EXEMPLE.

Cento venti cinque fiorini per uno. (Dav. lib. 16.)
Cent vingt-cinq florins pour chacun.

On peut aussi employer l'adjectif *una*, au lieu de *la stessa*, la même.

EXEMPLE.

Amor condusse noi ad una morte. (Dante, inf. c. 5.)
L'amour nous conduisit à la même mort.

Il importe de remarquer, sur-tout pour l'intelligence des anciens, que, de certains nombres, on forme des verbes de la manière suivante :

De *uno*, on forme *adunarsi*, s'assembler; de *due*, on forme *adduarsi*, s'associer à un autre ; de *tre*, *intrearsi*, s'associer à deux autres ; de *cinque*, *incinquarsi*, s'associer à quatre ; de *mille*, *immillarsi*, parvenir au nombre de mille, etc.

GRAMMAIRE

Exercice dixième.

1. Vous avez vendu vingt chevaux, six maisons et trois domaines, et cependant vous êtes encore le plus riche de la ville. — Vous avez vendu, *avete venduto*; cheval, *cavallo*; domaine, *podere*; êtes, *siete*.

2. J'ai rencontré des écoliers qui se promenoient deux à deux hors de la ville. — J'ai rencontré, *ho incontrato*; écolier, *scolare*; se promenoient, *passeggiavano*; hors, *fuori*.

3. Nous fûmes divisés l'année dernière dans notre collége, par deux, par trois et par quatre compagnies. — Nous fûmes, *fummo*; divisé, *diviso*; année, *anno*; dernier, *passato*; dans notre, *nel nostro*; collége, *collegio*; compagnie, *compagnia*.

4. A l'âge de soixante et dix ans il étoit encore aussi fort qu'à l'âge de quarante. — Age, *età*; étoit, *era*.

5. Vous avez le trois et le cinq. — Vous avez, *avete*.

6. J'aimerois mieux vivre quarante ans de plus, que d'avoir quarante mille francs de revenu. — J'aimerois mieux, *amerei meglio*; vivre, *vivere*; revenu, *rendita*.

7. La première place est due à la plus âgée. — Place, *posto*; dû, *dovuto*; âgé, *attempato*.

CHAPITRE XII.

Des adjectifs possessifs.

CES adjectifs sont ainsi nommés, parce qu'ils marquent un rapport de propriété ou d'appartenance; ce sont les suivans :

SINGULIER.	PLURIEL.
Mio, mon; *mia*, ma.	*Miei*, *mie*, mes.
Tuo, ton; *tua*, ta.	*Tuoi*, *tue*, tes.
Suo, son; *sua*, sa.	*Suoi*, *sue*, ses.
Nostro, *nostra*, notre.	*Nostri*, *nostre*, nos.
Vostro, *vostra*, votre.	*Vostri*, *vostre*, vos.
Loro, leur.	*Loro*, leurs.

Dans la langue italienne, ces adjectifs sont généralement précédés de l'article, parce qu'ils bornent la signification générale des noms à un objet particulier.

EXEMPLE.

La sua miseria, e il suo dolore le mostrò. (B. G. 4, n. 6.)

Il lui montra sa misère et sa douleur.

Cependant, lorsqu'ils sont suivis d'un nom de dignité, ils refusent l'article.

EXEMPLE.

Gl' interessi di sua maestà. (Lett. di Bent.)
Les intérêts de sa majesté.

Ils le refusent aussi, lorsqu'ils précèdent un nom de parenté.

EXEMPLE.

Avete onorata mia madre. (B. G. 2, n. 6.)
Vous avez honoré ma mère.

Il est important de remarquer que l'ellipse de l'article n'est absolument nécessaire en ce cas, que dans le style familier, et que la raison de cette suppression dérive de l'empressement d'énoncer notre pensée, et du besoin de répéter souvent ces noms, qui ont avec nous une liaison si étroite et un rapport si immédiat. Il importe aussi de remarquer que, si le nom de dignité ou celui de parenté étoit séparé de l'adjectif possessif par une épithète, l'article seroit nécessaire.

EXEMPLE.

Pose iddio nell' animo al mio dispietato padre. (B. G. 4, n. 1.)
Dieu suggéra à mon père cruel. . . . . . .

Mais si l'épithète se place après le nom, alors l'article n'est point nécessaire.

EXEMPLE.

Mio padre misero non ne sa nulla. (Dav. lib. 16.)
Mon malheureux père n'en sait rien.

On dit en françois : *Cette maison est à moi, à toi, à lui,* etc. ; mais, en italien, il faut substituer au nom personnel l'adjectif possessif.

ITALIENNE.

EXEMPLE.

Questa donna meritamente è mia. (B. G. 10, n. 4.)
Cette femme est à moi de droit.

On peut dire en italien : *Un mio libro*, un mien livre, et *uno de' miei libri*, un de mes livres.

EXEMPLES.

Una mia vicina. (B. G. 7, n. 1.)
Une mienne voisine.
Comandò ad uno de' suoi familiari. (B. G. 1, n. 7.)
Il ordonna à un de ses domestiques.......

Dans ce dernier cas, il y a ellipse.

SUPPLÉMENT.

J'ai dit que les adjectifs possessifs sont généralement précédés de l'article. Cette règle n'est pas sans exception, et voici deux exemples qui en sont une preuve évidente :

1.° *Sono mie terre*;
2.° *Sono le mie terre.*

Le premier exprime que les terres dont je parle, m'appartiennent, mais qu'elles ne sont qu'une partie de mon bien ; le second, au contraire, exprime que les terres indiquées sont toutes celles que je possède ; de manière que l'on traduira la première phrase par : *Ce sont de mes terres*; et la seconde : *Ce sont mes terres.* Je laisse aux maîtres judicieux le soin de faire observer à leurs élèves toutes les particularités relatives à ce sujet.

Lorsqu'on dit : *il mio*, le mien; *il tuo*, le tien, etc., la phrase est elliptique, et le nom sous-entendu est : *avere*, avoir; ou *bene*, bien.

EXEMPLE.

Al quale la fortuna il suo aveva tolto. (B. G. 10, n. 8.)

À qui le sort avoit enlevé son bien.

Ces mêmes mots, au pluriel, expriment *mes parens, tes parens*, etc.

EXEMPLE.

Ciascuna di noi sà che de' suoi sono la maggior parte morti. (B. G. 1.)

Chacune de nous sait que la plupart de ses parens sont morts.

Il faut employer le pronom personnel *di lui, di lei*, au lieu du possessif *suo*, toutes les fois que cet adjectif n'ayant point de rapport au sujet de la proposition, il y auroit de l'amphibologie en se servant du possessif *suo*; comme : *Mio padre ama sua sorella, e i figli di lei*; mon père aime sa sœur et ses enfans. Si l'on disoit : *i suoi figli*, on ne sauroit pas si l'on parle des fils de mon père ou de ceux de sa sœur.

ITALIENNE.

Exercice onzième.

1. Votre jardin est plus beau que le mien ; mais le mien est plus grand que le vôtre.
   Jardin, *giardino* ; grand, *grande*.

2. Je respecte votre mère, j'aime votre père ; mais je n'ai pas les mêmes sentimens pour vos frères.
   Respecte, *rispetto* ; aime, *amo* ; sentiment, *sentimento*.

3. On dit que son excellence partira dans trois jours.
   On dit, *si dice* ; excellence, *eccellenza* ; partira, *partirà* ; dans, *fra*.

4. Mon bon père et ma chère mère voudroient que je retournasse en Italie.
   Bon, *buono* ; cher, *caro* ; voudroient, *vorrebbero* ; retournasse, *ritornassi* ; Italie, *Italia*.

5. Votre père vous a chassé de sa maison, à cause de votre inconduite.
   Chassé, *scacciato* ; inconduite, *cattiva condotta*.

6. C'est un homme qui n'a jamais aimé sa femme ni ses enfans.
   Aimé, *amato*.

7. Il donne son bien à manger à des scélérats.
   Il donne, *dà* ; scélérat, *scelerato*.

8. Bientôt cette belle maison ne sera plus à vous.
   Bientôt, *fra poco* ; sera, *sarà*.

9. J'ai rencontré un de vos domestiques qui conduisoit deux de vos chevaux chez le maréchal.
   Rencontré, *incontrato* ; domestique, *servitore* ; conduisoit, *conduceva* ; maréchal, *maniscalco*.

10. La présence de sa majesté
    Présence, *presenza* ; majesté,

inspire aux soldats du courage et de l'espérance. *maestà*; inspire, *inspira*; courage, *animo*; espérance, *speranza*.

CHAPITRE XIII.

Des adjectifs démonstratifs.

ON appelle ainsi les adjectifs *questo, cotesto, quello*, dont le féminin est *questa, cotesta, quella*, parce qu'ils servent à indiquer une personne ou une chose.

L'objet qu'on veut indiquer peut se trouver en trois positions de lieu différentes, relativement à la personne qui parle, et à celle à qui l'on parle. Il peut se trouver plus près de la première; ou plus près de la seconde; ou également éloigné des deux; dans le premier cas, on se sert de *questo*; dans le second, de *cotesto*; dans le troisième, de *quello*.

EXEMPLES.

Farai riporre questa mia rocca, che io lascio qui. (B. G. 7, n. 4.)

Tu feras serrer cette quenouille que je laisse ici.

Tancredi, serba coteste lagrime a meno desiderata fortuna. (B. G. 4, n. 1.)

Tancrède, réserve ces larmes pour un malheur moins prévu.

Germanico andò in Egitto per vedere quelle antichità. (Dav. lib. 2).

Germanicus alla voir les antiquités de l'Égypte.

Questo s'emploie aussi pour marquer une chose prochaine de temps ou de discours; c'est-à-dire une chose dont on a parlé peu auparavant, ou qui est arrivée depuis peu, et *quello*, pour le sens contraire; mais *cotesto* ne peut servir que pour indiquer la proximité du lieu où est la personne à qui l'on parle.

EXEMPLE.

Le più innanzi erano Lollia Paulina figliuola di M. Lollio stato consolo : e Giulia Agrippina di Germanico. Questa proponea Pallante, quella Calisto. (Dav. An. di T. lib. 12.)

Les principales concurrentes étoient Lollia Paulina, fille du consulaire M. Lollius, et Julie Agrippine, fille de Germanicus. Celle-ci étoit soutenue par Pallas, et celle-là par Caliste.

Lorsque l'objet qu'on démontre est un seul individu masculin de la classe des hommes, il faut l'indiquer par les mots *questi, cotesti, quegli ;* mais ils ne peuvent représenter que le sujet de la proposition.

EXEMPLE.

Chi è questi, che mostra 'l cammino. (D. inf. c. 15.)

Quel est cet homme qui montre le chemin ?

Je me souviens d'avoir lu dans quelques grammairiens, qu'on emploie quelquefois *questi* et *quegli*, pour *questo* et *quello*, lorsqu'on parle d'un être raisonnable ou d'un substantif animé; mais comme ces mots ne peuvent désigner qu'un individu masculin de la classe des hommes, il est évident que ces grammairiens donnent un faux principe, ou qu'ils excluent les femmes de la classe des êtres raisonnables et animés.

Les mots *questo*, *cotesto*, *quello*, employés substantivement, signifient, cette chose-ci, cette chose-là; ou ceci, cela.

EXEMPLE.

Per Dio! questo..... vi muova. (Petr., c. 29.)
Pour Dieu! que cela vous touche.

Pour donner à la phrase plus de force et en même temps plus de grâce, on ajoute le possessif à l'adjectif démonstratif.

EXEMPLE.

E' mi pare pur vederti morderle, con cotesti tuoi denti fatti a bischeri, quella sua bocca vermigliuzza. (B. G. 9, n. 3.)
Il me semble te voir lui mordre sa petite bouche vermeille, avec tes dents faites comme des chevilles.

SUPPLÉMENT.

L'adjectif *questa*, devant les noms *mane*, matin; *sera*, soir; *notte*, nuit, perd la première syllabe.

EXEMPLE.

Ove fostù stamane? (B. G. 5, n. 3.)
Où es-tu allé ce matin?

ITALIENNE.

Les expressions *in questo*, *in questa*, etc., sont elliptiques, et les noms sous-entendus sont *punto*, point; *occasione*, occasion, ou semblables.

EXEMPLE.

Ed in questa s'accorse l'abate, Ferondo avere una bellissima donna per moglie. (Bocace).

Et dans cette occasion, l'abbé s'aperçut que Férond avoit une très-belle femme pour épouse.

Exercice douzième.

1. Conserve ces exemples pour des hommes aussi imprudens que toi.

   Conserve, *riserba*; exemple, *esempio*; imprudent, *imprudente*.

2. Cet homme-ci se plaint toujours, parce qu'il n'a pas autant d'honneurs qu'il le désireroit; et celui-là rit toujours, parce qu'il a plus d'argent que moi : pour moi, je me moque de l'un et de l'autre.

   Se plaint, *si lagna*; honneur, *onore*; désireroit, *bramerebbe*; rit, *ride*; je me moque, *mi fò beffe*; autre, *altro*.

3. J'ai acheté cette belle table de marbre que vous vîtes à Rome l'année passée.

   Vous vîtes, *vedeste*.

4. Dans ce temps-là nous étions moins heureux qu'aujourd'hui.

   Temps, *tempo*; nous étions, *eravamo*.

5. Ne me touche pas avec cette épée.

   Ne touche, *non toccare*; épée, *spada*.

6. Ce n'est pas le premier jour où je te parle de m'accorder cette grâce. — Je parle, *parlo*; accorder, *concedere*; grâce, *grazia*.

7. Ces amis sont bien différens de ceux que la mort nous a enlevés. — Différent, *diverso*; enlevé, *rapito*.

8. Cet accueil me persuade de ton amitié. — Accueil, *accoglienza*; persuade, *accerta*.

9. Il a tué son ami avec cette arme. — Tué, *ucciso*; arme, *arme*.

10. Je tâcherai de voir ce soir ce bon homme qui nous amuse tant. — Je tâcherai, *procurerò*; voir, *vedere*; amuse, *diverte*.

11. Ces femmes sont aussi imprudentes que jolies. — Joli, *leggiadro*.

12. Ce printemps, nous irons à la campagne de cette dame dont tu m'as fait faire la connoissance. — Printemps, *primavera*; irons, *andremo*; campagne, *villa*; fait faire la connoissance, *fatta conoscere*.

CHAPITRE XIV.

Des adjectifs conjonctifs.

Condillac a démontré que les mots *il quale*, lequel; *che*, que ou qui; *di cui*, de qui, etc., sont de véritables adjectifs. En effet, quelle est l'attribution de ces mots? de déterminer et de restreindre une idée générale à une idée particulière. Si je dis *l'homme*, j'offre une idée dans toute sa généralité; mais si j'ajoute ensuite *lequel*, ce mot la restreint et la borne à un individu particulier, ou à une classe particulière. Il est donc évident que ces mots ne sont pas des pronoms, mais bien des adjectifs. Voici la manière d'en faire usage dans notre langue :

Che, qui ou que, est invariable; il sert pour les deux genres et les deux nombres, mais il ne peut être employé en qualité d'adjectif conjonctif, que pour marquer le sujet de la proposition ou le terme de l'action.

EXEMPLE.

La vedovella mia, che tanto amai. (D. par. c. 25.)
Ma petite veuve, que j'aimai tant.

Pour exprimer les autres rapports, on emploie le mot *cui*, qui sert également pour les deux genres et pour les deux nombres.

EXEMPLE.

Come l'Andreuola nel giardino perdè l'amante, e così colei, di cui dir debbo. (B. G. 4, n. 7.)
Andreuola perdit son amant dans le jardin, et la même chose arriva à celle dont je dois parler.

Quale, des deux genres, fait au pluriel *quali*. Lorsqu'il est employé comme adjectif conjonctif, il est toujours accompagné de l'article, et peut servir pour tous les rapports.

EXEMPLES.

Ella, la quale era formosa. (B. G. 2.)
Elle, qui étoit charmante?

6

Le mot *onde*, dont, peut s'employer à la place de *cui*, pour exprimer les rapports d'extraction, d'éloignement, etc.

EXEMPLES.

Voi ch' ascoltate in rime sparse il suono
Di quei sospiri, ond' io nudriva il core.

Vous qui, en des rimes éparses, écoutez le son de ces soupirs dont je nourrissois mon cœur.

Degli occhi, onde mi vien tanta dolcezza. (Pétr. p. 1, s. 110.)

Des yeux d'où coulent pour moi tant de plaisirs.

Ce mot est réservé pour le style sublime.
Chi signifie *celui qui* ou *celle qui*.

EXEMPLE.

Ama chi t'ama. (Pétr. p. 1, c. 22.)
Aime celui qui t'aime.

On se sert aussi de ce mot dans les énumérations, ainsi que des suivans : *uno, quale, tale, altri, questi, quegli.*

EXEMPLE.

Chi ribatte da proda, e chi da poppa,
Altri faremi, ed altri volge sarte. (D. inf. c. 2.)

Les uns travaillent à la proue, les autres à la poupe; ceux-là aux rames, ceux-ci aux cordages.

Les mots *chi, che, quale,* servent aussi aux interrogations: *chi*, désigne la personne; *che*, la chose, *quale*, la qualité de l'une et de l'autre.

EXEMPLES.

Chi siete? (D. inf., c. 32.)
Qui êtes-vous?

Di che viverem noi? (B. G. 7, n. 2.)
De quoi vivrons-nous?

Qual colpa, qual giudizio, o qual destino!
Quelle faute, quel jugement ou quel destin!

Le mot *che* peut aussi marquer la qualité.

EXEMPLE.

Deh! che bestia son' io! (B. G. 9, n. 1.)
Ah! quelle bête suis-je!

Dans l'interrogation, au lieu de *che*, on peut dire: *Che cosa?* mais les classiques n'ont jamais dit: *Cosa volete?* pour *che cosa volete?* que voulez-vous? comme Veneroni l'a prétendu.

Che sert aussi aux exclamations pour les deux nombres et pour les deux genres.

EXEMPLE.

O che nobil capitano! o che bell' uomo! (Day. An. di T. lib. 2.)
O quel noble capitaine! ô quel bel homme!

Quale est aussi employé dans les comparaisons, et son corrélatif est *tale* ou *cotale*.

EXEMPLE.

Qual i fioretti dal notturno gelo
 Chinati, e chiusi, poi che 'l sol gl' imbianca
 Si drizzan tutti aperti in loro stelo,
Tal, etc. (D. inf., c. 2.)

Ainsi que les petites fleurs courbées et fermées par la gelée de la nuit, dès que le soleil paroît, se relèvent tout ouvertes sur leur tige, de même, etc.

SUPPLÉMENT.

Che peut être employé substantivement, comme dans les phrases suivantes et semblables :

Di che prima si maravigliò. (B. G. 2, n. 6.)
De quoi il fut d'abord étonné.

Il che forte dispiacque loro. (B. G. 4, n. 5.)
Ce qui leur déplut très-fort.

Il importe d'observer que si, en se servant des adjectifs conjonctifs, *che* ou *quale*, pour marquer le terme de l'action, il y avoit de l'ambiguïté dans le sens, il faudroit leur substituer *cui*. Par exemple, pour rendre en italien : *Je connois la femme que votre frère aime*, si l'on disoit : *Conosco la donna, che ama vostro fratello*, on ne pourroit comprendre si c'est la *femme* qui aime votre frère, ou si elle en est aimée. En substituant *cui* à *che*, toute ambiguïté est ôtée, parce que ce mot ne peut jamais marquer le sujet de la proposition.

Les prépositions qui accompagnent le mot *cui*, peuvent être supprimées dans tous les rapports, excepté dans celui de l'éloignement.

EXEMPLE.

Cui questo regno è subdito, e devoto. (D. par. C. 31.)
A qui ce royaume est assujetti et dévoué.

Pour donner une certaine grâce à la phrase, on met l'adjectif conjonctif entre l'article et le nom, en supprimant la préposition.

EXEMPLES.

Il cui splendore. (B. G. 9.)
Dont la splendeur.

Il cui pensiero. (B. G. 2.)
Dont la pensée.

Qu'on ne dise jamais : *Il di cui splendore. Il di cui pensiero*, etc. La pratique de nos meilleurs écrivains s'oppose à cette doctrine de Veneroni.

Exercice treizième.

1. J'ai été trompé par un homme que j'aimois plus que moi-même, et dont j'ai fait la fortune. — J'ai été trompé, *sono stato ingannato*; j'aimois, *amava*; j'ai fait, *ho fatto*; fortune, *fortuna*.

2. L'ami qui vous a écrit a | Écrit, *scritto* ; a été, *è stato* ;
été attaqué et blessé par | attaqué, *assalito* ; blessé,
des scélérats. | *ferito*.

3. Celui pour qui vous soupi- | Objet, *oggetto* ; soupirez, *sos-*
rez, se rit de votre flam- | *pirate* ; se rit, *ride* ; flamme,
me. | *fiamma*.

4. Celui qui n'aime pas ne | Aime, *ama* ; mérite, *merita* ;
mérite pas d'être aimé. | aimé, *amato*.

5. Ce n'est que pour votre | Paroît, *pare* ; vous combler,
femme que cet homme | *che vi colmi* ; amitié, *cor-*
paroît vous combler d'a- | *tesia*.
mitiés.

6. Dans cette société, les uns | Jouent, *giuoca* (sing.) ; cau-
jouent, les autres causent, | sent, *ciancia* ; dansent, *bal-*
d'autres dansent, d'au- | *la* ; chantent, *canta* ; cher-
tres chantent ; celui-ci | che, *s'ingegna* ; gaîté, *brio* ;
cherche à plaire par sa | fait, *fà* ; haïr, *odiare* ; fa-
gaîté, celui-là se fait haïr | tuité, *sciocchezza*.
de tout le monde par sa
fatuité.

7. Qu'espérez-vous d'un hom- | Espérez, *sperate* ; réputation,
me sans réputation et | *riputazione*.
sans argent ?

8. Quelle belle femme ! quel | Charme, *leggiadria*.
charme ; quelle grâce et
quel esprit !

9. Qui est donc cet homme | Donc, *dunque* ; dites, *dite* ;
dont vous dites tant de | mal, *male*.
mal ?

10. Quel orateur éloquent ! | Orateur, *oratore* ; éloquent,
| *eloquente*.

11. Quelle faute, ou plutôt | Faute, *colpa* ; erreur, *errore* ;
quelle erreur m'a donc | enlevé, *tolto* ; estime, *stima*.
enlevé votre estime ?

12. D'où avez-vous tiré de si étranges idées ? — Tiré, *tratto* ; étrange, *stravagante*.

13. Celui dont je vous parle, est un homme estimé par ses mœurs autant que par ses talens. — Parle, *parlo* ; mœurs, *costumi* ; talent, *talento*.

14. Quelle récompense a-t-il obtenue pour vous avoir servi pendant si long-temps ? — Récompense, *ricompensa* ; obtenu, *ottenuto* ; avoir, *avere* ; servi, *servito*.

CHAPITRE XV.

Des pronoms.

LE mot pronom est formé de la préposition latine *pro*, qui signifie *au lieu de*. On a donné ce nom à certains mots destinés à rappeler à l'esprit l'idée d'une chose ou d'un être dont on a déjà parlé, pour éviter une répétition, qui deviendroit ennuyeuse. Presque tous les grammairiens appellent ainsi plusieurs mots qui n'appartiennent point à cette classe. Nous n'admettons dans ce nombre que ceux qui servent simplement à réveiller l'idée d'une chose ou d'un être, sans lui ajouter aucune modification. S'il y a des mots qu'on appelle, tantôt adjectifs, tantôt pronoms, c'est qu'on les emploie comme des qualificatifs, et comme des pronoms ; par exemple dans la phrase : *Il tuo libro*, le mot *tuo* est adjectif, parce qu'il donne au nom une acception particulière ; et, dans cette autre phrase : *Dammi il tuo*, donne-moi le tien ; ce même mot est un pronom, parce qu'il rappelle l'idée d'un nom dont on a déjà parlé. C'est ainsi que les mots changent de valeur et de nom, selon l'usage qu'on en fait.

Des pronoms egli *et* ella.

Variations du pronom *egli*.

SINGULIER.

Sujet.		*Egli, ei, e'*, il, ou lui.
Rapports	d'extraction.	*Di lui*, de lui.
	d'attribution.	*A lui, gli*, à lui, lui.
Termes	de l'action.	*Lui, lo, il*, lui, le.
	d'éloignement.	*Da lui*, de lui.

PLURIEL.

Sujet.		*Eglino*, ils, eux.
Rapports	d'extraction.	*Di loro*, d'eux.
	d'attribution.	*A loro, loro*, à eux, leur.
Termes	de l'action.	*Loro, li*, eux.
	d'éloignement.	*Da loro*, d'eux.

Variations du pronom *Ella*.

SINGULIER.

Sujet.		*Ella*, elle.
Rapports	d'extraction.	*Di lei*, d'elle.
	d'attribution.	*A lei, le*, à elle, lui.
Termes	de l'action.	*Lei, la*, elle, la.
	d'éloignement.	*Da lei*, d'elle.

PLURIEL.

Sujet. . . . . *Elleno*, elles.

Rapports { d'extraction. . *Di loro*, d'elles.
{ d'attribution. . *A loro, loro*, à elles, leur.

Termes { de l'action. . . *Loro, le*, elles, les.
{ d'éloignement. *Da loro*, d'elles.

Ces pronoms sont assujettis à la même règle que les pronoms personnels ; il faut se servir de *gli*, à la place de *a lui* ; de *lo*, à la place de *lui*, etc., dans les mêmes cas que l'on doit employer *mi*, *ti*, etc., au lieu de *a me, a te*, etc.

Lorsque le pronom *gli* est suivi d'un des pronoms relatifs *lo, li, la, le*, on ajoute un *e* au premier, et l'on en forme *glielo*, le lui ; *glieli*, les lui, etc. ; et en ce cas, le pronom *gli* sert pour les deux genres.

EXEMPLE.

Ha bisognato in ogni modo sacrificargliela. (Lett. di Bentiv.)

Il a fallu la lui sacrifier de toute manière.

Les bons écrivains ont employé quelquefois *gliele* à la place de *glielo, glieli, gliela*.

EXEMPLE.

La Maddalena ordì una longa favora a volergliele (pour *volerglielo*) *dimostrare* (B. G. 4, n. 3).

Magdeleine inventa une longue fable pour le lui démontrer.

Pour donner à la phrase plus de force, au lieu de

egli, on se sert du pronom *desso ;* et au lieu de *ella*, du pronom *dessa ;* mais on ne peut se servir de ces pronoms que pour marquer le sujet de la proposition.

Veneroni dit que, pour donner plus d'élégance à la phrase, on met les expressions *di lui, di lei*, etc., entre l'article et le nom ; comme : *la di lui virtù*, sa vertu ; *le di lei parole*, ses paroles. Cela est contre les principes des bons écrivains, et forme un son très-désagréable : on dira comme (B. G. 4, n. 1) : *La virtù di lui, le parole di lei.*

Veneroni dit aussi que ce n'est que par licence poétique qu'on peut se servir du pronom *il*, à la place de *lo*. Voici des exemples qui prouvent le contraire :

Ella il pianse assai, ed assai volte in vano il chiamò. (B. G. 4, n. 6.)
Elle le pleura beaucoup et l'appela plusieurs fois en vain.

Quando bene ebbro il vedea. (B. G. 7, n. 4.)
Lorsqu'elle le voyoit bien ivre.

Il salutò. (B. G. 9, n. 8.)
Elle le salua.

D'après ces exemples et les autres sans nombre que je pourrois citer, on peut établir pour règle certaine, que devant les verbes qui ne commencent ni par une voyelle, ni par *s* suivie d'une autre consonne, le pronom *il* donne plus de grâce à la phrase.

Lorsque le pronom *il* est précédé de la négation *non*, on lie ensemble les deux mots.

EXEMPLE.

Io nol niego. (B. G. 4, n. 1.)
Je ne le nie pas.

On peut dire aussi : *Io non lo niego* ; mais cette dernière expression n'a pas tant de grâce.

SUPPLÉMENT.

Tous les grammairiens italiens disent que l'on peut employer *lui, lei, me,* etc., pour marquer le sujet de la proposition, en quatre cas ; 1.° Lorsqu'entre deux personnes il y a une telle ressemblance, qu'on prendroit facilement l'une pour l'autre ; et ils citent (B. G. 3, n. 6) : *Maravigliossi forte Tedaldo, che alcuno in tanto il somigliasse, che fosse creduto lui.* Tedaldo fut fort étonné que quelqu'un lui ressemblât tellement, qu'on pût le prendre pour lui-même. 2.° Dans les phrases suivantes : *S'io fossi lui, s'io fossi lei, s'io fossi te,* etc. ; si j'étois lui, elle, toi, etc. ; et ils citent l'exemple de Bocace : *Credendo egli, ch'io fossi te,* me prenant pour toi. 3.° Lorsque le pronom personnel ou le nom est précédé des adverbes *come* ou *siccome*, comme ; et ils citent l'exemple de (B. G. 1, n. 4) : *Si vergognò di fare al monaco quello, che egli, siccome lui, aveva meritato.* Il eut honte de faire au moine ce qu'il avoit mérité aussi bien que lui. 4.° Dans les exclamations : *Lui beato !* lui heureux ! *Me felice !* moi heureux ! Je crois que tous les grammairiens se sont trompés, et que, dans aucun de ces exemples, le pronom et le nom personnel ne marquent le sujet de la proposition. Pour s'en convaincre, il suffit de rétablir l'ordre de la construction naturelle dans les exemples précédens, et d'y remettre ce qu'on a supprimé par ellipse. 1.° *Maravigliossi forte Tedaldo che alcuno in tanto il somigliasse, che fosse creduto (essere) lui.* 2.° *Credendo egli, ch'io fossi (in) te.* 3.° *Si vergognò di fare al monaco quello, che egli aveva (meritato) siccome (sapeva aver) lui (meritato).* 4.° Dans les exclamations : *Me felice ! lui beato !* etc., *me* et *lui* sont l'objet de l'action, comme on le voit, en y remettant le verbe supprimé par ellipse : *Mirate me felice, mirate lui beato.* Voyez, etc.

Il me reste à prévenir les étudians, qu'en parlant ou en écrivant à quelqu'un à la troisième personne, comme on parle à sa seigneurie, il faut se servir du pronom féminin : *Non potrei dirle con quanto gusto io legga sempre le cose, che mi sono avvisate da lei* (Lett. di B). Je ne saurois vous dire avec quel plaisir je lis toujours les choses que vous m'écrivez. *La supplico* (id.), je vous supplie. Dans ces exemples, les pronoms *le*, *lui*, *la*, sont à la place de *vi* et *voi*, qui, en ce cas, ont rapport à un nom masculin.

Exercice quatorzième.

1. Elle se croit aussi jolie que votre sœur, et plus savante que vous. — Croit, *crede*.

2. S'il me donnoit de ses fruits, je lui donnerois des miens. — Donnoit, *desse*; fruit, *frutto*; donnerois, *darei*.

ITALIENNE. 93

3. Si votre frère m'avoit prêté son cheval, je le lui aurois rendu. — Avoit, *avesse*; prêté, *prestato*; aurois, *avrei*; rendu, *renduto*.
4. Il faut toujours aimer ses parens, les respecter et leur obéir. — Il faut, *bisogna*; aimer, *amare*; respecter, *rispettare*; obéir, *ubbidire*.
5. J'irai demain voir madame votre sœur, et je lui parlerai de notre affaire. — J'irai, *andrò*; demain, *domani*; voir, *a vedere*; parlerai, *parlerò*.
6. Si je pensois comme lui, je ne serois pas aussi malheureuse que je le suis. — Pensois, *pensassi*; serois, *sarei*; malheureux, *infelice*.
7. C'est lui-même, je le reconnois. — Reconnois, *riconosco*.
8. Si vous lui êtes fidèle, elle vous le sera aussi. — Si vous êtes, *se sarete*; fidèle, *fedele*; sera, *sarà*.
9. Si vous lui aviez écrit, il n'auroit pas manqué de vous répondre. — Aviez écrit, *aveste scritto*; auroit, *avrebbe*; manqué, *mancato*; répondre, *rispondere*.

CHAPITRE XIV.

Du pronom absolu on.

CE pronom se rend généralement, en italien, par la particule *si*, qui donne au verbe une signification passive; et pour cela, celui-ci s'accorde en nombre avec le nom; les pronoms *le, la, les*, nécessaires en françois, doivent être supprimés; et, dans les tems composés, l'auxiliaire doit être *essere*, être, au lieu de *avere*, avoir.

EXEMPLES.

Ma spesso nella fronte il cor si legge. (P. s., 186.)
Mais souvent on voit le cœur sur le front.

Quivi s'odono gli uccelletti cantare. (B. G. 1.)
Là, on entend chanter les petits oiseaux.

Come si vede. (B. G. 10, n. 2.)
Comme on le voit.

Molte volte s'è, o vezzose donne, ne' nostri ragionamenti mostrato, etc. (B. G. 9, n. 1.)
Charmantes dames, il a été démontré souvent dans nos discours, que, etc.

La particule *si* doit précéder immédiatement le verbe.

EXEMPLE.

Non vi si pensa. (D. par. c. 29.)
On n'y pense pas.

Mais si dans la phrase il y a le pronom *en*, *ne*, alors la particule *si* se change en *se*, et le pronom se place entre cette particule et le verbe.

EXEMPLE.

Più non se ne cerca. (Dav. Ger. di T.)
On n'en cherche pas davantage.

Lorsque le pronom *on* se trouve avec un verbe réfléchi, c'est-à-dire, avec un verbe auquel se joint le pronom *se*, alors on doit le rendre en italien par *uno* ou *taluno*, à cause du mauvais son qui en résulteroit en disant : *Si si lusinga*, on se flatte; au lieu de dire : *uno* ou *taluno si lusinga*.

Les phrases où le pronom *on* est accompagné d'un nom ou pronom personnel, prennent le plus souvent, en italien, une signification passive, ce qui est plus conforme au génie de notre langue, que toute autre tournure; comme : *On lui a parlé ; gli è stato parlato* ; il lui a été parlé.

EXEMPLES.

La prima sera le è fatta la predica. (Dav. Ger. di T.)

Le premier soir, on lui fait le sermon; et, mot à mot : *Le sermon lui est fait.*

A lui fu scritto. (B. G. 10, n. 8.)

On lui écrivit; mot à mot : *il lui fut écrit.*

Quèsti Lombardi cani, li quali a chiesa non sono voluti ricevere. (B. G. 1, n. 1.)

Ces chiens de Lombards que l'on ne veut pas recevoir à l'église, etc.; mot à mot : *qui ne sont pas voulus à être reçus.*

SUPPLÉMENT.

Les mots *uomo* et *altri* ont souvent, en italien, la même signification que le pronom *on* en françois.

GRAMMAIRE

EXEMPLES.

Ma non se ne dee l'uomo tanto maravigliare. (B. G. 10, n. 8.)

Mais on ne doit pas autant s'en étonner.

È dolce il pianto più ch' altri non crede. (P. p. 1, s. 100.)

Les larmes sont plus douces qu'on ne croit.

Exercice quinzième.

1. On ne vous connoît pas. (Vous n'êtes pas connu.) — Êtes connu, *siete conosciuto*.
2. On ne les trouve jamais. — Trouvent, *trovano*; jamais, *mai*.
3. On les entend chanter du matin au soir. — Entendent, *odono*; chanter, *cantare*.
4. On a écrit de Rome qu'on vous a nommé, dans cette ville, professeur de rhétorique. — A écrit, *è scritto*; vous avez été nommé, *siete stato eletto*; professeur, *professore*; rhétorique, *rettorica*.
5. On a déjà démontré que ces principes ne sont pas analogues à nos mœurs. — Est démontré, *è dimostrato*; sont, *sono*; analogue, *analogo*; mœurs, *costumi*.
6. On n'a jamais voulu le recevoir, parce qu'on ne le connoît pas. — A voulu, *è voluto*; connoît, *conosce*.
7. On se croit souvent plus savant qu'on ne l'est. — Croit, *credo*; souvent, *spesso*; est, *è*.

8. Quand on lui donne un peu d'espérance, il se croit le plus heureux des hommes.   Donne, *dà*.

9. On ne veut pas vous promettre, parce qu'on craint de ne pas réussir.   Nous ne voulons, *non vogliamo*; promettre, *promettere*; craignons, *temiamo*; réussir, *riuscire*.

10. On ne veut pas que vous le sachiez.   Veut, *vuole*; sachiez, *sappiate*.

11. On se flatte en vain.   En vain, *invano*.

12. Croyez-vous qu'on vous aime?   Croyez, *credete*; être aimé, *esser amato*.

13. On m'a envoyé les livres que j'ai si souvent demandés.   A envoyé, *sono stati mandati*; demandé, *domandato*.

14. Voulez-vous qu'on lui parle de votre affaire?   Parle, *parli*.

15. On n'en parle plus, mais on y pense toujours.   Parle, *parla*; pense, *pensa*.

16. On se promène dans de très-beaux jardins.   Promène, *passeggia*.

17. On s'amuse à des jeux innocens.   Amuse, *diverte*.

18. A la fin on l'a trouvé.   A trouvé, *è trovato*.

19. On espère jusqu'à la mort.   Espère, *spera*; jusque, *fino*; mort, *morte*.

20. On aimera toujours un homme instruit.   Aimera, *amerà*; instruit, *erudito*.

DEUXIÈME PARTIE.

CHAPITRE PREMIER.
Des conjugaisons.

LE mot *conjugaison* signifie jonction ou assemblage ; on appelle ainsi la manière d'arranger toutes les terminaisons d'un verbe, selon la diversité des modes, des temps, des nombres et des personnes.

Les modes ne sont autre chose que les différentes manières dont on peut exprimer une action. Nous en avons cinq : l'infinitif, l'indicatif, l'impératif, le subjonctif et le conditionnel. Les Grecs en avoient un de plus, qu'ils appeloient *optatif*, parce qu'il étoit destiné à exprimer un désir ou un souhait. Nous remplaçons ce mode par les subjonctifs *piaccia*, plaise; *piacesse*, plût ; *voglia*, veuille ; *volesse*, voulût. Les Latins, pour énoncer le sens de ce mode, se servoient du subjonctif, précédé de la particule de désir; *utinam*, plût à Dieu que.

EXEMPLE.

Con lei fuss'io da che si parte il sole,
E non ci vedesse altri, che le stelle ! (Petr. c. 5.)

Plût au ciel que je fusse avec elle dès le coucher du soleil, et que je n'eusse pour témoins que les astres!

Il est inutile de faire observer l'ellipse qui existe dans ces vers.

L'infinitif ne fait qu'énoncer l'action sans l'appliquer par lui-même à aucun sujet déterminé : *amare*, aimer ; *leggere*, lire.

EXEMPLE.

Ardevano di voglia infuriata d'ire a combattere. (Dav. Stor. di T. lib. 2.)

Ils brûloient d'un violent désir de combattre.

L'indicatif est le seul mode qui exprime des propositions absolues.

EXEMPLE.

Non vengo io, compagni miei, per accendere in voi affetto verso di me, ne coraggio a virtù, che troppo vi abbondano. (Dav. Stor. di T. lib. 1.)

Je ne viens pas ici, mes compagnons, exciter votre amitié et votre valeur : votre âme est remplie de courage, et d'affection pour moi.

L'impératif marque un commandement, une prière, une exhortation. Quoique ce mode ne soit qu'un seul temps futur, parce que les choses que l'on commande sont toujours à faire, cependant si l'action doit suivre immédiatement la parole, ce temps est appelé *impératif présent* ; et si elle ne doit se faire qu'après une autre ou dans un temps indéterminé, on l'appelle *impératif futur*, et on l'exprime par le futur simple de l'indicatif.

EXEMPLE.

Abbiate voi armi, e cuore : lasciate a me il con-

siglio, e'l maneggio della vostra virtù. (Dav. Stor. di T. lib. 1.)

Ayez des armes et du courage; laissez-moi le soin de tout diriger et de conduire votre valeur.

La seconde personne du présent de ce mode, précédée de la négation, s'exprime, en italien, par l'infinitif, à cause de l'ellipse du verbe, qui marque le désir ou la volonté de celui qui parle.

EXEMPLE.

Non mi toccare. (B. G. 3, n. 6.)
Ne me touche pas.

Le verbe, au subjonctif, est sous la dépendance d'un autre verbe, exprimé ou sous-entendu.

EXEMPLE.

Pianta gentil, ne le cui sacre fronde
S'annida la mia speme, e' miei desiri;
Te non offenda mai caldo, ne gelo. (Bem.)

Arbre charmant! qui reçois dans ton feuillage sacré mon espérance et mes désirs, que la chaleur ni la gelée ne t'outragent jamais!

Le conditionnel exprime qu'une chose arriveroit ou qu'elle seroit arrivée, moyennant une condition. On distingue le conditionnel présent et le passé. Le premier exprime qu'une chose arriveroit, si, etc; le second, qu'elle seroit arrivée, si, etc. Les François ont deux formes de temps pour exprimer le conditionnel passé; il eût été, ou il auroit été heureux, si....., etc.; les Italiens n'ont que le second; *Sarebbe stato felice, se*, etc.

EXEMPLE.

E se allora, fatto nuovo consiglio, paresse, con le forze cresciute si combatterebbe. (Dav. Stor. di T. lib. 2.)

Et si on le jugeoit convenable, après une nouvelle délibération, on combattroit avec des forces plus considérables.

Quant au temps, à proprement parler, il n'y a dans la nature que le présent, le passé et le futur. Cependant, pour exprimer avec plus de précision les différentes manières d'envisager les choses dans ces trois époques, on a introduit dans les langues plusieurs autres temps qu'il importe de connoître.

Le présent exprime une action qui se fait dans le moment même de la parole. *Scrivo*, j'écris.

EXEMPLE.

Tu ed io ci favelliamo qui ora sinceramente; ma gli altri alla nostra fortuna favellano e non a noi. (Dav. Stor. di T. lib 1.)

Nous nous parlons ici maintenant avec franchise; mais les autres parlent plutôt à notre grandeur qu'à nous.

Pour exprimer le passé, il y a cinq temps.

Si l'on veut marquer la simultanéité d'une action passée avec une autre action passée, on se sert de l'imparfait. *Mentre fuggiva fù preso*, il fut pris pendant qu'il fuyoit : *fuggiva* est l'imparfait.

EXEMPLE.

Ne fede, ne amore era in luogo alcuno. Voltavagli quà e là nicistà e paura. (Dav. Stor. di T. lib. 1.)

Il n'y avoit ni foi, ni amitié. La nécessité et la peur les faisoient passer tantôt dans un parti, tantôt dans l'autre.

Pour marquer une action faite dans un temps dont il ne reste plus rien, on fait usage du parfait défini.

EXEMPLE.

Fu già nella nostra città un cavaliere. (B. G. 2, n. 5.)

Il y eut jadis dans notre ville un chevalier.

Pour énoncer une action faite dans un temps indéterminé, prochain; dans un temps qui, quoiqu'éloigné, est considéré comme réuni à l'époque présente, on se sert du parfait indéfini : *I Romani hanno sempre trionfato*, les Romains ont toujours triomphé; *ho cenato*, j'ai soupé; *quest'anno sono stato in villeggiatura*, cette année, je suis allé à la campagne.

EXEMPLE.

Tito Vespasiano fu dal padre mandato di Giudea a Galba ancora regnante, per fargli servitù, e per esser in età da chieder onori. (Dav. Stor. di T. lib. 2.)

Galba régnant encore, Titus Vespasien étant déjà en âge de briguer des honneurs, fut envoyé, de la Judée, par son père, pour rendre hommage à l'empereur.

Pour exprimer un événement arrivé avant un autre, que l'on exprimeroit par le parfait défini, on se sert du parfait antérieur.

EXEMPLE.

Poi ch' ebbi riposato 'l corpo lasso,
Ripresi via per la piaggia deserta. (D. inf. c. 1.)

Quand j'eus reposé mon corps fatigué, je repris le chemin de la côte déserte.

Enfin, voulant marquer une chose passée, avant une autre qui l'est aussi, on se sert du plusque-parfait.

EXEMPLE.

Aperse loro gli occhi la povertà, li quali la ricchezza avea tenuti chiusi. (B. G. 2, n. 3.)

La pauvreté ouvrit leurs yeux, que la richesse avoit tenus fermés.

Il y a deux futurs, le simple et le passé : le premier exprime simplement une chose à venir, mais qui doit arriver avant une autre. *Quando avrò scritto, partirò.* Je partirai quand j'aurai écrit.

EXEMPLE.

Tu manterrai come prima la fede, la libertà, l' amicizia (virtù sovrane nell' uomo), ma gli altri con l'adularti le guasteranno. (Dav. Stor. di T. lib. 1.)

Tu conserveras, comme auparavant, la foi, la liberté, l'amitié (vertus sublimes dans l'homme); mais les autres les corrompront en te flattant.

Il y a un autre futur, qui correspond au *paulo-post-futurum* des Grecs; c'est-à-dire, qui marque une action qui doit presque suivre l'instant de la parole.

EXEMPLES.

Io sono per non esser più. (B. G. 5, n. 6.)
Je suis sur le point de ne plus exister.

Stando per sollevarsi. (Dav. An. di T. lib. 1.)
Etant sur le point de se soulever.

Les terminaisons des verbes font connoître si l'on parle d'un seul objet ou de plusieurs, ce qui forme les deux nombres, singulier et pluriel : *leggo*, je lis; *leggiamo*, nous lisons.

La personne qui parle, s'appelle première personne; celle à qui l'on adresse la parole, est appelée seconde personne; le mot qui exprime l'être ou la chose dont on parle, est à la troisième personne.

CHAPITRE II.

Des différentes sortes de verbes.

ON appelle verbe actif, celui qui exprime une action, qui, du sujet, passe dans un autre objet.

EXEMPLE.

Io ho amato, ed amo Guiscardo. (B. G. 4, n. 1.)
J'ai aimé et j'aime Guiscardo.

Si l'on renversoit la proposition de manière que le verbe exprimât la passion que souffre l'objet, par l'action du sujet, alors le verbe deviendroit passif.

EXEMPLE.

Costei fù dal padre tanto teneramente amata, quanto alcuna altra figliuola da padre fosse giammai. (B. G. 4. n. 1.)

Elle fut aimée de son père, aussi tendrement qu'aucune autre fille le fut jamais par le sien.

Dans le style sublime, on peut substituer à l'auxiliaire *essere*, être, le verbe *venire*, venir.

EXEMPLE.

Se accusata ne vien. (Arios.)

Si elle en est accusée; *mot à mot* : si elle en vient accusée.

On appelle verbes neutres, c'est-à-dire ni actifs ni passifs, ceux qui ne marquent qu'une simple modification du sujet : *dormire*, dormir; *languire*, languir, sont des verbes neutres.

EXEMPLE.

Otone intanto fuor d'ogni aspettazione non dormiva. (Dav. Stor. di T. lib. 1.)

Cependant Othon, ce qu'on n'auroit pas attendu de ce prince, ne dormoit pas.

Les verbes réfléchis expriment le retour de l'action sur le sujet qui l'a produite, de manière que celui-ci est en même temps sujet et objet de l'action;

comme : *pentirsi*, se repentir ; *lamentarsi*, se plaindre, etc.

EXEMPLE.

Voi allora potrete lamentarvene in senato, invocare le leggi. (Dav. An. di T. lib. 2.)

Alors vous pourrez vous en plaindre au sénat, et réclamer l'autorité des lois.

Enfin, on appelle verbes impersonnels, ceux qui ne sont employés qu'à la troisième personne du singulier ; comme : *tuona*, il tonne ; *lampeggia*, il éclaire, etc. Il y en a de deux sortes ; savoir : ceux proprement dits impersonnels, qui n'ont que la troisième personne du singulier, tels que : *piove*, il pleut ; *grandina*, il grêle, etc. ; et ceux qui, quoique personnels, s'emploient quelquefois impersonnellement ; comme : *Si disdice*, il ne convient pas ; *mi piace*, il me plaît, etc.

EXEMPLE.

Essendo il freddo grande, e nevicando tuttavia, etc. (Bocac.)

Le froid étant très-fort, et la neige tombant toujours, etc.

CHAPITRE III.

Des verbes auxiliaires.

ON appelle ainsi les verbes *essere*, être ; *avere*, avoir, parce qu'ils servent à la formation des temps composés de tous les autres verbes.

ITALIENNE.

Conjugaison du verbe ESSERE.

INDICATIF PRÉSENT.

Io sono,   Je suis.
Tu sei,   Tu es.
Egli è,   Il est.
Noi siamo,   Nous sommes.
Voi siete,   Vous êtes.
Essi sono,   Ils sont.

IMPARFAIT.

Io era,   J'étois.
Tu eri,   Tu étois.
Egli era,   Il étoit.
Noi eravamo,   Nous étions.
Voi eravate,   Vous étiez.
Essi erano,   Ils étoient.

PARFAIT DÉFINI.

Io fui,   Je fus.
Tu fosti,   Tu fus.
Egli fù,   Il fut.
Noi fummo,   Nous fûmes.
Voi foste,   Vous fûtes.
Essi furono,   Ils furent.

PARFAIT INDÉFINI.

Io sono stato, etc.,   J'ai été, etc.
Noi siamo stati, etc.,   Nous avons été, etc.

PARFAIT ANTÉRIEUR.

Io fui stato, etc.,   J'eus été, etc.
Noi fummo stati, etc.,   Nous eûmes été, etc.

PLUSQUE-PARFAIT.

Io era stato, etc., J'avois été, etc.
Noi eravamo stati, etc., Nous avions été, etc.

FUTUR SIMPLE.

Io sarò, Je serai.
Tu sarai, Tu seras.
Egli sarà, Il sera.
Noi saremo, Nous serons.
Voi sarete, Vous serez.
Essi saranno, Ils seront.

FUTUR PASSÉ.

Io sarò stato, etc., J'aurai été, etc.
Noi saremo stati, etc., Nous aurons été, etc.

IMPÉRATIF PRÉSENT.

Sii tu, Sois.
Sia egli, Qu'il soit.
Siamo noi, Soyons.
Siate voi, Soyez.
Siano eglino, Qu'ils soient.

FUTUR.

Sarai tu, etc., Tu seras, etc.
Saremo noi, etc., Nous serons, etc.

SUBJONCTIF PRÉSENT.

Che io sia, Que je sois.
Che tu sia, Que tu sois.

ITALIENNE.

Ch' egli sia,	Qu'il soit.
Che noi siamo,	Que nous soyons.
Che voi siate,	Que vous soyez.
Ch' eglino siano,	Qu'ils soient.

IMPARFAIT.

Ch' io fossi,	Que je fusse.
Che tu fossi,	Que tu fusses.
Ch' egli fosse,	Qu'il fût.
Che noi fossimo,	Que nous fussions.
Che voi foste,	Que vous fussiez.
Ch' essi fossero,	Qu'ils fussent.

PARFAIT.

Ch' io sia stato, etc.,	Que j'aie été, etc.
Che noi siamo stati, etc.,	Que nous ayons été, etc.

PLUSQUE-PARFAIT.

Ch' io fossi stato, etc.,	Que j'eusse été, etc.
Che noi fossimo stati, etc.,	Que nous eussions été, etc.

CONDITIONNEL PRÉSENT.

Io sarei,	Je serois.
Tu saresti,	Tu serois.
Egli sarebbe,	Il seroit.
Noi saremmo,	Nous serions.
Voi sareste,	Vous seriez.
Essi sarebbero,	Ils seroient.

PASSÉ.

Io sarei stato, etc.,	J'aurois été, etc.
Noi saremmo stati, etc.,	Nous aurions été, etc.

GRAMMAIRE

INFINITIF PRÉSENT.

Essere,   Être.

PARFAIT.

Essere stato,   Avoir été.

FUTUR.

Essere per essere,   Être sur le point d'être.

GÉRONDIF PRÉSENT.

Essendo, (et en vers *sendo*),
Con essere,
Coll' essere,   } Étant.
In essere,
Nell' essere,

PASSÉ.

Essendo stato,
Con essere stato,
Coll' essere stato, } Ayant été.
In essere stato,
Nell' essere stato,

Conjugaison du verbe AVERE.

INDICATIF PRÉSENT.

Io ho,   J'ai.
Tu hai,   Tu as.
Egli ha,   Il a.
Noi abbiamo,   Nous avons.

ITALIENNE.

Voi avete,	Vous avez.
Essi hanno,	Ils ont.

IMPARFAIT.

Io aveva,	J'avois.
Tu avevi,	Tu avois.
Egli aveva,	Il avoit.
Noi avevamo,	Nous avions.
Voi avevate,	Vous aviez.
Essi avevano,	Ils avoient.

PARFAIT DÉFINI.

Io ebbi,	J'eus.
Tu avesti,	Tu eus.
Egli ebbe,	Il eut.
Noi avemmo,	Nous eûmes.
Voi aveste,	Vous eûtes.
Essi ebbero,	Ils eurent.

PARFAIT INDÉFINI.

Io ho avuto, etc.,	J'ai eu, etc.
Noi abbiamo avuto, etc.,	Nous avons eu, etc.

PARFAIT ANTÉRIEUR.

Io ebbi avuto, cto.,	J'eus eu, etc.
Noi avemmo avuto, etc.,	Nous eûmes eu, etc.

PLUSQUE-PARFAIT.

Io aveva avuto, etc.,	J'avois eu, etc.
Noi avevamo avuto, etc.,	Nous avions eu, etc.

FUTUR SIMPLE.

Io avrò,	J'aurai.
Tu avrai,	Tu auras.
Egli avrà,	Il aura.
Noi avremo,	Nous aurons.
Voi avrete,	Vous aurez.
Essi avranno,	Ils auront.

FUTUR PASSÉ.

Io avrò avuto, etc.,	J'aurai eu, etc.
Noi avremo avuto, etc.,	Nous aurons eu, etc.

IMPÉRATIF PRÉSENT.

Abbi tu,	Aye ou aie.
Abbia egli,	Qu'il ait.
Abbiamo noi,	Ayons.
Abbiate voi,	Ayez.
Abbiano eglino,	Qu'ils aient.

FUTUR.

Avrai tu, etc.,	Tu auras, etc.
Avremo noi, etc.,	Nous aurons, etc.

SUBJONCTIF PRÉSENT.

Ch' io abbia,	Que j'aye ou j'aie.
Che tu abbia,	Que tu ayes ou aies.
Ch' egli abbia,	Qu'il ait.
Che noi abbiamo,	Que nous ayons.
Che voi abbiate,	Que vous ayez.
Ch' eglino abbiano,	Qu'ils aient.

IMPARFAIT.

Ch' io avessi,	Que j'eusse.
Che tu avessi,	Que tu eusses.
Ch' egli avesse,	Qu'il eût.
Che noi avessimo,	Que nous eussions.
Che voi aveste,	Que vous eussiez.
Ch' essi avessero,	Qu'ils eussent.

PARFAIT.

Ch' io abbia avuto, etc.,	Que j'aie eu, etc.
Che noi abbiamo avuto, etc.,	Que nous ayons eu, etc.

PLUSQUE-PARFAIT.

Ch' io avessi avuto, etc.,	Que j'eusse eu, etc.
Che noi avessimo avuto, etc.,	Que nous eussions eu, etc.

CONDITIONNEL PRÉSENT.

Io avrei,	J'aurois.
Tu avresti,	Tu aurois.
Egli avrebbe,	Il auroit.
Noi avremmo,	Nous aurions.
Voi avreste,	Vous auriez.
Essi avrebbero,	Ils auroient.

PASSÉ.

Io avrei avuto, etc.,	J'aurois, ou j'eusse eu, etc.
Noi avremmo avuto, etc.,	Nous aurions, ou nous eussions eu, etc.

8

INFINITIF PRÉSENT.

Avere, Avoir.

PARFAIT.

Avere avuto, Avoir eu.

FUTUR.

Avere ad avere, Devoir avoir.

GÉRONDIF PRÉSENT.

Avendo,
Con avere,
Coll' avere,   } Ayant.
In avere,
Nell' avere,

PASSÉ.

Avendo avuto,
Con avere avuto,
Coll' avere avuto, } Ayant eu.
In avere avuto,
Nell' avere avuto,

Observations relatives aux verbes auxiliaires.

Le participe *stato* (ancien *suto*) ne peut se joindre qu'avec le verbe *essere*.

EXEMPLE.

Ricordandosi esser vero che il padre era stato in Palermo. (B. G. 2, n. 5.)

Se ressouvenant que son père avoit réellement demeuré à Palerme.

Ce participe doit toujours prendre la terminaison qui convient au genre et au nombre du sujet, dont il exprime en partie l'état passif.

EXEMPLE.

Essendo stati i ragionamenti lunghi. (B. G. 2, n. 5.)

Les discours ayant été longs.

La préposition *à* devant un infinitif qui dépend des verbes *essere* ou *avere*, se rend en italien, tantôt par *a*, tantôt par *da*. La première de ces prépositions marque un simple rapport, ou plutôt elle indique seulement un certain point de vue de l'esprit; la seconde exprime, pour ainsi dire, le devoir, la nécessité ou la cause qui nous porte à telle ou telle action. En disant, par exemple : *Abbiamo da sperare*, nous avons à espérer; c'est comme si l'on disoit : *Abbiamo materia, che ci dà speranza;* nous avons un sujet qui nous donne de l'espérance.

EXEMPLES.

Potranno conoscere quello che sia da fuggire, e che sia similmente da seguitare. (B. proem.)

Ils pourront connoître ce qui est à fuir et ce qui est à suivre.

Le quali molto più belle sono a riguardare. (B. G. 1.)

Lesquelles sont beaucoup plus belles à regarder.

Les expressions *c'est moi*, *c'est toi*, *c'est nous*, etc., se rendent, en italien, par : *son' io*, *sei tu*, *siamo noi*, etc.; parce que le verbe *essere* n'est pas employé, en italien, impersonnellement, de même qu'en françois.

EXEMPLES.

*Or se' tu quel Virgilio, e quella fonte,
Che spande di parlar sì largo fiume?*
(D. inf. c. 1.)

C'est donc toi qui es ce Virgile et cette source d'où sort un si grand fleuve d'éloquence?

Son' io. (Arios. c. 12.)
C'est moi.

Lorsque le verbe *être* marque le droit de faire telle ou telle chose, ou le devoir, on le rend, en italien, par les verbes *stare* ou *toccare*.

EXEMPLES.

Conobbe Dioneo, che a lui toccava il dover dire. (B. G. 6, n. 10.)

Dionée vit que c'étoit à lui à parler.

Allo imperadore sta il comandarli, ed il premiarli. (Dav. Stor. di T. lib. 6.)

C'est à l'empereur à les commander et à les récompenser.

Les grammairiens disent que, lorsque le verbe *essere* exprime qu'une chose appartient à une personne, celle-ci est au génitif. Je substitue à cette règle la suivante : Dans notre langue, le nom de l'objet à qui telle ou telle chose appartient, est précédé de la préposition *di*; comme : *Avendo udito di cui era* (B. G. 6, n. 7); ayant entendu à qui cela étoit; mais comme le possesseur doit être regardé ici comme terme de direction, il est évident que, dans notre langue, ces phrases sont elliptiques. L'exemple suivant (Boc. G. 1) : *De' quali a ciascuna di noi è gran copia*, dont chacune de nous possède une grande quantité, en est une preuve infaillible, et fait voir que, lorsqu'on dit : *Questo libro è di Pietro*, ce livre est à Pierre, la phrase est un abrégé de : *Questo libro è*, ou *appartiene alla persona di Pietro*.

Exercice seizième.

1. Votre sœur a été accueillie par mon père, de la manière la plus honnête. — Accueilli, *accolto*; honnête, *cortese*.

2. Nous n'avons jamais été trompés que par des hommes qui se disoient nos amis. — Trompé, *ingannato*; disoient, *dicevano*.

3. C'est un homme à fuir. — Fuir, *fuggire*.

4. J'ai à vous dire de la part de madame, qu'elle prend le plus vif intérêt à votre avancement. — Dire, *dire*; part, *parte*; prend, *prende*; intérêt, *interesse*; avancement, *promozione*.

5. C'est donc vous qui m'avez écrit cette lettre injurieuse? — Écrit, *scritto*; injurieux, *ingiurioso*.

6. C'est à moi à commander, et à vous à obéir. — Obéir, *ubbidire*.

7. Tous ces beaux tableaux sont à notre ambassadeur. — Ambassadeur, *ambasciatore*.

8. C'est un ouvrage à lire et à méditer. — Ouvrage, *opera*; méditer, *meditare*.

9. C'est à vous à me faire connoître mes torts. — Faire, *fare*; connoître, *conoscere*; tort, *torto*.

CHAPITRE IV.

De la manière de rendre en italien les expressions il y a, il y avoit, etc.

Pour exprimer l'existence d'une chose en un lieu, et depuis quel temps une action est faite ou se fait, on se sert, en françois, du verbe impersonnel, il y a, il y avoit, etc. Nous exprimons les mêmes idées d'une manière bien différente, comme on le voit par les exemples suivans :

Ed evvi oltre a questo l'aere assai più fresco, e di quelle cose, che alla vita bisognano v'è la copia maggiore. (B. G. 1.)

Outre cela, il y a un air bien plus frais, et une plus grande abondance des choses nécessaires à la vie.

Egli ci sono delle altre donne assai. (B. G. 3, n. 1.)

Il y a beaucoup d'autres femmes.

Ancora non è gran tempo. (B. G. 8, n. 3.)
Il n'y a pas encore long-temps.

Già sono otto anni. (B. G. 3, n. 6.)
Il y a déjà huit ans.

On voit, par ces exemples, 1.° que le verbe avoir se rend, en italien, par le verbe *essere* ; 2.° que celui-ci doit toujours prendre la terminaison du nombre du nom qui l'accompagne ; 3.° que l'*y* se rend par *ci* ou par *vi* (le premier indique un lieu près de la personne qui parle ; le second désigne un lieu éloigné de la même personne) ; 4.° que cet adverbe, ne pouvant représenter que le lieu où telle ou telle chose arrive, il s'ensuit qu'on ne doit point l'exprimer lorsqu'on parle du temps.

On peut supprimer cet adverbe, même lorsqu'on parle de l'existence d'un objet en un lieu, pourvu qu'il soit indiqué par un autre mot.

EXEMPLES.

Qui sono giardini, qui son pratelli, qui altri luoghi dilettevoli. (B. G. 1.)
Ici il y a des jardins, des prairies, et beaucoup d'autres lieux agréables.

Egli fu già in Firenze. (B. G. 7, n. 1.)
Il y eut jadis à Florence.

Pour mieux concevoir la construction de ces phrases, analysons les exemples suivans :

V'era un soldato.

Il y avoit un soldat ; savoir : *un soldato era là;* un soldat étoit là.

Ci sono due soldati.

Il y a deux soldats ; c'est-à-dire : *due soldati sono qui,* deux soldats sont ici.

È un mese.

Il y a un mois ; savoir : un mois est.

Sono due mesi.

Il y deux mois ; c'est-à-dire : deux mois sont.

Exercice dix-septième.

1. Il y a deux ans qu'il apprend l'italien, et il ne sait pas encore les premiers élémens de cette langue.

An, *anno;* apprend, *impara;* sait, *sà;* élément, *elemento.*

2. Il y a beaucoup de personnes qui pensent qu'on peut apprendre la langue italienne en trois mois, et ces mêmes personnes, après six mois d'étude, ne savent pas même vous dire : Je viens d'écrire.

Pensent, *pensano;* peut, *può;* apprendre, *imparare;* mois, *mese;* même, *stesso;* pas même, *ne pure;* dire, *dire;* je viens d'écrire, *ho scritto poc' anzi.*

3. Il y a du danger de fréquenter des personnes que l'on ne connoît point.

Danger, *pericolo;* fréquenter, *frequentare;* connoissent, *conoscono.*

4. Il n'y a pas encore deux heures que je l'ai vu passer.

Heure, *ora;* vu, *veduto;* passer, *passare.*

ITALIENNE. 121

5. Il y a des hommes qui sont nés pour posséder des fortunes immenses.   Né, *nato*; posséder, *possedere*; immense, *immenso*.

6. Je ne veux pas qu'il y ait autant d'enfans qu'il y en avoit avant-hier.   Veux, *voglio*; avant-hier, *jeri l'altro*.

7. Il n'y a pas d'ennemi capable de nous effrayer.   Capable, *capace*.

8. Il ne faut pas qu'il y ait des règles inutiles dans un ouvrage dont le mérite principal doit être la précision.   Règle, *regola*; doit, *deve*; précision, *precisione*.

9. Il n'y a pas aujourd'hui, en Italie, autant de poëtes qu'il y en avoit autrefois.   Aujourd'hui, *al dì d'oggi*; autrefois, *già*.

CHAPITRE V.

Des conjugaisons des verbes réguliers.

Les Italiens ont trois conjugaisons : la première comprend les verbes en *are*; comme : *amare*, aimer; la seconde, ceux en *ere*; comme : *credere*, croire; la troisième, ceux en *ire*; comme : *sentire*, sentir.

PREMIÈRE CONJUGAISON.
INDICATIF PRÉSENT.

Amo,   J'aime.
Ami,   Tu aimes.

GRAMMAIRE

Ama,   Il aime.
Amiamo,   Nous aimons.
Amate,   Vous aimez.
Amano,   Ils aiment.

IMPARFAIT.

Amava,   J'aimois.
Amavi,   Tu aimois.
Amava,   Il aimoit.
Amavamo,   Nous aimions.
Amavate,   Vous aimiez.
Amavano,   Ils aimoient.

PARFAIT DÉFINI.

Amai,   J'aimai.
Amasti,   Tu aimas.
Amò,   Il aima.
Amammo,   Nous aimâmes.
Amaste,   Vous aimâtes.
Amarono,   Ils aimèrent.

PARFAIT INDÉFINI.

Ho amato, etc.,   J'ai aimé, etc.
Abbiamo amato, etc.,   Nous avons aimé, etc.

PARFAIT ANTÉRIEUR.

Ebbi amato, etc.,   J'eus aimé, etc.
Avemmo amato, etc.,   Nous eûmes aimé, etc.

PLUSQUE-PARFAIT.

Aveva amato, etc.,   J'avois aimé, etc.
Avevamo amato, etc.,   Nous avions aimé, etc.

ITALIENNE.

FUTUR SIMPLE.

Amerò,   J'aimerai.
Amerai,   Tu aimeras.
Amerà,   Il aimera.
Ameremo,   Nous aimerons.
Amerete,   Vous aimerez.
Ameranno,   Ils aimeront.

FUTUR PASSÉ.

Avrò amato, etc.,   J'aurai aimé, etc.
Avremo amato, etc.,   Nous aurons aimé, etc.

IMPÉRATIF PRÉSENT.

Ama,   Aime.
Ami,   Qu'il aime.
Amiamo,   Aimons.
Amate,   Aimez.
Amino,   Qu'ils aiment.

FUTUR.

Amerai tu, etc.,   Tu aimeras, etc.
Ameremo noi, etc.,   Nous aimerons, etc.

SUBJONCTIF PRÉSENT.

Che ami,   Que j'aime.
Che ami,   Que tu aimes.
Che ami,   Qu'il aime.
Che amiamo,   Que nous aimions.
Che amiate,   Que vous aimiez.
Che amino,   Qu'ils aiment.

IMPARFAIT.

Che amassi,	Que j'aimasse.
Che amassi,	Que tu aimasses.
Che amasse,	Qu'il aimât.
Che amassimo,	Que nous aimassions.
Che amaste,	Que vous aimassiez.
Che amassero,	Qu'ils aimassent.

PARFAIT.

Che abbia amato, etc.,	Que j'aie aimé, etc.
Che abbiamo amato, etc.,	Que nous ayons aimé, etc.

PLUSQUE-PARFAIT.

Che avessi amato, etc.,	Que j'eusse aimé, etc.
Che avessimo amato, etc.,	Que nous eussions aimé, etc.

CONDITIONNEL PRÉSENT.

Amerei,	J'aimerois.
Ameresti,	Tu aimerois.
Amerebbe,	Il aimeroit.
Ameremmo,	Nous aimerions.
Amereste,	Vous aimeriez.
Amerebbero,	Ils aimeroient.

PASSÉ.

Avrei amato, etc.,	J'aurois, ou j'eusse aimé, etc.
Avremmo amato, etc.,	Nous aurions, ou nous eussions aimé, etc.

INFINITIF PRÉSENT.

Amare,   Aimer.

PARFAIT.

Avere amato,   Avoir aimé.

FUTUR.

Essere per amare,   Être sur le point d'aimer.

GÉRONDIF PRÉSENT.

Amando,
Con amare,
Coll' amare,   } Aimant *ou* en aimant.
In amare,
Nell' amare,

PASSÉ.

Avendo amato,
Con aver amato,
Coll' aver amato,   } Ayant aimé.
In aver amato,
Nell' aver amato,

SECONDE CONJUGAISON.

INDICATIF PRÉSENT.

Credo,   Je crois.
Credi,   Tu crois.
Crede,   Il croit.
Crediamo,   Nous croyons.

GRAMMAIRE

Credete,   Vous croyez.
Credono,   Ils croient.

IMPARFAIT.

Credeva,   Je croyois.
Credevi,   Tu croyois.
Credeva,   Il croyoit.
Credevamo,   Nous croyions.
Credevate,   Vous croyiez.
Credevano,   Ils croyoient.

PARFAIT DÉFINI.

Credei,   Je crus (*).
Credesti,   Tu crus.
Credè,   Il crut.
Credemmo,   Nous crûmes.
Credeste,   Vous crûtes.
Crederono,   Ils crurent.

PARFAIT INDÉFINI.

Ho creduto, etc.,   J'ai cru, etc.
Abbiamo creduto, etc., Nous avons cru, etc.

PARFAIT ANTÉRIEUR.

Ebbi creduto, etc.,   J'eus cru, etc.
Avemmo creduto, etc.,   Nous eûmes cru, etc.

(*) Beaucoup de verbes de cette conjugaison ont le parfait défini en *ei* et en *etti*; comme : *temei* ou *temetti*, je craignis; *dovei* ou *dovetti*, je dus, etc.

PLUSQUE-PARFAIT.

Aveva creduto, etc.,	J'avois cru, etc.
Avevamo creduto, etc.,	Nous avions cru, etc.

FUTUR SIMPLE.

Crederò,	Je croirai.
Crederai,	Tu croiras.
Crederà,	Il croira.
Crederemo,	Nous croirons.
Crederete,	Vous croirez.
Crederanno,	Ils croiront.

FUTUR PASSÉ.

Avrò creduto, etc.,	J'aurai cru, etc.
Avremo creduto, etc.,	Nous aurons cru, etc.

IMPÉRATIF PRÉSENT.

Credi,	Crois.
Creda,	Qu'il croie.
Crediamo,	Croyons.
Credete,	Croyez.
Credano,	Qu'ils croient.

FUTUR.

Crederai tu, etc.,	Tu croiras, etc.
Crederemo noi, etc.,	Nous croirons, etc.

SUBJONCTIF PRÉSENT.

Che creda,	Que je croie.
Che creda,	Que tu croies.

Che creda, Qu'il croie.
Che crediamo, Que nous croyions.
Che crediate, Que vous croyiez.
Che credano, Qu'ils croient.

IMPARFAIT.

Che credessi, Que je crusse.
Che credessi, Que tu crusses.
Che credesse, Qu'il crût.
Che credessimo, Que nous crussions.
Che credeste, Que vous crussiez.
Che credessero, Qu'ils crussent.

PARFAIT.

Che abbia creduto, etc., Que j'aie cru, etc.
Che abbiamo creduto, etc., Que nous ayons cru, etc.

PLUSQUE-PARFAIT.

Che avessi creduto, etc., Que j'eusse cru, etc.
Che avessimo creduto, etc., Que nous eussions cru, etc.

CONDITIONNEL PRÉSENT.

Crederei, Je croirois.
Crederesti, Tu croirois.
Crederebbe, Il croiroit.
Crederemmo, Nous croirions.
Credereste, Vous croiriez.
Crederebbero, Ils croiroient.

PASSÉ.

Avrei creduto, etc.,   J'aurois ou j'eusse cru, etc.
Avremmo creduto, etc., { Nous aurions ou nous eussions cru, etc.

INFINITIF PRÉSENT.

Credere,   Croire.

PARFAIT.

Aver creduto, etc,   Avoir cru, etc.

FUTUR.

Essere per credere,   Être sur le point de croire.

GÉRONDIF PRÉSENT.

Credendo,
Con credere,
Col credere,   } Croyant *ou* en croyant.
In credere,
Nel credere,

PASSÉ.

Avendo creduto,
Con aver creduto,
Coll' aver creduto,   } Ayant cru.
In aver creduto,
Nell' aver creduto,

Conjugaison du verbe SENTIRE.

INDICATIF PRÉSENT.

Sento,   Je sens.
Senti,   Tu sens.

Sente,	Il sent.
Sentiamo,	Nous sentons.
Sentite,	Vous sentez.
Sentono,	Ils sentent.

IMPARFAIT.

Sentiva,	Je sentois.
Sentivi,	Tu sentois.
Sentiva,	Il sentoit.
Sentivamo,	Nous sentions.
Sentivate,	Vous sentiez.
Sentivano,	Ils sentoient.

PARFAIT DÉFINI.

Sentii,	Je sentis.
Sentisti,	Tu sentis.
Sentì,	Il sentit.
Sentimmo,	Nous sentîmes.
Sentiste,	Vous sentîtes.
Sentirono,	Ils sentirent.

PARFAIT INDÉFINI.

Ho sentito, etc.	J'ai senti, etc.,
Abbiamo sentito, etc.	Nous avons senti. etc.

PARFAIT ANTÉRIEUR.

Ebbi sentito, etc.,	J'eus senti, etc.
Avemmo sentito, etc.,	Nous eûmes senti, etc.

PLUSQUE-PARFAIT.

Aveva sentito, etc.,	J'avois senti, etc.
Avevamo sentito, etc.,	Nous avions senti, etc.

FUTUR SIMPLE.

Sentirò,	Je sentirai.
Sentirai,	Tu sentiras.
Sentirà,	Il sentira.
Sentiremo,	Nous sentirons.
Sentirete,	Vous sentirez.
Sentiranno,	Ils sentiront.

FUTUR PASSÉ.

Avrò sentito, etc.,	J'aurai senti, etc.
Avremo sentito, etc.,	Nous aurons senti, etc.

IMPÉRATIF PRÉSENT.

Senti,	Sens.
Senta,	Qu'il sente.
Sentiamo,	Sentons.
Sentite,	Sentez.
Sentano,	Qu'ils sentent.

FUTUR.

Sentirai tu, etc.,	Tu sentiras, etc.
Sentiremo noi, etc.,	Nous sentirons, etc.

SUBJONCTIF PRÉSENT.

Che senta,	Que je sente.
Che senta,	Que tu sentes.
Che senta,	Qu'il sente.
Che sentiamo,	Que nous sentions.
Che sentiate,	Que vous sentiez.
Che sentano,	Qu'ils sentent.

IMPARFAIT.

Che sentissi,	Que je sentisse.
Che sentissi,	Que tu sentisses.
Che sentisse,	Qu'il sentît.
Che sentissimo,	Que nous sentissions.
Che sentiste,	Que vous sentissiez.
Che sentissero,	Qu'ils sentissent.

PARFAIT.

Che abbia sentito, etc.,	Que j'aie senti, etc.
Che abbiamo sentito, etc.,	Que nous ayons senti, etc.

PLUSQUE-PARFAIT.

Che avessi sentito, etc.,	Que j'eusse senti, etc.,
Che avessimo sentito, etc.,	Que nous eussions senti, etc.

CONDITIONNEL PRÉSENT.

Sentirei,	Je sentirois.
Sentiresti,	Tu sentirois.
Sentirebbe,	Il sentiroit.
Sentiremmo,	Nous sentirions.
Sentireste,	Vous sentiriez.
Sentirebbero,	Ils sentiroient.

PASSÉ.

Avrei sentito, etc.,	J'aurois ou j'eusse senti, etc.
Avremmo sentito, etc.,	Nous aurions ou nous eussions senti, etc.

INFINITIF PRÉSENT.

Sentire,	Sentir.

ITALIENNE. 133

PARFAIT.

Aver sentito.   Avoir senti.

FUTUR.

Essere per sentire,   Être sur le point de sentir.

GÉRONDIF PRÉSENT.

Sentendo,
Con sentire,
Col sentire,   } Sentant, *ou* en sentant.
In sentire,
Nel sentire,

PASSÉ.

Avendo sentito,
Con aver sentito,
Coll' aver sentito, } Ayant senti.
In aver sentito,
Nell' aver sentito,

Remarques sur les conjugaisons des verbes réguliers.

Dans les verbes de la première conjugaison, qui ont plus de deux syllabes à l'infinitif, on change au futur et au conditionnel l'*a* de *are* en *e*; et l'on dit : *amerò*, etc., *amerei*, etc.; au lieu de *amarò*, etc., *amarei*, etc.

Les verbes en *care* et *gare*, comme *cercare*, chercher, *pregare*, prier, dans tous les temps et les personnes où le *c* et le *g* précèdent les voyelles *e* ou *i*, prennent une *h* entre la consonne et la voyelle : *cerchi*, *preghi*, *cercherò*, *pregherò*.

A l'imparfait de l'indicatif des verbes de la seconde et de la troisième conjugaison, on peut dire : *credea*, *sentia*, au lieu de *credeva*, *sentiva*; *credeano*, *sentiano*, au lieu de *credevano*, *sentivano*.

A la troisième personne du singulier du conditionnel présent, on peut dire : *ameria*, *crederia*, etc., au lieu de *amerebbe*, *crederebbe*, etc.; et, à la troisième du pluriel, on peut dire, *ameriano*, *crederiano*, etc., pour *amerebbero*, *crederebbero*.

En poésie, à la troisième personne du pluriel du parfait défini, on peut dire, *amaro*, *credero*, *sentiro*, au lieu de *amarono*, *crederono*, *sentirono*.

Je ne crois pas qu'il soit utile de donner des règles pour la formation des temps. Ce qui est important, c'est de connoître leur véritable signification et l'usage auquel ils sont destinés.

Exercice dix-huitième.

1. Un auteur, pour bien écrire, doit être également attentif aux choses dont il parle, et aux termes qu'il emploie.

Auteur, *autore*; écrire, *scrivere*; doit, *deve*; attentif, *attento*; parler, *parlare*; employer, *usare*.

2. Chante, mon enfant, joue et danse; mais n'oublie pas d'étudier ta leçon.

Chanter, *cantare*; jouer, *giuocare*; danser, *ballare*; n'oublie pas, *non dimenticarti*; étudier, *studiare*; leçon, *lezione*.

3. Plût au ciel que nous eussions profité de cette occasion! Profiter, *profittare*; occasion, *occasione*.

4. J'étois sur le point de quitter cette ville, lorsque la nouvelle de la mort de mon frère me força de changer de projet. Quitter, *lasciare*; ville, *città*; lorsque, *allorchè*; nouvelle, *nuova*; forcer, *obbligare*; changer, *mutare*; projet, *pensiero*.

5. Il eût mieux fait de rester dans son village, que de venir à Paris perdre sa fortune et sa réputation. Rester, *restare*; village, *villaggio*; venir, *venire*; perdre, *perdere*; réputation, *riputazione*.

6. Pour parvenir au but que l'on se propose, on ne doit jamais se servir de moyens illicites. Parvenir, *arrivare*; but, *fine*; propose, *propone*; moyen, *mezzo*; illicite, *illecito*.

CHAPITRE VI.

Des verbes irréguliers de la première conjugaison.

CETTE conjugaison n'a que quatre verbes irréguliers: *andare*, aller; *dare*, donner; *fare*, faire; *stare*, rester.

ANDARE.

INDICATIF PRÉSENT.

Vado, ou *vo*,   Je vais.
Vai,   Tu vas.
Va,   Il va.

Andiamo,	Nous allons.
Andate,	Vous allez.
Vanno,	Ils vont.

IMPARFAIT.

Andava, etc.,	J'allois, etc.

PARFAIT DÉFINI.

Andai, etc.,	J'allai, etc.

FUTUR.

Andrò, etc.,	J'irai, etc.

IMPÉRATIF.

Va,	Va.
Vada,	Qu'il aille.
Andiamo,	Allons.
Andate,	Allez.
Vadano,	Qu'ils aillent.

SUBJONCTIF PRÉSENT.

Che vada,	Que j'aille.
Che vada,	Que tu ailles.
Che vada,	Qu'il aille.
Che andiamo,	Que nous allions.
Che andiate,	Que vous alliez.
Che vadano,	Qu'ils aillent.

IMPARFAIT.

Che andassi, etc.,	Que j'allasse, etc.

ITALIENNE.

CONDITIONNEL.

Andrei, etc.,   J'irois, etc.

GÉRONDIF.

Andando, etc.,   Allant, ou en allant.

PARTICIPE.

Andato,   Allé.

DARE.

INDICATIF PRÉSENT.

Do,   Je donne.
Dai,   Tu donnes.
Dà,   Il donne.
Diamo,   Nous donnons.
Date,   Vous donnez.
Danno,   Ils donnent.

IMPARFAIT.

Dava, etc.,   Je donnois, etc.

PARFAIT DÉFINI.

Diedi, ou *detti*,   Je donnai.
Desti,   Tu donnas.
Diede, dette, diè,   Il donna.
Demmo,   Nous donnâmes.
Deste,   Vous donnâtes.
Diedero, dettero, diero, dierono,   } Ils donnèrent.

FUTUR.

Darò, etc.,   Je donnerai, etc.

IMPÉRATIF.

Dà,   Donne.
Dia,   Qu'il donne.
Diamo,   Donnons.
Date,   Donnez.
Diano, ou *dieno*,   Qu'ils donnent.

SUBJONCTIF PRÉSENT.

Che dia, etc.,   Que je donne, etc.

IMPARFAIT.

Che dessi,   Que je donnasse.
Che dessi,   Que tu donnasses.
Che dessi,   Qu'il donnât.
Che dessimo,   Que nous donnassions.
Che deste,   Que vous donnassiez.
Che dessero,   Qu'ils donnassent.

CONDITIONNEL.

Darei, etc.,   Je donnerois, etc.

GÉRONDIF.

Dando,   Donnant, ou en donnant.

PARTICIPE.

Dato,   Donné.

ITALIENNE.

FARE, *anciennement* FACERE.

INDICATIF PRÉSENT.

Faccio, ou mieux *fo*,	Je fais.
Fai,	Tu fais.
Fa,	Il fait.
Facciamo,	Nous faisons.
Fate,	Vous faites.
Fanno,	Ils font.

IMPARFAIT.

Faceva, etc., et en poésie *fea*, } Je faisois, etc.

PARFAIT DÉFINI.

Feci,	Je fis.
Facesti,	Tu fis.
Fece,	Il fit.
Facemmo,	Nous fîmes.
Faceste,	Vous fîtes.
Fecero,	Ils firent.

FUTUR.

Farò, etc., — Je ferai, etc.

IMPÉRATIF.

Fa,	Fais.
Faccia,	Qu'il fasse.
Facciamo,	Faisons.
Fate,	Faites.
Facciano,	Qu'ils fassent.

SUBJONCTIF PRÉSENT.

Che faccia, etc.,   Que je fasse, etc.

IMPARFAIT.

Che facessi, etc.,   Que je fisse, etc.

CONDITIONNEL.

Farei, etc.,   Je ferois, etc.

GÉRONDIF.

Facendo, etc.,   Faisant, ou en faisant.

PARTICIPE.

Fatto,   Fait.

STARE.

INDICATIF PRÉSENT.

Sto,   Je reste.
Stai,   Tu restes.
Sta,   Il reste.
Stiamo,   Nous restons.
State,   Vous restez.
Stanno,   Ils restent.

IMPARFAIT.

Stava, etc.,   Je restois, etc.

PARFAIT DÉFINI.

Stetti,   Je restai.
Stesti,   Tu restas.

ITALIENNE.

Stette, stè ou stiè,	Il resta.
Stemmo,	Nous restâmes.
Steste,	Vous restâtes.
Stettero ou sterono,	Ils restèrent.

FUTUR.

Starò, etc.,	Je resterai, etc.

IMPÉRATIF.

Sta,	Reste.
Stia,	Qu'il reste.
Stiamo,	Restons.
State,	Restez.
Stiano,	Qu'ils restent.

SUBJONCTIF PRÉSENT.

Che stia, etc.,	Que je reste, etc.

IMPARFAIT.

Che stessi, etc.,	Que je restasse, etc.

CONDITIONNEL.

Starei, etc.,	Je resterois, etc.

GÉRONDIF.

Stando, etc.,	Restant ou en restant.

PARTICIPE.

Stato, etc.,	Resté, etc.

GRAMMAIRE

Remarques sur les verbes irréguliers.

Les verbes *andare* et *stare*, suivis du gérondif d'un autre verbe, peuvent s'employer pour exprimer l'action que le second verbe exprimeroit tout seul.

EXEMPLE.

Libertà va cercando, ch'è sì cara.
(D. pur. c. 1.)

Il cherche la liberté qui est si chère.

Lorsque le verbe aller marque un mouvement dirigé vers la personne à laquelle on écrit ou l'on parle, on le rend, en italien, par le verbe *venire*, venir.

EXEMPLE.

Promettendogli essa di venire a lui all' albergo. (B. G. 2, n. 5.)

Lui promettant d'aller le voir à l'auberge.

La préposition *à*, qui précède un infinitif dépendant du verbe donner, *dare*, se rend, en italien, par la préposition *da*.

EXEMPLE.

Il castaldo gli diè da mangiar volontieri. (B. G. 3, n. 1.)

L'intendant lui donna volontiers à manger.

Cette préposition peut être supprimée devant les infinitifs *mangiare*, manger ; *bere*, boire.

EXEMPLE.

Sono stato dannato da Dio a questa pena, ch'io ti debba dare mangiare e bere. (B. G. 3, n. 8.)

J'ai été condamné par Dieu à la peine de te donner à manger et à boire.

Tous les grammairiens pensent que, dans cet exemple, il y a ellipse de la préposition *da;* quant à moi, je serois presque tenté de croire que ce n'est pas la préposition que Bocace a voulu retrancher, mais plutôt l'article, puisqu'on peut regarder ces infinitifs comme des noms qui désignent l'objet de l'action du verbe dont ils dépendent : au reste, je n'attache aucune prétention à cette remarque.

Exercice dix-neuvième.

1. Pendant que vous irez arroser le jardin, j'irai cueillir des fruits.
   Pendant que, *mentre;* arroser, *innaffiare;* cueillir, *cogliere.*

2. Si je ne suis pas malade, j'irai me promener.
   Se promener, *passeggiare.*

3. Je vous promets d'aller vous voir à la fin de la semaine.
   Promettre, *promettere;* semaine, *settimana.*

4. Il faut lui donner beaucoup de fruits à manger, et peu de vin à boire.
   Il faut, *bisogna;* manger, *mangiare;* boire, *bere.*

5. L'ouvrage que vous m'avez donné à lire, m'a fait passer des momens agréables. — Passer, *passare*; moment agréable, *ora piacevole*.

6. Je ne pourrai point aller demain à la campagne, parce que mon père a donné sa voiture à raccommoder. — Pourrai, *potrò*; campagne, *villa*; voiture, *carrozza*; raccommoder, *ristaurare*.

7. J'irai demain vous prendre chez vous, pour aller dîner à la campagne. — Prendre, *prendere*; chez vous, *a casa vostra*; dîner, *desinare*.

8. Plus il y a de difficultés à vaincre, moins on doit craindre d'aller consulter les personnes qui peuvent nous éclairer. — Vaincre, *superare*; craindre, *temere*; peuvent, *possono*; éclairer, *illuminare*.

9. Je crois qu'il y a beaucoup de danger à donner à coucher à cet étranger. — Coucher, *dormire*; étranger, *forestiere*.

CHAPITRE VII.

Des verbes irréguliers de la seconde conjugaison.

PRESQUE tous ces verbes n'ont d'irréguliers que le parfait défini et le participe; il faut donc connoître quels sont les verbes de cette conjugaison qui ont cette irrégularité, et cela étant connu, savoir former ces deux temps. Quant au parfait défini, on ne peut connnoître s'il est régulier, qu'après avoir trouvé la première personne du singulier, qui peut se former de l'infinitif, de la manière suivante.

Les verbes terminés en *gligere*, *èggere*, *ìmere*, *èmere*, *ìgere*, forment la première personne du parfait défini en changeant ces terminaisons en *essi*.

EXEMPLES.

Negligere, négliger. Parf. déf. *Neglessi*, je négligeai. Part. *Negletto*, négligé. *Leggere*, lire. Parf. déf. *Lessi*, je lus. Part. *Letto*, lu. *Imprimere*, imprimer. Parf. déf. *Impressi*, j'imprimai. Part. *Impresso*, imprimé. *Premere*, presser. Parf. déf. *Pressi*, je pressai. Part. *Premuto*, pressé. *Dirigere*, diriger. Parf. déf. *Diressi*, je dirigeai. Part. *Diretto*, dirigé.

Exceptions.

Redimere, délivrer, fait au parf. déf. *redensi* et au part. *redento*. *Premere* peut aussi avoir le parf. déf. régulier *premei*.

Les verbes en *dere* qui ont une voyelle avant le *d*, forment le parfait défini, en changeant cette désinence en *si*.

EXEMPLES.

Chiedere, demander. Parf. déf. *Chiesi*, je demandai. Part. *Chiesto*, demandé. *Radere*, raser. Parf. déf. *Rasi*, je rasai. Part. *Raso*, rasé. *Ridere*, rire. Parf. déf. *Risi*, je ris ; *riso*, ri. *Rodere*, ronger.

Parf. déf. *Rosi*, je rongeai. Part. *Roso*, rongé. *Chiudere*, fermer. Parf. déf. *Chiusi*, je fermai. Part. *Chiuso* fermé.

Exceptions.

Cedere, céder, et ses composés ont le parf. déf. en *essi* et en *etti*. Parf. déf. *Cessi* ou *cedetti*, je cédai. Part. *Ceduto*, cédé. *Cadere*, tomber, fait au parf. déf. *caddi*, je tombai, et au part. *caduto*, tombé; et *vedere*, voir, fait *vidi*, je vis, *veduto*, vu.

Les verbes en *àrgere*, *èrgere*, *òrgere*, *òrdere*, *òrcere*, *àrdere*, *èrdere*, *òrrere*, forment le parfait défini en changeant les deux dernières syllabes de ces terminaisons en *si*.

EXEMPLES.

Spargere, répandre. Parf. déf. *Sparsi*, je répandis. Part. *Sparso*, répandu. *Aspergere*, humecter. Parf. déf. *Aspersi*, j'humectai. Part. *Asperso*, humecté. *Porgere*, présenter. Parf. déf. *Porsi*, je présentai, Part. *Porto*, présenté. *Mordere*, mordre. Parf. déf. *Morsi*, je mordis. Part. *Morso*, mordu. *Correre*, courir. Parf. déf. *Corsi*, je courus. Part. *Corso*, couru. *Ardere*, brûler. Parf. déf. *Arsi*, je brûlai. Part. *Arso*, brûlé. *Disperdere*, disperser. Parf. déf. *dispersi*, je dispersai. Part. *Disperso*, dispersé.

Ceux en *èndere* et en *òndere*, pour former la première personne du parfait défini changent la première de ces désinences en *esi*, la seconde en *osi*.

EXEMPLES.

Accèndere, allumer. Parf. déf. *Accesi*, j'allumai.

ITALIENNE.

Part. *Acceso*, allumé. *Nascondere*, cacher. Parf. déf. *Nascosi*, je cachai. Part. *Nascosto* ou *Nacoso*, caché.

Exceptions.

Le verbe *fondere*, fondre, et ses composés, ont la première personne du parf. déf. en *usi*. Parf. déf. *Fusi*, je fondis. Part. *Fuso*, fondu.

Les verbes en *èttere* forment la première personne du parf. déf., en changeant cette terminaison en *isi*.

EXEMPLE.

Mettere, mettre. Parf. déf. *Misi*, je mis. Part. *Messo*, mis.

Exceptions.

Connettere, joindre, et *genuflèttere*, se mettre à genoux, font au parf. déf. *Connessi*, je joignis, *genuflessi*, je me mis à genoux, et au part. *connesso*, joint, *genuflesso*, mis à genoux.

Les verbes en *èllere*, forment la première personne du parfait défini, en changeant cette termi- en *elsi*.

EXEMPLE.

Svellere, arracher. Parf. déf. *Svelsi*, j'arrachai. Part. *Svelto*, arraché.

Exception.

Le verbe *espellere*, chasser, fait au parf. déf. *espulsi*, je chassai, et au part. *espulso*, chassé.

Les verbes en *uòvere*, *uòcere*, *uòtere*, pour former la première personne du parfait défini changent ces désinences en *ossi*.

EXEMPLES.

Muovere, mouvoir. Parf. déf. *Mossi*, je mus. Part. *Mosso*, mu. *Cuocere*, cuire. Parf. déf. *Cossi*, je cuisis. Part. *Cotto*, cuit. *Scuotere*, secouer. Parf. déf. *Scossi*, je secouai. Part. *Scosso*, secoué.

Exceptions.

Nuocere, nuire, fait au parf. déf. *nocqui*, je nuisis; et au part. *nociuto*, nui : et *Scuotere* peut aussi avoir le parf. déf. régulier, *scuotei*. Le premier doit être préféré.

Les verbes en *uggere*, *utere*, *ucere*, pour la première personne du parfait défini, changent ces terminaisons en *ussi*.

EXEMPLES.

Distruggere, détruire. Parf. déf. *Distrussi*, je détruisis. Part. *Distrutto*, détruit. *Discutere*, discuter. Parf. déf. *Discussi*, discuté. Part. *Discusso*, discuté. *Rilucere*, reluire. Parf. déf. *Rilussi*, je reluisis. Ce dernier n'a pas de participe.

Ceux en *èscere*, et en *òscere*, pour former la première personne du parfait défini, changent la première terminaison en *ebbi*; la seconde, en *obbi*.

ITALIENNE.

EXEMPLES.

Crescere, croître. Parf. déf. *Crebbi*, je crus. Part. *Cresciuto*, crû. *Conoscere*, connoître. Parf. déf. *Conobbi*, je connus. Part. *Conosciuto*, connu.

Ceux en *òmpere*, forment la première personne du parfait défini en changeant cette terminaison en *uppi*.

EXEMPLE.

Rompere, rompre. Parf. déf. *Ruppi*, je rompis. Part. *Rotto*, rompu.

Ceux en *iggere*, et en *ivere*, pour la première personne du parfait défini changent ces désinences en *issi*.

EXEMPLES.

Affliggere, affliger. Parf. déf. *Afflissi*, j'affligeai. Part. *afflitto*, affligé. *Scrivere*, écrire. Parf. déf. *Scrissi*, j'écrivis. Part. *Scritto*, écrit.

Ceux en *ògliere*, *òlgere*, *òlvere* pour la formation de la première personne du parfait défini changent ces terminaisons en *olsi*.

EXEMPLES.

Cogliere, cueillir. Parf. déf. *Colsi*, je cueillis. Part. *Colto*, cueilli. *Volgere*, tourner. Parf. déf. *Volsi*, je tournai. Part. *Volto*, tourné. *Assolvere*, absoudre. Parf. déf. *Assolsi* (ce temps manque en françois). Part. *Assolto* ou *assoluto*, absous.

Ceux en *àngere*, en *èngere* ou *ègnere*, en *ìngere* ou *ìgnere*, en *ùngere* ou *ùgnere*, et ceux en *ùmere*, pour la première personne du parfait défini, changent *àngere* en *ansi*; *èngere* ou *ègnere* en *ensi*; *ìngere* ou *ìgnere* en *insi*; *ùngere* ou *ùgnere* et *ùmere*, en *unsi*.

EXEMPLES.

Piangere, pleurer. Parf. déf. *Piansi*, je pleurai. Part. *Pianto*, pleuré. *Spengere* ou *spegnere*, éteindre. Parf. Déf. *Spensi*, j'éteignis. Part. *Spento*, éteint. *Spingere* ou *spignere*, pousser. Parf. déf. *Spinsi*, je poussai. Part. *Spinto*, poussé. *Mungere* ou *mugnere*, traire. Parf. déf. *Munsi* (ce temps manque en françois). Part. *Munto*, trait. *Presumere*, présumer. Parf. déf. *Presunsi*, je présumai. Part. *Presunto*, présumé.

Ceux en *ìncere* et en *ìnguere*, pour la première personne du parfait défini, changent ces désinences en *insi*.

EXEMPLES.

Vincere, vaincre. Parf. déf. *Vinsi*, je vainquis. Part. *Vinto*, vaincu. *Estinguere*, éteindre. Parf. déf. *Estinsi*, j'éteignis. Part. *Estinto*, éteint.

Ceux en *ònere* et ceux en *ùeere*, dont on fait par contraction *òrre* et *ùrre*, forment la première personne du parfait défini, les premiers, en changeant *òrre* en *osi*; les seconds, *ùrre* en *ussi*.

EXEMPLES.

Ponere, aujourd'hui *porre*, mettre. Parf. déf. *Posi*,

je mis. Part. *Posto*, mis. *Traducere*, aujourd'hui *tradurre*, traduire. Parf. déf. *Tradussi*, je traduisis. Part. *Tradotto*, traduit.

Le verbe *nascere*, naître, fait, à la première personne du parfait défini, *nacqui*, je naquis; et au participe, *nato*, né.

Les suivans et leurs composés sont réguliers. *Vèndere*, vendre; *tèndere*, tondre; *pèndere*, suspendre; *fèndere*, fendre; *frèmere*, frémir; *gèmere*, gémir; *godère*, jouir; *mèttere*, moissonner; *pàscere*, paître; *riflèttere*, réfléchir; *ricèvere*, recevoir; *sedère*, s'asseoir; *splèndere*, resplendir; *stridere*, crier; *sprèmere*, tirer le suc; *temère*, craindre; ces verbes ont le parf. déf. en *ei* et en *etti*, comme *vendei* ou *vendetti*, je vendis, etc.

La première personne du parfait défini étant trouvée, il n'est pas difficile de former les deux autres personnes irrégulières de ce temps; je dis, les deux autres personnes; car, en effet, il n'y a jamais que trois personnes irrégulières dans le parfait défini; savoir: la première et la troisième du singulier, et la troisième du pluriel. Quant à la troisième du singulier, on change l'*i* de la première personne en *e*; et quant à la troisième du pluriel, on la forme en ajoutant *ro* à la troisième du singulier. Supposons qu'on ait à former le parfait défini du verbe *conquidere*: D'après les règles que j'ai données, en changeant les deux dernières syllabes de cet infinitif en *si*, on aura *conquisi*, pour la première personne de ce temps. (On voit d'abord que cette personne ne se terminant pas en *ei*, ce temps est irrégulier.) La deuxième est régulière, *conquidesti*; la troisième sera, *conquise*. La première du pluriel est régulière, *conquidemmo*; la deuxième est aussi régulière, *conquideste*; la troisième sera, *conquisero*. Cette règle est générale pour tous les verbes irréguliers de la seconde conjugaison.

Observez que tous les verbes de cette conjugaison forment la deuxième personne du singulier, la première et la deuxième du pluriel de l'infinitif, en changeant, pour la deuxième du singulier *re* en *sti*; pour la première du pluriel en *emmo*, pour la deuxième en *ste*. Cette remarque est nécessaire pour avertir les étudians que, dans les verbes qui ont deux infinitifs, il faut se servir de l'infinitif ancien pour la formation de ces personnes : tels sont tous ceux terminés en *urre* et en *orre*; comme : *condurre* et *conducere*; *comporre* et *componere*; le deuxième est l'infinitif ancien, le même que celui des Latins.

Dans les verbes *dire* et *bere*, on se sert aussi, pour la formation du parfait défini, des infinitifs *dicere* et *bevere* : il en est de même des verbes *torre* et *trarre*, et de leurs composés qui forment leur parfait défini de *togliere* et de *traere*.

Les personnes qui savent le latin ont un grand avantage pour former le parfait défini des verbes irréguliers de la deuxième conjugaison, parce que tous les verbes irréguliers de cette conjugaison, qui sont tirés de la langue latine, ont la première personne du parfait défini semblable à la première personne du parfait des Latins (et souvent c'est le même mot), sauf les changemens et les inflexions particulières à notre langue. En voici quelques exemples : de la première personne du parfait des Latins *Conduxi*, les Italiens forment la premiere personne du parfait défini, en changeant l'*x* en deux *s*, *condussi*; de même de *neglexi*, ils forment *neglessi*; de *posui* et de ses composés ils forment le parfait défini, en supprimant l'*u*, *posi*, etc. Les verbes en *accio*, *occio*, *uto*, *ompo*, et leurs composés, ont, pour la première personne du parfait défini, le même mot dont les Latins se servent pour la première de leur parfait. En examinant tous les autres verbes, les étudians trouveront eux-mêmes une analogie qui leur servira de règle pour la formation des parfaits définis.

Observations sur la formation des participes.

Les participes des verbes de la première et de la troisième conjugaison sont réguliers; excepté pour la troisième : *concepire*, concevoir; *comparire*, comparoître; *aprire*, ouvrir; *morire*, mourir; *offerire*, offrir; *seppellire*, ensevelir, dont les participes sont : *conceputo* ou *concetto*; *comparso*; *aperto*; *morto*; *offerito* ou *offerto*; *seppellito* ou *sepolto*.

Quant aux participes des verbes de la seconde conjugaison, si l'infinitif a l'accent prosodique sur la pénultième syllabe, le participe est terminé en *uto* : *temère*, craindre; *temuto*, craint. On excepte seulement les verbes *rimanère*, rester; *persuadère*, persuader; *solère*, avoir coutume, dont les participes sont *rimaso* ou *rimasto*, resté; *persuaso*, persuadé; *solito*, accoutumé.

Les verbes de la seconde, qui ont l'accent prosodique sur la pénultième, sont les suivans : *Cadère*, tomber; *calère* (impersonnel), importer; *dovère*, devoir, *dolère*, plaindre; *giacère*, gisser; *godère*, jouir; *parère*, paroître; *piacère*, plaire; *potère*, pouvoir; *sapère*, savoir; *sedère*, s'asseoir; *tacère*, se taire; *tenère*, tenir; *temère*, craindre; *valère*, valoir; *vedère*, voir; *volère*, vouloir, et leurs composés.

Si l'infinitif a l'accent prosodique sur l'avant-pénultième syllabe, les exemples indiqués ci-dessus, et relatifs aux différentes terminaisons de ces sortes de verbes, serviront de modèle aux étudians, pour la formation de tous les participes semblables.

Exercice vingtième.

On donnera aux étudians les infinitifs suivans, pour en former le parfait défini et le participe.

Ridurre,	Réduire.
Produrre,	Produire.
Introdurre,	Introduire.
Deporre,	Déposer.
Comporre,	Composer.
Sottoporre,	Soumettre.
Imporre,	Imposer.
Riporre,	Remettre.

ITALIENNE.

Stringere,	Presser.
Friggere,	Frire.
Infrangere,	Rompre.
Ritogliere,	Reprendre.
Ricuocere,	Recuire.
Torcere,	Tordre.
Risorgere,	Se relever.
Prendere,	Prendre.
Distendere,	Étendre.
Sorprendere,	Surprendre.
Permettere,	Permettre.
Discorrere,	Discourir.
Compiacere,	Complaire.
Corrompere,	Corrompre.
Concorrere,	Concourir.
Prevalere,	Prévaloir.
Richiedere,	Demander.
Concedere,	Accorder.
Distogliere,	Détourner.
Convenire,	Convenir.
Appartenere,	Appartenir.
Sostenere,	Soutenir.
Contenere,	Contenir.

Des verbes qui, outre le parfait défini, ont des irrégularités.

CONDURRE, CONDUIRE.

Présent. *Conduco*, je conduis; *conduci*, tu conduis; *conduce*, il conduit; *conduciamo*, nous conduisons; *conducete*, vous conduisez; *conducono*, ils conduisent. Imparf. *Conduceva*, je conduisois, etc. Parf. déf. *Condussi*, je conduisis, etc. Futur. *Condurrò*, je conduirai, etc. Impér. *Conduci*, conduis, etc. Prés. subj. *Che conduca*, que je conduise, etc. Imparf. *Che conducessi*, que je conduisisse, etc. Condit. *Condurrei*, je conduirois, etc. Gérond. *Conducendo*, conduisant. Part. *Condotto*, conduit.

BERE ou *BEVERE*, BOIRE.

Présent. *Bevo* ou *beo*, je bois; *bevi* ou *bei*, tu bois; *beve* ou *bee*, il boit; *beviamo* ou *bejamo* (très affecté), nous buvons; *bevete* ou *beete*, vous buvez; *bevono* ou *beono*, ils boivent. Imparf. *Beveva* ou *bevea*, je buvois, etc. Parf. déf. *Bevetti* ou *bevvi*, je bus; *bevesti* ou *beesti*, tu bus; *bevette* ou *bevve*, il but; *bevemmo* ou *beemmo*, nous bûmes; *beveste* ou *beeste*, vous bûtes; *bevettero* ou *bevvero*, ils burent. Futur. *Berò*, je boirai, etc. Impér. *Bevi*, bois, etc. Prés. subj. *Che beva* ou *bea*, que je boive, etc.; *beviamo* ou *bejamo*, que nous buvions; *beviate* ou *bejate*, que vous buviez; *bevano* ou *beano*, qu'ils boivent. Condit. *Berei*, je boirois, etc. Gérond. *Bevendo*, buvant. Part. *Bevuto*, bu.

CADERE, TOMBER.

Présent. *Cado* ou *caggio*, je tombe, *cadi*, tu tombes; *cade*, il tombe, *cadiamo* ou *caggiamo*, nous tombons; *cadete*, vous tombez; *cadono* ou *caggiono*, ils tombent. Imparf. *Cadeva*, je tombois, etc. Parf. déf. *Caddi*, je tombai, etc. Futur. *Cadrò* ou *caderò*, je tomberai, etc. Condit. *Cadrei* ou *caderei*, je tomberois, etc. Gérond. *Cadendo*, tombant ou en tombant. Participe. *Caduto*, tombé. *Cadrò* et *cadrei* sont mieux dits que *caderò* et *caderei*.

DOVERE; DEVOIR.

Présent. *Devo*, *debbo* ou *deggio*, je dois; *devi*, *debbi* ou *dei*, tu dois; *deve*, *debbe*, *dee* ou *de'*, il doit; *dobbiamo*, nous devons; *dovete*, vous devez; *devono*, *debbono*, *deggiono* ou *deono*, ils doivent. Imparf. *Doveva*, je devois, etc. Parf. déf. *Dovei* ou *dovetti*, je dus, etc. Futur. *Dovrò*, je devrai, etc. Prés. subj. *Che debba* ou *deggia*, que je doive, etc.; *che dobbiamo*, que nous devions; *che dobbiate*, que vous deviez; *che debbano* ou *deggiano*, qu'ils doivent. Condit. *Dovrei*, je devrois, etc. Gérond. *Dovendo*, devant. Part. *Dovuto*, dû.

DOLERSI, SE PLAINDRE.

Présent. *Mi dolgo* ou *doglio*, je me plains; *ti duoli*, tu te plains; *si duole*, il se plaint; *ci dogliamo*, nous nous plaignons; *vi dolete*, vous vous plaignez; *si dolgono*, ils se plaignent. Imparf. *Mi doleva*, je me plaignois, etc. Parf. déf. *Mi dolsi*, je me plaignis, etc. Futur. *Mi dorrò*, je me plaindrai, etc. Impér. *Duoliti*, plains-toi; *dolgasi*, qu'il se plaigne; *dogliamoci*, plaignons-nous; *doletevi*, plaignez-vous ; *dolgansi*, qu'ils se plaignent. Prés. subj. *Che mi dolga*, que je me plaigne, etc. Imparf. *Che mi dolessi*, que je me plaignisse, etc. Condit. *Mi dorrei*, je me plaindrois, etc. Gérond. *Dolendosi*, se plaignant. Part. *Dolutosi*, s'étant plaint.

DIRE, DIRE.

Présent. *Dico*, je dis ; *dici*, tu dis ; *dice*, il dit ; *diciamo*, nous disons ; *dite*, vous dites ; *dicono*, ils disent. Imparf. *Diceva*, je disois, etc. Parf. déf. *Dissi*, je dis, etc. Futur. *Dirò*, je dirai, etc. Impér. *Di*, dis ; *dica*, qu'il dise ; *diciamo*, disons ; *dite*, dites ; *dicano*, qu'ils disent. Prés. subj. *Che dica*, que je dise, etc. Imp. *Che dicessi*, que je disse. Condit. *Direi*, je dirois, etc. Gérond. *Dicendo*, disant. Part. *Detto*, dit. On conjugue de même ses composés.

PARERE, PAROITRE.

Présent. *Pajo*, je parois ; *pari*, tu parois ; *pare*, il paroît ; *pajamo* ou *pariamo*, nous paroissons ; *parete*, vous paroissez ; *pajono*, ils paroissent. Imparf. *Pareva*, je paroissois, etc. Parf. déf. *Parvi*, je parus, etc. Futur. *Parrò*, je paroîtrai, etc. Prés. subj. *Che paja*, que je paroisse, etc. Imparf. *Che paressi*, que je parusse, etc. Condit. *Parrei*, je paroîtrois, etc. Gérond. *Parendo*, paroissant. Part. *Parso*, paru.

POTERE, POUVOIR.

Présent. *Posso*, je puis ; *puoi*, tu peux ; *può*, on

puote, il peut; *possiamo*, nous pouvons; *potete*, vous pouvez; *possono*, ils peuvent. Imparf. *Poteva*, je pouvois, etc. Parf. déf. *Potei*, je pus, etc. Futur. *Potrò*, je pourrai, etc. Prés. subj. *Che possa*, que je puisse, etc. Imparf. *Che potessi*, que je pusse, etc. Condit. *Potrei*, je pourrois, etc. Gérond. *Potendo*, pouvant. Part. *Potuto*, pu.

PORRE, anciennement *PONERE*, METTRE.

Présent. *Pongo*, je mets; *poni*, tu mets; *pone*, il met; *poniamo* ou *ponghiamo*, nous mettons; *ponete*, vous mettez; *pongono*, ils mettent. Imparf. *Poneva*, je mettois, etc. Parf. déf. *Posi*, je mis, etc. Futur. *Porrò*, je mettrai, etc. Impér. *Poni*, mets, etc. Prés. subj. *Che ponga*, que je mette, etc. *Che poniamo* ou *ponghiamo*, que nous mettions; *Che poniate* ou *ponghiate*, que vous mettiez; *che pongano*, qu'ils mettent. Imparf. *Che ponessi*, que je misse, etc. Condit. *Porrei*, je mettrois, etc. Gérond. *Ponendo*, mettant. Part. *Posto*, mis. On conjugue de même ses composés.

RIMANERE, RESTER.

Présent. *Rimango*, je reste; *rimani*, tu restes; *rimane*, il reste; *rimaniamo*, nous restons; *rimanete*, vous restez; *rimangono* ils restent. Imparf. *Rimaneva*, je restois, etc. Parf. déf. *Rimasi*, je restai, etc. Futur. *Rimarrò*, je resterai. Impér. *Rimani*, reste; *rimanga*, qu'il reste; *rimaniamo*, restons; *rima-*

nete, restez; *rimangano*, qu'ils restent. Prés. subj. *Che rimanga*, que je reste, etc.; *che rimaniamo*, que nous restions; *che rimaniate*, que vous restiez; *che rimangano*, qu'ils restent. Condit. *Rimarrei*, je resterois, etc. Gérond. *Rimanendo*, restant. Part. *Rimasto* ou *rimaso*, resté.

SAPERE, SAVOIR.

Présent. *So*, je sais; *sai*, tu sais; *sa*, il sait; *sappiamo*, nous savons; *sapete*, vous savez; *sanno*, ils savent. Imparf. *Sapeva*, je savois, etc. Parf. déf. *Seppi*, je sus, etc. Futur. *Saprò*, je saurai, etc. Impér. *Sappi*, sache; *sappia*, qu'il sache; *sappiamo*, sachons; *sappiate*, sachez; *sappiano*, qu'ils sachent. Prés. subj. *Che sappia*, que je sache, etc. Imparf. *Che sapessi*, que je susse. Condit. *Saprei*, je saurois, etc. Gérond. *Sapendo*, sachant. Part. *Saputo*, su.

SEDERE, S'ASSEOIR.

Présent. *Seggo*, je m'assieds; *siedi*, tu t'assieds; *siede*, il s'assied; *sediamo* ou *seggiamo*, nous nous asseyons; *sedete*, vous vous asseyez; *seggono* ou *seggiono*, ils s'asseyent. Imparf. *Sedeva*, je m'asseyois, etc. Parf. déf. *Sedei*, je m'assis, etc. Futur. *Sederò*, je m'assiérai, etc. Impér. *Siedi*, assieds-toi, etc. Prés. subj. *Che segga*, que je m'asseye, etc.; *che sediamo* ou *seggiamo*, que nous nous asseyions; *che sediate*, que vous vous asseyiez; *che seggano*, qu'ils

s'asseyent. Imparf. *Che sedessi*, que je m'assisse, etc.
Condit. *Sederei*, je m'assiérois, etc. Gérond. *Sedendo*, s'asseyant. Part. *Seduto*, assis.

On dit aussi en françois : Je m'asseois, je m'asseoirois, je m'assoyois, je m'asseoirai, assois-toi, que je m'assoie.

SCEGLIERE ou SCERRE, CHOISIR.

Présent. *Scelgo*, je choisis ; *scegli*, tu choisis ; *sceglie*, il choisit ; *scegliamo*, nous choisissons ; *scegliete*, vous choisissez ; *scelgono*, ils choisissent. Imparf. *Sceglieva*, je choisissois, etc. Parf. déf. *Scelsi*, je choisis, etc. Futur, *sceglierò*, je choisirai, etc. Impér. *scegli*, choisis ; *scelga*, qu'il choisisse ; *scegliamo*, choisissons ; *scegliete*, choisissez ; *scelgano*, qu'ils choisissent. Prés. subj. *Che scelga*, que je choisisse, etc. *Che scelghiamo*, que nous choisissions ; *che scelghiate*, que vous choisissiez ; *che scelgano*, qu'ils choisissent. Imparf. *Che scegliessi*, que je choisisse, etc. Condit. *Sceglierei*, je choisirois, etc. Gérond. *Scegliendo*, choisissant. Partic. *Scelto*, choisi.

SCIOGLIERE ou SCIORRE, DÉLIER.

Présent. *Scioglio* ou *sciolgo*, je délie ; *sciogli*, tu délies ; *scioglie*, il délie ; *sciogliamo*, nous délions ; *sciogliete*, vous déliez ; *sciogliono*, ou *sciolgono*, ils délient. Imparf. *Scioglieva*, je déliois, etc. Parf. déf. *Sciolsi*, je déliai, etc. Futur. *Sciorrò*, ou *scioglierò*, je délierai, etc. Impér. *Sciogli*, délie, etc. Prés. subj. *Che sciolga* ou *scioglia*, que je délie, etc.; *che sciogliamo* ou *sciolghiamo*, que nous déliions; *che scogliate*, que vous déliiez; *che sciolgano*, qu'ils délient. Imparf. *Che sciogliessi*, que je déliasse, etc. Condit. *Sciorrei* ou *scioglierei*, je délierois. Gér. *Sciogliendo*, déliant. Part. *Sciolto*, délié. On conjugue de même les composés et le verbe *togliere* ou *torre*, ôter.

SPEGNERE, ÉTEINDRE.

Présent. *Spengo*, j'éteins; *spegni*, tu éteins; *spegne*, il éteint; *spenghiamo*, nous éteignons; *spegnete*, vous éteignez; *spengono*, ils éteignent. Imparf. *Spegneva*, j'éteignois, etc. Parf. déf. *Spensi*, j'éteignis, etc. Futur. *Spegnerò*, j'éteindrai, etc. Impér. *Spegni*, éteins; *spenga*, qu'il éteigne; *spenghiamo*, éteignons; *spegnete*, éteignez; *spengano*, qu'ils éteignent. Prés. subj. *Che spenga*, que j'éteigne, etc.; *che spenghiamo*, que nous éteignions; *che spenghiate*, que vous éteigniez; *che spengano*, qu'ils éteignent. Imparf. *Che spegnessi*, que j'éteignisse, etc. Condit. *Spegnerei*, j'éteindrois, etc. Gér. *Spegnendo*, éteignant. Part. *Spento*, éteint.

TENERE, TENIR.

Présent. *Tengo*, je tiens; *tieni*, tu tiens; *tiene*, il tient; *tenghiamo* ou *teniamo*, nous tenons; *tenete*, vous tenez; *tengono*, ils tiennent. Imparf. *Teneva*, je tenois, etc. Parf. déf. *Tenni*, je tins, etc. Futur. *Terrò*, je tiendrai, etc. Impér. *Tieni*, tiens; *tenga*, qu'il tienne, etc. Présent subj. *Che tenga*, que je tienne, etc.; *che tenghiamo* ou *teniamo*, que nous tenions; *che tenghiate* ou *teniate*, que vous teniez; *che tengano*, qu'ils tiennent. Imparf. *Che tenessi*, que je tinsse, etc. Condit. *Terrei*, je tiendrois, etc. Gérond. *Tenendo*, tenant. Part. *Tenuto*, tenu. On conjugue de même *contenere*, contenir; *ritenere*, retenir, et tous les autres composés de ce verbe.

TACERE, se taire.

Présent. *Taccio*, je me tais; *taci*, tu te tais; *tace*, il se tait; *tacciamo*, nous nous taisons; *tacete*, vous vous taisez; *tacciono*, ils se taisent. Imparf. *Taceva*, je me taisois, etc. Parf. déf. *Tacqui*, je me tus, etc. Futur. *Tacerò*, je me tairai, etc. Impér. *Taci*, tais-toi; *taccia*, qu'il se taise; *tacciamo*, taisons-nous; *tacete*, taisez-vous; *tacciano*, qu'ils se taisent. Prés. subj. *Che taccia*, que je me taise, etc. Imparf. *Che tacessi*, que je me tusse, etc. Condit. *Tacerei*, je me tairois, etc. Gérond. *Tacendo*, se taisant. Part. *Taciuto*, s'étant tu. On conjugue de même les verbes *piacere*, plaire; *giacere*, être couché.

TRARRE ou *TRAERE*, tirer.

Présent. *Traggo*, je tire; *traggi* ou *trai*, tu tires; *tragge* ou *trae*, il tire; *traiamo*, nous tirons;

traete, vous tirez; *traggono*, ils tirent. Imparf. *Traeva*, je tirois, etc. Parf. déf. *Trassi*, je tirai, etc. (Les autres personnes se forment du second infinitif.) Futur. *Trarrò*, je tirerai, etc. Impér. *traggi*, tire. Prés. subj. *Che tragga*, que je tire, etc. Imparf. *Che traessi*, que je tirasse, etc. Condit. *Trarrei*, je tirerois, etc. Gérond. *Traendo*, tirant. Partic. *Tratto*, tiré.

VEDERE, voir.

Présent. *Vedo*, *veggo*, ou *veggio*, je vois; *vedi*, tu vois; *vede*, il voit; *vediamo* ou *veggiamo*, nous voyons; *vedete*, vous voyez; *vedono*, *veggono*, ou *veggiono*, ils voient. Imparf. *Vedeva*, je voyois. Parf. déf. *Vidi*, je vis; etc. Futur. *Vedrò*, je verrai. Impér. *Vedi*, vois, etc. Prés. subj. *Che Vegga* ou *Veggia*, que je voie, etc. *che vediamo*, ou *veggiamo*, que nous voyions, *che vediate* ou *veggiate*, que vous voyiez, *che vedano*, *veggano* ou *veggiano*, qu'ils voient. Imparf. *Che Vedessi*, que je visse, etc. Cond. *Vedrei*, je verrois. Gérond. *Vedendo*, voyant. Part. *Veduto*, vu.

VOLERE, vouloir.

Présent. *Voglio* ou *vo'*, je veux; *vuoi*, tu veux; *vuole*, il veut; *vogliamo*, nous voulons; *volete*, vous voulez; *vogliono*, ils veulent. Imparf. *Voleva*, je voulois, etc. Parf. déf. *Volli*, je voulus, etc. Futur *Vorrò*, je voudrai. Prés. subj. *Che Voglia*, que je veuille, etc.; *che vogliamo*, que nous voulions, *che vogliate*, que vous vouliez, *che vogliano*, qu'ils veuillent. Imparf. *Che Volessi*, que je voulusse, etc. Cond. *Vorrei*, je voudrois, etc. Gérond. *Volendo*, voulant. Part. *Voluto*, voulu.

VALERE, VALOIR.

Présent. *Vaglio*, je vaux; *vali*, tu vaux; *vale*, il vaut; *vagliamo*, nous valons; *valete*, vous valez; *vagliono*, ils valent. Imparf. *Valeva*, je valois, etc. Parf. déf. *Valsi*, je valus, etc. Futur. *Varrò*, je vaudrai, etc. Prés. subj. *Che vaglia*, que je vaille, etc. Imparf. *Che valessi*, que je valusse. Condit. *Varrei*, je vaudrois, etc. Gérond. *Valendo*, valant. Part. *Valuto* ou *valso*, valu.

Des verbes irréguliers de la troisième conjugaison.

MORIRE, MOURIR.

Présent. *muojo*, je meurs; *muori*, tu meurs; *muore*, il meurt; *muojamo*, nous mourons; *morite*, vous mourez; *muojono*, ils meurent. Imparf. *Moriva*, je mourois, etc. Parf. déf. *Morii*, je mourus, etc. Futur. *Morrò*, je mourrai. Impér. *Muori*, meurs; *muoja*, qu'il meure; *muojamo*, mourons; *morite*, mourez; *muojano*, qu'ils meurent. Prés. subj. *Che muoja*, que je meure, etc.; *che muojamo*, que nous mourions; *che muojate*, que vous mouriez; *che muojano*, qu'ils meurent. Imparf. *Che morissi*, que je mourusse, etc. Condit. *Morrei*, je mourrois, etc. Gérond. *Morendo*, mourant. Part. *Morto*, mort.

SALIRE, MONTER.

Présent. *Salgo*, je monte; *sali*, tu montes; *sale*, il monte; *saliamo* ou *salghiamo*, nous montons; *salite*, vous montez; *salgono*, ils montent. Imparf. *Saliva*, je montois, etc. Parf. déf. *Salii*, je montai, etc. Futur. *Salirò*, je monterai, etc. Impér. *Sali*, monte, etc. Prés. subj. *Che salga* ou *saglia*, que je monte, etc.; *che salghiamo* ou *sagliamo*, que nous montions; *che salghiate* ou *sagliate*, que vous montiez; *che salgano* ou *sagliano*, qu'ils montent. Imparf. *Che salissi*, que je montasse, etc. Condit. *Salirei*, je monterois, etc. Gérond. *Salendo*, montant. Part. *Salito*, monté.

UDIRE, ENTENDRE.

Présent. *Odo*, j'entends; *odi*, tu entends; *ode*, il entend; *udiamo*, nous entendons; *udite*, vous entendez; *odono*, ils entendent. Imparf. *Udiva*, j'entendois, etc. Parf. déf. *Udii*, j'entendis, etc. Futur. *Udirò*, j'entendrai, etc. Impér. *Odi*, entends, etc. Prés. subj. *Che oda*, que j'entende, etc.; *che udiamo*, que nous entendions; *che udiate*, que vous entendiez; *che odano*, qu'ils entendent. Imparf. *Che udissi*, que j'entendisse, etc. Condit. *Udirei*, j'entendrois, etc. Gérond. *Udendo*, entendant. Part. *Udito*, entendu.

USCIRE, SORTIR.

Présent. *Esco*, je sors; *esci*, tu sors; *esce*, il sort; *usciamo*, nous sortons; *uscite*, vous sortez; *escono*, ils sortent. Imparf. *Usciva*, je sortois, etc. Parf. déf. *Uscii*, je sortis, etc. Futur. *Uscirò*, je sortirai, etc. Impér. *Esci*, sors, etc. Prés. subj. *Che esca*, que je sorte, etc.; *che usciamo*, que nous sortions; *che usciate*, que vous sortiez; *che escano*, qu'ils sortent. Imparf. *Che uscissi*, que je sortisse, etc. Condit. *Uscirei*, je sortirois, etc. Gérond. *Uscendo*, sortant. Part. *Uscito*, sorti.

VENIRE, VENIR.

Présent. *Vengo*, je viens; *vieni*, tu viens; *viene*, il vient; *veniamo*, nous venons; *venite*, vous venez; *vengono*, ils viennent. Imparf. *Veniva*, je venois, etc. Parf. déf. *Venni*, je vins, etc. Futur. *Verrò*, je viendrai, etc. Impér. *Vieni*, viens; *venga*, qu'il vienne; *veniamo*, venons; *venite*, venez; *vengano*, qu'ils viennent. Prés. subj. *Che venga*, que je vienne, etc.; *che veniamo*, que nous venions; *che veniate*, que vous veniez; *che vengano*, qu'ils viennent. Imparf. *Che venissi*, que je vinsse, etc. Condit. *Verrei*, je viendrois, etc. Gérond. *Venendo*, venant. Partic. *Venuto*, venu. On conjugue de même *convenire*, convenir, et tous les autres composés de ce verbe.

UNIRE, UNIR.

Présent. *Unisco*, j'unis; *unisci*, tu unis; *unisce*, il unit; *uniamo*, nous unissons; *unite*, vous unissez; *uniscono*, ils unissent. L'imparfait, le parfait défini et le futur sont réguliers. Impér. *Unisci*, unis; *unisca*, qu'il unisse; *uniamo*, unissons; *unite*, unissez; *uniscano*, qu'ils unissent. Prés. subj. *Che unisca*, que j'unisse, etc.; *che uniamo*, que nous unissions; *che uniate*, que vous unissiez; *che uniscano*, qu'ils unissent. L'imparfait, le conditionnel, le gérondif et le participe sont réguliers.

Tous les verbes de cette conjugaison prennent les mêmes inflexions que le précédent, hors un petit nombre que voici : *Vestire*, vêtir; *servire*, servir; *partire*, partir; *sentire*, sentir; *morire*, mourir; *aprire*, ouvrir; *venire*, venir; *fuggire*, fuir; *cucire*, coudre; *empire*, remplir; *convertire*, convertir; *pentire* repentir; ainsi que leurs composés.

Les verbes *aprire*, ouvrir; *coprire*, couvrir, ont le parfait défini en *ii* et en *ersi*.

Les verbes *ferire*, blesser; *inghiottire*, engloutir; *nutrire*, nourrir; *offerire* et *proferire*, offrir, font également *fero*, *inghiotto*, *nutro*, *offro*, ou *offero*, *profero*, et *ferisca*, *inghiottisce*, *nutrisco*, *offerisco*, *proferisco*.

Les mots *fiere*, il blesse, pour *ferisce*; *pato*, je souffre pour *patisco*; *pate*, il souffre pour *patisce*;

pero, je péris, pour *perisco* ; *pere*, il périt, pour *perisce* ; *pera*, pour *perisca* ; qu'il périsse ; *nutre*, il nourrit pour *nutrisce* ; *langue*, il languit pour *languisce*, appartiennent seulement à la poésie.

Apparire, paroître, fait au présent, *apparisco*, je parois ; *apparisci*, tu parois ; *apparisce* ou *appare*, il paroît ; *appariamo*, nous paroissons ; *apparite*, vous paroissez ; *appariscono* ou *appajono*, ils paroissent ; au présent du subjonctif, *che apparisca* ou *appaja*, que je paroisse, etc. *che appariscano* ou *appajano*, ils paroissent.

On conjugue de même, *Comparire*, comparoître ; *trasparire*, être transparent ; *sparire*, disparoître.

CHAPITRE VIII.

Des verbes défectueux.

ON appelle ainsi les verbes qui n'ont pas, comme les autres, tous les temps et toutes les personnes. Dans la langue italienne, il y en a plusieurs ; mais je n'indiquerai ici que ceux dont on fait le plus souvent usage.

GIRE, ALLER.

Présent. *Gite*, vous allez. Imparf. *Giva* ou *Gia*, j'allois ; *givi*, tu allois, *giva* ou *già*, il alloit ; *givamo*, nous allions ; *givate*, vous alliez ; *givano*, ou *giano*, ils alloient. Parf. déf. *Gisti*, tu allas ; *gì* ou *gio*, il alla ; *gimmo*, nous allâmes ; *giste*, vous allâtes ; *girono*, ils allèrent. Futur. *Girò*, j'irai ; *girà*, il ira ; *giremo*, nous irons ; *girete*, vous irez ; *giranno*, ils iront. Impér. *Gite*, allez. Imparf. subj. *Gissi*, que j'allasse, *gissi*, que tu allasses ; *gisse*, qu'il allât ; *gissimo*, que nous allassions ; *giste*, que vous allassiez ; *gissero*, qu'ils allassent. Cond. *Girei*, j'irois ; *giresti*, tu irois ; *girebbe*, il iroit ; *giremmo*, nous irions ; *gireste*, vous iriez ; *girebbero*, ils iroient. Part. *Gito*, allé.

IRE, ALLER.

Présent. *Ite*, vous allez. Imparf. *Iva*, il alloit ; *ivano*, ils alloient. Futur *Iremo*, nous irons ; *irete*, vous irez ; *iranno*, ils iront. Impér. *Ite*, allez. Part. *Ito*, allé.

RIEDERE, RETOURNER.

Présent. *Riedi*, tu retournes ; *riede*, il retourne. Impér. et prés. subj. *Riedano*, qu'ils retournent.

OLIRE, SENTIR.

Ce verbe n'a que quatre personnes de l'imparfait de l'indicatif. *Oliva*, je sentois ; *olivi*, tu sentois ; *oliva*, il sentoit ; *olivano*, ils sentoient.

CALERE, SE SOUCIER.

Présent. *Mi cale*, je me soucie, etc. Imparf. *Mi caleva*, je me souciois. Parf. défi. *Mi calse*, je me souciai, etc. Prés. subj. *Che mi caglia*, que je me soucie, etc. Imparf. *Che mi calesse*, que je me souciasse, etc. Cond. *Mi calerebbe* ou *carebbe*, je me soucierois. Part. *Caluto*, s'étant soucié.

LICERE, ÊTRE PERMIS.

Ce verbe n'a que *lice* ou *lece*, troisième personne du singulier de l'indicatif; l'infinitif même ne s'emploie pas.

SOLERE, AVOIR COUTUME.

Prés. *Soglio*, j'ai coutume; *suoli*, tu as coutume; *suole*, il a coutume; *sogliamo*, nous avons coutume; *solete*, vous avez coutume; *sogliono*, ils ont coutume. Imparf. *Soleva*, j'avois coutume, etc. Prés. subj. *Che soglia*, que j'aie coutume, etc. *che sogliamo*, que nous ayons coutume, *che sogliate*, que vous ayez coutume; *che sogliano*, qu'ils aient coutume. Imparf. *Solessi*, que j'eusse coutume, etc. Gérond. *Solendo*, ayant coutume. Part. *Solito*, accoutumé.

TROISIÈME PARTIE.

CHAPITRE PREMIER.

Des prépositions.

LES prépositions se bornent à indiquer le second terme d'un rapport; ou, en indiquant le terme, elles expriment encore le rapport même. Dans l'exemple suivant de (Dante, p. c. 30.)

Simili fatti v'ha al fantolino;
Il vous a rendu semblable au petit enfant;

La préposition *a* se borne à indiquer le second terme du rapport exprimé par l'adjectif *simili*; mais dans l'exemple de (B. G 10, n. 10.)

Con Griselda lungamente, e consolato visse;
Il vécut toujours heureux avec Griselda;

La préposition *con* indique le second terme, et exprime en même temps le rapport de compagnie.

Examinons maintenant les différentes attributions des prépositions les plus essentielles à la construction du discours, sans nous arrêter cependant sur l'usage particulier qu'on peut en faire, soit par analogie, soit par extension, et même par abus.

De la préposition di.

Cette prépositon est destinée à exprimer le rapport d'extraction, et celui de deux noms dont l'un qualifie l'autre.

EXEMPLES.

Voi m'avete fatto parlare con una statua di marmo. (Boc.)
Vous m'avez fait parler avec une statue de marbre.

Simigliante alla scimia, che ha viso d'uomo, e le membra di bestia, sicchè non pare nè bestia ne persona. (Serm. S. Ag.)
Semblable au singe, qui a le visage d'homme et les membres d'une bête, de manière qu'il ne paroît ni bête, ni homme.

La préposition et le nom qualifiant sont toujours équivalens à un adjectif; car on pourroit dire également : *statua marmorea; viso umano*, etc.

Tous les grammairiens prétendent que cette préposition marque aussi les rapports de propriété, d'attribution, d'éloignement, de compagnie, etc., et croient le prouver par les exemples suivans, ou semblables :

La casa del principe. (Dav. An. di T. lib. 4.)
La maison du prince.

Ischia è un' isola assai vicina di Napoli. (Boc.)
Ischia est une île très-proche de Naples.

Di questa vita, senza testimonio, trapassavano. (B. G. 1.)

Ils s'en alloient de cette vie sans témoins.

Passato di quella lancia, cadde. (Bocace.)

Il tomba, percé de cette lance.

Di dì, e di notte. (Dav. An. di T. lib. 4.)

De jour et de nuit.

Les grammairiens se trompent; et pour se convaincre que la préposition *di* ne marque aucun de ces prétendus rapports, il suffit de réintégrer les phrases précédentes; c'est-à-dire d'y remettre ce qu'on a supprimé par ellipse : *Casa del principe*; c'est à-dire: *Casa appartenente alla persona del principe. Vicina di Napoli*; savoir : *Vicina alla città di Napoli. Trapassavano di questa vita*; c'est-à-dire : *Dal soggiorno di questa vita. Di quella lancia*; c'est-à-dire: *Con un colpo di quella lancia. Di dì, e di notte*; savoir : *In tempo di dì, e in tempo di notte.* Ainsi la préposition *di* n'exprime aucun de ces rapports, et ne se trouve jamais à la place d'une autre préposition. C'est l'ignorance des ellipses qui a conduit dans cette erreur. Que les maîtres ne négligent point de les faire remarquer, toutes les fois que l'occasion s'en présentera.

Des prépositions a *et* in.

La première de ces propositions indique le rapport d'existence en un lieu, et celui de mouvement vers un objet, mais d'une manière indéterminée. La seconde indique les mêmes rapports, mais d'une manière précise et déterminée.

EXEMPLE.

La donna che presso all'uscio della sua casa nascosa s'era, come vide correr al pozzo cosi ricoverò in casa. (B. G. 7, n. 4).

La femme, qui s'étoit cachée près de la porte de sa maison, voyant quelqu'un courir vers le puits, se réfugia chez elle.

A cause de l'analogie entre le lieu, le temps, les circonstances et la manière d'être, on dit :

In dieci giorni. (B. proem.)
En dix jours.

Lungamente in piacere, ed in gioja poi vissero. (Bocace.)
Ensuite ils vécurent long-temps dans le plaisir et dans la joie.

In miracolosa maniera. (B. Introd.)
D'une manière étonnante.

Les grammairiens prétendent que la préposition *a* marque la ressemblance d'une chose avec une autre; comme :

Denti fatti a bischeri. (B. G. 9.)
Dents comme des chevilles.

Mais ici il y a ellipse, et le mot sous-entendu est *simili*, semblables. La même ellipse existe dans les phrases : *Alla greca, alla romana*, etc.; c'est-à-dire : *Simile all'usanza greca, romana*, etc., semblable à l'usage grec, romain, etc.

De la préposition da.

Cette préposition est destinée à marquer le rapport d'éloignement, et par analogie, celui de dépendance. Elle exprime aussi d'où une chose prend son origine, ses qualités et ses attributs.

Il est important de faire remarquer, par les exemples suivans, que, quel que soit l'usage de cette préposition, il dépend constamment du principe que nous avons établi.

Tenerezze vistesi grandi da ogni banda. (Dav. An. di T. lib. 1.)	On vit de toutes parts de grands témoignages d'amitié et de tendresse.
La forza di essi dipende dalla potenza Romana. (Dav. Ger. di T.)	Leur force dépend de la puissance romaine.
Masetto da Lamporechio. (B. G. 3, n. 1.)	Masetto de Lamporechio.
Cavallo da guerra. (Dav. Ger. di T.)	Cheval de guerre.
Arbori da frutti. (Id.)	Arbres à fruits.
Gli uomini vi sono sani e da fatica. (Dav. An. di T. lib. 5.)	Les hommes y sont sains, et propres au travail.
Ciascuno tiene casa da se. (Dav. Ger. di T.)	Chacun tient sa maison séparément.
Da giovane. (Dav. An. di T. lib. 1.)	Dans la jeunesse.

Ornamenti da femina. (Id.)	Ornemens de femmes.
Trattata da reina. (Dav. An. di T. lib. 12.)	Traitée en reine.
Dal dì ch'i nacqui. (B. G. 1, n. 1.)	Dès le jour où je naquis.
Divino sguardo da far l'uom felice. (P. S. 314.)	Regard divin, capable de rendre l'homme heureux.
Veggiendol da casa sua molto spesso passare. (B. G. 3, n. 5.)	Le voyant passer très-souvent devant sa maison.
Più chiaro di sangue da lato della madre. (Dav. An. di T. lib. 2.)	D'une naissance plus illustre du côté de sa mère.
Essi vedendo dalle mura il tutto, escono da tutte le porte. (Dav. An. di T. lib. 4.)	Voyant des murs tout ce qui se passoit, ils sortent par toutes les portes.

De la préposition per.

La préposition *per* marque les rapports d'existence en un lieu non fixe, mais entre des limites déterminées; celui du lieu par lequel on passe; celui de la cause qui nous porte à faire telle ou telle chose, et du but qu'on se propose dans une chose quelconque.

EXEMPLES.

Nel mezzo del cammin di nostra vita
Mi ritrovai per una selva oscura. (D. inf. c. 1.)

Au milieu du chemin de notre vie, je me trouvai dans une forêt obscure.

Per quella contrada molto spesso passava. (B. G. 5, n. 1.)

Il passoit très-souvent dans cette contrée.

Ella scrisse una lettera, ed in quella ciò che a fare il dì seguente avesse, per essere con lei, gli mostrò. (B. G. 4, n. 1.)

Elle lui écrivit une lettre où elle lui marquoit ce qu'il devoit faire pour être avec elle le jour suivant.

A cause de l'analogie entre le lieu et le temps, on dit :

Per un' anno, pendant un an; *per un' ora*, pendant une heure; *per un giorno* (B. Introd.), pour un jour.

Quand on exprime la descendance ou extraction de famille, on l'exprime par analogie, comme le lieu par où l'on passe; c'est pourquoi Bocace (G. 2, n. 8.) a dit :

Essi sono per madre discesi da paltoniere.

Du côté de la mère, ils sont descendus d'un vaurien.

On trouve souvent cette préposition, précédée de la préposition, *su*, sur.

EXEMPLE.

Questi pesci su per la mensa guizzavano. (B. G. 10.)

Ces poissons sautilloient sur la table.

Dans ce cas, les deux prépositions offrent à l'esprit les deux idées que chacune présente par elle-même. Cette manière a bien de la grâce dans notre langue. On remarquera les exemples suivans :

Per cosa che io dica. (B. G. 10, n. 4.)	Quelque chose que je dise.
Per poter ch'ella abbia. (B. G. 7, n. 1.)	Quelque puissance qu'elle ait.
Per quanto tu hai caro il mio amore. (B. G. 5, n. 4.)	Par tout le prix que tu attaches à mon amour.
Per pensieri che avesse. (Dav. Stor. di T. lib. 2.)	Quel que fût le nombre de ses pensées.
Per quanti siano i nostri nemici.	Quels que soient nos ennemis.
Per quante lagrime ei sparga.	Quelques larmes qu'il répande.
Per quanta forza aver mai possa.	Quelque force qu'il puisse avoir.

De la préposition con.

Cette préposition exprime le rapport de compagnie.

EXEMPLES.

Con Arriguccio si misero in via. (B. G. 7, n. 8.)
Ils se mirent en chemin avec Arriguccio.

Standosi con Peronella. (B. G. 7, n. 2.)
Étant avec Peronnella.

On dit en italien comme en françois : *Studiar con piacere*, étudier avec plaisir; mais en italien on dit : *cucir coll'ago*, coudre avec l'aiguille, ce qui exprime bien mieux le rapport immédiat de compagnie.

EXEMPLES.

Io con queste mie mani glielo strappai. (B. G. 4, n. 8.)

Je le lui arrachai, moi-même, avec mes propres mains.

Tito non restando di piangere con fatica gli rispose. (B. G. 10, n. 8.)

Titus ne cessant de pleurer lui répondit avec peine.

Des prépositions fra, tra, infra.

Ces prépositions marquent le rapport d'existence d'un objet entre plusieurs autres.

EXEMPLE.

Tra essi correvano femine scapigliate con vesti nere, e facelle in mano come furie. (Dav. An. di T. lib. 14.)

Parmi eux, couroient des femmes échevelées, avec des vêtemens noirs et des torches à la main, comme des furies.

Elles servent aussi à désigner le temps qui doit s'écouler dès l'instant de la parole jusqu'à une époque déterminée.

EXEMPLES.

Infra pochi dì. (B. G. 4, n. 4.)
Dans peu de jours.

Scrivemi mio fratello, ... che senza alcun fallo io gli abbia fra qui, e otto di mandati mille fiorini d'oro. (B. G. 8.)

Mon frère m'écrit de ne pas manquer de lui envoyer mille florins d'or, sous huit jours.

Tra sert aussi à distinguer et à lier ensemble deux idées différentes.

EXEMPLE.

Tra per l'una cosa, e per l'altra io non vi volli star più. (B. G. 3, n. 1.)

Tant pour une chose que pour une autre, je n'y voulus plus rester.

Des mots fino, infino, sino, insino, *jusque.*

Ces mots marquent également le terme de l'action et le rapport d'éloignement, selon qu'ils sont suivis de la préposition *a* ou *da*.

EXEMPLES.

Da tutt' Italia furon chiamati uomini in senato, e in ultimo fino dall' Alpi. (Dav. An. di T. lib. 11.)

On appela au sénat des hommes de toute l'Italie et des Alpes.

Sin presso a Roma. (Id.)
Jusque près de Rome.

Ces mots, dans le rapport d'éloignement, donnent à la phrase une force particulière ; ils correspondent précisément, à *l'usque* des latins. *Ex Æthiopiâ est usque hæc.* Les François avoient autrefois le mot *fin*, pris, je crois, de *fino*. Ainsi ils auroient dit : *Cette fille est du fin fond de l'Ethiopie.* Que l'on examine les exemples suivans.

Fino da piccolino. (B. G. 7, n. 8.)
Dès la plus tendre enfance.

Sempre sin da piccolo ubbidì alle leggi. (Dav. An. di T. lib. 12.)
Dès son enfance, il a toujours obéi aux lois.

Les grammairiens placent parmi les prépositions plusieurs adjectifs et plusieurs adverbes, et les distribuent en différentes classes selon les cas, disent-ils, que ces mots demandent. Quant à moi, je suis persuadé qu'il vaut mieux accoutumer les étudians à exercer leur raison, que leur mémoire ; et qu'il est plus simple de dire, que, quand un mot, quel qu'il soit, marque un mouvement de direction vers un objet, le nom qu'exprime cet objet doit être précédé de la préposition *a* ; et que, quand il marque un mouvement contraire, le terme d'où il part est précédé de la préposition *da*.

EXEMPLES.

Presso a quel fonte. (Dav. Ger. di T.)
Près de cette fontaine.

Non lungi dal campo. (Dav. An. di T. lib. 4.)
Non loin du camp.

Il est vrai que souvent la préposition *di* paroît exprimer ces mêmes rapports.

EXEMPLES.

Crepi fuori di questa patria. (Dav. An. di T. lib. 16.)

Qu'il meure hors de cette patrie.

Presso del mattino. (D. pur. c. 2.)

Vers le matin.

Veneroni diroit ici que *fuori* et *presso* demandent le génitif; et trouvant ensuite : *Fuor dal forno*, (B. G. 6, n. 2.) Hors du four. *Presso a Roma*. (Dav. An. di T.) Près de Rome, il diroit encore que *fuori* demande l'ablatif, et *presso* le datif. Mais puisqu'il est prouvé que les génitifs, les datifs, etc. n'existent point dans nos langues, ne vaut-il pas mieux dire, pour éviter les contradictions que cette routine entraîne, que toutes les fois que la préposition *di* paroît tenir la place des prépositions, *a* ou *da*, il y a ellipse; c'est-à-dire, un nom et une préposition de supprimés? En appliquant ce principe aux exemples précédens, on trouve que *fuori di questa patria*, est équivalent à *fuori dal soggiorno di questa patria*; et que *presso del mattino*, est une expression abrégée de *presso all' ora del mattino*.

Encore une fois, que l'on se persuade bien que, *littera occidit.*

184 GRAMMAIRE.

Exemples relatifs aux prépositions dont nous venons de parler.

Marine, conche con un coltello dalle pietre spiccando. (B. n. 46.)	Détachant des rochers, avec son couteau, les coquilles de mer.
La quale tornò, e disse di sì. (B. n. 40.)	Elle revint, et dit : oui.
Fece due galèe sottili armare, e messivi su di valenti uomini, con esse sopra la Sardigna n'andò. (B. n. 34.)	Il fit armer deux galères légères qu'il remplit d'hommes courageux, et alla se placer au delà de la Sardaigne.
Maèstri, a me conviene andare testè a Firenze; lavorate di forza. (B. n. 85.)	Ouvriers, il faut que j'aille bientôt à Florence, travaillez avec courage.
Che venir possa fuoco da cielo, che tutte v'arda! (B. n. 50.)	Que le feu du ciel puisse tomber, et vous brûle toutes !
Verso un rivo d'acqua chiarissima, il quale d'una montagnetta discendeva in una valle ombrosa da molti arbori.... con lento passo sen'andarono. (Bocc. G. 1.)	Ils s'en allèrent d'un pas lent vers un ruisseau d'une eau très-limpide, qui tomboit d'une petite montagne dans une vallée, ombragée d'une grande quantité d'arbres.
Messagli una catena in gola. (B. n. 52.)	Lui ayant mis une chaîne au cou.
Orribilmente cominciò i suoi dolorosi effetti, ed in miracolosa maniera a dimostrare. (B. Introd.)	La peste commença à exercer ses ravages d'une manière extraordinaire et terrible.

Gli uccelli su per li verdi rami cantando piacevoli versi. (Bocc. G. 2.)	Les oiseaux, sur de verts feuillages, gazouillant agréablement.
La nostra amicizia cominciò fin dagli anni più teneri. (Red. lett.)	Notre amitié commença dès l'âge le plus tendre.
Erano uomini, e femine di grosso ingegno. (Bocace, Introd.)	Ceux-là étoient des hommes et des femmes d'un esprit épais.
Essendo poveramente ad arnese. (Nov. Ant. 3.)	Étant pauvrement habillé.
Credendo lui essere tornato dal bosco, avvisò di riprenderlo forte. (B. G. 1, n. 4.)	Croyant qu'il étoit de retour du bois, il pensa à le réprimander fortement.
Montò a cavallo, e come più tosto potè, se n'andò in corte di Roma. (B. G. 1, n. 2.)	Il monta à cheval, et le plus promptement possible il s'en alla à la cour de Rome.
A ciascuno per un giorno s'attribuisca il peso, e l'onore. (B. Introd.)	Que chacun, pour un jour seulement, ait le fardeau et l'honneur.
Per vergogna quasi mutolo divenuto niente dicea. (B. G. 2, n. 9.)	Devenu presque muet de honte, il ne disoit rien.

Ces exemples sont mis ici, non-seulement pour faire voir l'application des prépositions et leur usage, mais encore pour qu'on en fasse l'analyse grammaticale.

GRAMMAIRE

Exercice vingt-unième.

1. L'histoire et la fable ont beaucoup parlé de la force d'Hercule, de la sagesse d'Ulysse, et de la valeur d'Achille.   Histoire, *storia*; fable, *favola*; force, *forza*; Hercule, *Ercole*; sagesse, *saviezza*; valeur, *valore*.

2. Je ne m'éloignerai jamais d'un ami tel que vous.   Jamais, *mai*; ami, *amico*.

3. C'est une chose presque impossible que de vouloir ne dépendre que de soi.   Presque, *quasi*; impossible, *impossibile*; vouloir, *volere*; dépendre, *dipendere*.

4. Si je suivois l'impulsion de mon cœur, je me rapprocherois de vous à chaque instant.   Suivre, *seguire*; impulsion, *impulso*; cœur, *cuore*; rapprocher, *avvicinare*.

5. J'ai entendu parler de ces principes, par des hommes aussi sages que savans.   Parler, *parlare*; principe, *principio*; sage, *savio*; savant, *dotto*.

6. Il a été reçu partout en homme distingué.   Recevoir, *ricevere*.

7. Vous n'aviez pas dans votre jeunesse, les défauts que vous avez à présent.   Défaut, *diffetto*.

8. On voit de cette fenêtre tout ce que font ces dames.   Voir, *vedere*; fenêtre, *finestra*.

9. Il a étudié sa langue pendant long-temps.   Étudier, *studiare*; temps, *tempo*.

10. Le voyage que vous allez faire sera bien agréable, surtout si vous passez par la Suisse.   Voyage, *viaggio*; Suisse, *Svizzera*.

CHAPITRE II.

Des adverbes.

Nous avons déjà vu que l'adverbe est une expression abrégée, équivalente à un nom et à une préposition, et nous avons dit qu'il sert à modifier le verbe, le nom, l'adjectif et l'adverbe lui-même. Les différentes classes dans lesquelles ces sortes de mots ont été distribués par les grammairiens, sont les suivantes.

Adverbes d'affirmation.

Si, oui; *veramente*, vraiment; *appunto*, justement; *affè*, ma foi, etc.

EXEMPLES.

Adunque, disse la donna, debbo io rimaner vedova? Si, rispose l'abate. (Bocace.)

Dois-je donc rester veuve, dit la dame? Oui, répondit l'abbé.

E se avviene, che io d'alcuna cosa sia domandato, ha sì gran paura che io non sappia rispondere, che prestamente risponde egli sì, è no, come giudica si convenga. (Bocace.)

S'il arrive que l'on me demande quelque chose, il craint tant que je ne sache pas répondre, qu'il répond lui-même aussitôt, oui et non, selon qu'il le juge à propos.

Adverbes de négation.

No, *non*, non.

Si dans une phrase on répète la négation, la première doit être *non*, la seconde *no*; comme:

Non farnetico, no. (B. G. 7, n. 9.)
Je ne radote pas, non.

De même si, dans une phrase négative, la négation est à la fin, on doit dire, *no*; comme *io no*, ou *non io*, pas moi.

EXEMPLE.

Folle no; ma innamorato si. (Filoc. 6.)
Fou, non; amoureux, oui.

Adverbes de doute.

Forse, peut-être, *quasi*, presque, *circa*, environ, etc.

EXEMPLE.

Io dirò forse cosa non credibile, ma vera. (Amet. 60.)
Je dirai une chose incroyable peut-être, mais vraie.

Adverbe de temps.

Ora, maintenant; *giá*, jadis; *oggi*, aujourd'hui; *Ieri*, hier; etc.

ITALIENNE.

EXEMPLE.

Oggi è il sesto giorno, etc. (Dav. Stor. di T. lib. 1.)
C'est aujourd'hui le sixième jour, etc.

Adverbes de lieu.

Qui, quà, ici.

Ces adverbes désignent le lieu où se trouve la personne qui parle; mais leur signification n'est pas la même; car le premier marque un lieu plus circonscrit et plus déterminé que le second.

EXEMPLES.

Non credi tu di trovar qui chi il battesimo ti dia ? (B. G. 1, n. 2.)
Ne crois-tu pas trouver ici quelqu'un qui te donne le baptême ?

Egli è quà un malvagio uomo, (B. G. 2, n. 1.)
Il y a ici un méchant homme.

Costi, costà, ici; désignent le lieu où se trouve la personne à qui l'on parle. Ils ont entr'eux la même différence que les deux premiers.

EXEMPLE.

Io vi vidi levarvi e porvi costì dove voi siete a sedere. (B. G. 7, n. 9.)
Je vous ai vu vous lever, et vous asseoir ici où vous êtes.

Là, colà, là. De ces adverbes combinés avec les mots *su* et *giù*, il en résulte *quassù*, ici haut; *quaggiù*, ici bas; *lassù*, là haut; *laggiù*, là bas; *colassù*, là haut.

EXEMPLES.

Qui caddero i legati, quà furon l'aquile tolte, là Varo ebbe la prima ferita, colà si finì colla sua infelice destra. (Dav. An. di T. lib. 1.)

Ici tombèrent les ambassadeurs, ici les aigles furent enlevées; là Varus reçut la première blessure; là, il s'acheva de sa propre main.

Adverbes de quantité.

Più, plus; *meno*, moins; *quanto*, combien, etc. Ce dernier sert aux exclamations, comme en françois, le *que*, pris adverbialement.

EXEMPLE.

*Ahi! giustizia di Dio quanto tu dei
Esser temuta da ciascun, che legge
Ciò che fu manifesto agli occhi miei!* (Dan. inf.)

Ah! justice divine, que tu dois être redoutée par ceux qui liront ce qui se découvrit à mes yeux!

Adverbes de qualité.

Bene, bien; *male*, mal; *meglio*, mieux; *peggio*, pis, etc.

EXEMPLE.

Padre mio, voi siete oggimai vecchio, e potete male durar fatica. (Bocace.)

Mon père, vous êtes déjà vieux, et vous pouvez difficilement supporter la fatigue.

Outre les adverbes, dont nous venons de parler, et beaucoup d'autres, il y en a un grand nombre qui se forment des adjectifs de la manière suivante.

Si l'adjectif finit en *o*, on change l'*o* en *a*, et on lui ajoute *mente* : *dotto*, savant ; *dottamente*, savamment.

EXEMPLE.

Conosciuta la famiglia della Signoria francamente disse, etc. (Bocacc.)

Ayant reconnu que c'étoit la patrouille, elle dit franchement, etc.

Si l'adjectif est terminé par *e*, on ne fait que lui ajouter *mente* : *prudente*, prudent ; *prudentemente*, prudemment ; mais si la consonne qui précède l'*e* final est une *l* seule, l'*e* se retranche, *fedele*, fidèle : *fedelmente*, fidèlement.

Il y a plusieurs adjectifs employés comme adverbes. *Dolce parla, e dolce ride.* (P. S. 127.) Elle parle et rit avec douceur.

Toute expression qui énonce en plusieurs mots un sens qui pourroit être exprimé par un adverbe, est dite, *expression adverbiale*. Ainsi les expressions *di botto*, aussitôt ; *di raro*, rarement ; et beaucoup d'autres que les Latins exprimoient en un seul mot, *repentè*, *rarò*, sont des expressions adverbiales.

GRAMMAIRE

EXEMPLE.

*Io senza scale in sulla rocca salto,
E lo stendardo piantovi di botto.* (Arios.).
Je monte sans échelle sur le fort, et aussitôt j'y plante l'étendard.

Exercice vingt-deuxième.

1. Irez-vous ce soir chez votre frère ? Oui. — Soir, *sera.*
2. Je ne boirai plus ? Non. — Boire, *bere.*
3. Je resterai ici jusqu'à ce que l'on vienne me chercher. — Rester, *rimanere*; chercher, *cercare.*
4. Que faites-vous là-haut ? — Faire, *fare.*
5. Qu'il est digne du bonheur dont il jouit ! — Digne, *degno*; jouir, *godere.*
6. Il n'est pas facile de trouver beaucoup de personnes qui parlent et écrivent purement leur langue. — Trouver, *trovare.*
7. Ils sont morts aussi lâchement qu'ils ont vécu. — Lâche, *vile*; vivre, *vivere.*
8. Hier il pensoit d'une manière; aujourd'hui il pense d'une autre. — Manière, *modo.*
9. Quand aurons-nous le plaisir de le voir ? — Plaisir, *piacere.*
10. Qu'il est vindicatif ! — Vindicatif, *vendicativo.*
11. Il mange beaucoup, et il digère peu. — Digérer, *digerire*; malade, *ammalato.*
12. Je ne le veux pas, non. — Vouloir, *volere.*

13. Elle aime tendrement son mari.	Tendre, *tenero*; mari, *marito*.
14. Vous resterez ici jusqu'à mon retour.	Rester, *restare*; retour, *ritorno*.
15. Il se promène toujours çà et là comme un fou.	Fou, *pazzo*.

CHAPITRE III.

Des conjonctions.

Les conjonctions sont des mots invariables qui servent à lier les propositions, et à exprimer les rapports qu'elles ont entr'elles. Il y a autant de manières de lier les propositions, qu'il y a de différens points de vue, sous lesquels l'esprit peut observer un rapport entre une pensée et une autre; ce qui forme les différentes classes des conjonctions.

I. *Conjonctions copulatives.*

E, et; *nè*, ni; s'appellent conjonctions copulatives, du latin, *copulare*, qui signifie *joindre*. La première sert à lier les propositions affirmatives; la seconde, les négatives.

EXEMPLE.

Per certo chi non v'ama, è da voi non desidera d'essere amato, etc. (B. G. 4.)

Certainement celui qui ne vous aime, ni ne désire d'être aimé de vous, etc.

La conjonction *e*, au commencement d'une phrase interrogative, lui donne beaucoup de force.

EXEMPLE.

E quando fia quel giorno? (P. p. 1, s. 97.)
Quand sera ce jour?

II. *Conjonctions augmentatives*, ou *Adverbes conjonctifs-augmentatifs.*

Anzi, au contraire; *di più*, de plus; *in oltre*, en outre; *sopracciò*, outre cela; *anche*, *pure*, aussi, etc.

EXEMPLE.

Non solamente mi hai rubato, e giuocato il mio, ma sopracciò hai impedito la mia andata, e ti fai beffe di me. (B. G. 9, n. 3.)

Non-seulement tu m'as volé, et tu as joué ce que j'avois; mais, outre cela, tu as empêché mon voyage et tu te moques de moi.

III. *Conjonctions disjonctives.*

O, ovvero, oppure, ou, sont ainsi appelées, parce qu'elles marquent une disjonction entre plusieurs propositions qu'elles lient.

EXEMPLES.

Se voi mi piacete, o se io di piacervi m'ingegno. (B. G. 4.)

Si vous me plaisez ou si je m'efforce de vous plaire.

Bartolomeo era grasso, e fresco, di pelo bianco, ovvero ulivigno. (Cron. Morell.)

Barthélemi étoit gras et frais ; il avoit les cheveux blancs ou olivâtres.

IV. *Conjonctions conditionnelles.*

Se, si, *purchè*, etc., pourvu que; sont ainsi dites, parce qu'elles énoncent une condition. En françois, on se sert du présent, précédé de la particule *si*, pour exprimer un temps à venir ; mais en italien on doit employer le futur.

EXEMPLE.

Noi gliele farem fare, o voglia ella, o no, se tu vorrai. (B. G. 9, n. 5.)

Nous le lui ferons faire, qu'elle le veuille ou non, si tu le veux.

Lorsqu'en françois la particule *si*, est devant l'imparfait de l'indicatif, si on ne parle pas d'un temps passé, on emploie en italien l'imparfait du subjonctif.

EXEMPLE.

Ma se figliuoli avessi, o avessi avuto, per li quali potessi conoscere di quanta forza sia l'amore, che lor si porta, etc. (B. G. 5, n. 9.)

Mais si tu avois ou si tu avois eu des enfans, qui t'eussent fait connoître de quelle force est l'amour maternel, etc.

Les adverbes *quando* et *dove*, lorsqu'ils remplacent la conjonction *si*, suivent la même règle.

EXEMPLES.

Dove ella non ti perdoni. (B. G. 4, n. 2.)
Si elle ne te pardonne pas.

Quando vi piacesse. (B. G. 2, n. 5.)
S'il vous étoit agréable.

La particule *se*, au commencement d'une phrase qui exprime un souhait, a la même force que le *sic* des latins, dans la troisième ode d'Horace. liv. 1. *Sic te diva potens Cypri.*

EXEMPLE.

Se la vostra memoria non s'imboli
Nel primo mondo dall' umane menti,
Ma s'ella viva sotto molti soli,
Ditemi voi chi siete, e di che genti. (D. inf. c. 29.)
Dites-moi qui vous êtes, et de quelle nation; et fasse le ciel que votre nom ne s'efface jamais du souvenir des mortels.

V. *Conjonctions adversatives.*

On appelle ainsi les conjonctions qui marquent quelque opposition entre ce qui suit et ce qui précède; ce sont les suivantes : *sebbene*, *benchè*, *comechè*, *quantunque*, quoique; et leurs corrélatives, *pure*, cependant ; *nondimeno*, néanmoins ; qu'on peut supprimer toutes les fois que cette ellipse ne produit point d'obscurité dans la phrase.

EXEMPLE.

Quantunque da molti medici sia stata consigliata d'usar certi bagni... non l'ho voluto fare. (Bocace.)
Quoique plusieurs médecins m'aient conseillé de prendre quelques bains.... je n'en ai rien voulu faire.

VI. *Conjonctions conclusives.*

Dunque, adunque, donc ; *però*, pour cela, etc., sont ainsi nommées, parce qu'elles servent à déduire une conséquence.

EXEMPLE.

Va dunque, disse la donna, e chiamalo. (Boc.)
Va donc, dit la femme, et appelle-le.

VII. *Conjonctions explicatives.*

Cioè, savoir ; *cioè a dire*, c'est-à-dire.

EXEMPLE.

Alla mia età non istà bene l'andare omai dietr' a queste cose, cioè a ragionare di donne, e a compiacer loro. (B. G. 4.)
Il ne convient plus à mon âge de suivre ces choses, c'est-à-dire, de parler des femmes, et de chercher à leur plaire.

De la conjonction che (que).

Cette conjonction se place toujours entre deux idées, de la réunion desquelles résulte une continuité de sens. Elle nous fait connoître que la seconde proposition a un rapport avec la première. Ce mot, dont on a tant disputé dans son origine, est un vrai pronom. Si l'ellipse lui donne un aspect différent, en réintégrant la phrase, on retrouve bientôt la vérité de ce que nous avons déjà démontré. En effet, lorsque Dumarsais dit : *Je dis que vous êtes sage*, n'a-t-il pas voulu dire : *Je dis une chose, laquelle chose est, vous êtes sage ?*

Pour ne pas charger la mémoire de mots, je me dispenserai de rapporter ici les adverbes, les expressions adverbiales et les prépositions qui s'emploient comme conjonctions. L'usage et l'étude les feront connoître.

Exercice vingt-troisième.

1. Je ne veux plus ni le voir, ni lui parler.   Parler, *parlare*.
2. Il faut aller le voir, ou du moins lui écrire.   Écrire, *scrivere*.
3. Si vous venez chez moi ce soir, nous souperons ensemble.   Souper, *cenare*.
4. Si j'avois encore ma fortune, je ne la dissiperois pas assurément.   Dissiper, *dissipare*.

5. Quand même je le vou-   Consentir, *consentire.*
drois, je suis sûr qu'elle
n'y consentiroit pas.
6. Si de tels hommes réunis-   Tel, *tale*; réunir, *riunire.*
soient la prudence à l'es-
prit, rien ne leur seroit
impossible.
7. Si vous ne partez que dans   Partir, *partire.*
trois jours, nous pour-
rons partir ensemble.
8. S'il eût été plus sage, il   Malheureux, *infelice.*
seroit moins malheu-
reux.
9. Quand même il seroit aus-   Riche, *ricco.*
si riche que vous, il ne
me feroit jamais le bien
que vous me faites.
10. Plût à Dieu que vous fus-   Sage, *savio.*
siez aussi sage que votre
frère !

CHAPITRE IV.

Des interjections.

LES interjections, ou les accens qui, dans la douleur, dans la joie, dans la surprise et dans tout autre
sentiment, s'échappent d'une âme affectée, sont des
expressions rapides qui expriment les affections de
l'âme plus vivement que les prépositions qu'elles représentent. Ce sont les suivantes :

De joie.

O ou *oh!* oh! *buono,* bon! etc. *oh me felice!* que je suis heureux! ici il y a ellipse, savoir : *mirate me felice.* Voyez-moi qui suis heureux.

EXEMPLE.

O Calandrino mio dolce, cuor del corpo mio, anima mia. (B. G. 8, n. 2.).
O mon doux Calandrin! mon cœur, mon ame...

De douleur et de plainte.

Ah! oh! ahi! ohi! etc., en réunissant les deux dernières au nom personnel *me*, il en résulte *ahime!* et *ohime!* hélas! L'ellipse existe aussi dans ces expressions :

EXEMPLES.

Ahi! lassa me! (B. G. 2, n. 5.)
Hélas! que je suis malheureuse!

Oimè! terra è fatto il suo bel viso! (P. C. 40.)
Hélas! son beau visage n'est plus!

D'étonnement.

O! oh! oh! oh! oh! oh! oh! etc.

EXEMPLE.

O! mangiano i morti! (Boc. G. 3, n. 8.)
Oh! les morts mangent-ils?

De colère.

Doh! eh! *puh!* fi! *diavolo!* diable! etc.

EXEMPLE.

Come, diavol! non hanno che una coscia, ed una gamba! (Boc.)
Comment, diable! n'ont-elles qu'une cuisse et qu'une patte?

De menace.

Guai, malheur. Le nom qui suit ce mot, étant regardé comme le terme de direction, doit être précédé de la préposition *a*.

EXEMPLE.

Guai a me. (Passav.)
Malheur à moi!

De prière et de désir.

Deh! oh! ah! *cosi,* ainsi, etc.

EXEMPLES.

Deh! amico mio, perchè vuo' tu entrare in questa fatica? (B. G. 1, n. 2.)
Ah! mon ami, pourquoi veux-tu t'exposer à cette fatigue?

Cosi potess' io ben chiuder in versi,
  I miei pensieri! (P. p. 1, S. 74.)
Je voudrois pouvoir renfermer mes pensées dans des vers.

De crainte.

Oh! oh! *oh Dio!* ô Dieu! *ohimè!* hélas!

EXEMPLE.

Oh! voi mi avete fatto sbigottire. (Fir. Dial.)
Oh! vous m'avez fait peur!

Pour appeler.

Eh! eh! *olà!* holà! etc.

EXEMPLE.

Olà! dove se'? (Fir. As.)
Holà! où es-tu?

Pour encourager.

Su, via, allons; *animo,* courage.
Su tosto, donna, lievati, e vieni a vedere. (B. G. 4.)
Allons, vîte, femme, lève-toi et viens voir.

Pour imposer silence.

Zi, zitto, chut; *piano,* doucement; *cheto,* paix.

EXEMPLE.

Zitti un po', che elle dormono. (Buon.)
Taisez vous un peu, car elles dorment.

Exercice vingt-quatrième.

1. Que nous sommes malheureux et pauvres ! — Pauvre, *povero.*
2. Hélas ! quel horrible pressentiment s'empare de moi ! — Pressentiment, *presentimento ;* s'emparer, *occupare.*
3. Malheur à celui qui se livre à ses passions ! — Livrer, *abbandonare.*
4. Ah ! si vous connoissiez tous les maux que j'endure ! — Connoître, *sapere ;* endurer, *soffrire.*
5. Allons, courage, mes amis, travaillez avec zèle. — Zèle, *zelo.*
6. Mon Dieu ! quelles souffrances ! — Souffrance, *patimento.*
7. Jeune berger, que tu es heureux de ne pas connoître les peines de l'amour ! — Peine, *pena.*
8. Ah ! douce amitié, tu consoles ma vie. — Amitié, *amicizia ;* consoler, *consolare.*
9. Silence, messieurs !
10. Heureux celui qui sait se contenter de peu ! — Contenter, *contentare.*
11. Ah ! que ne puis-je vous faire connoître la candeur de ce vertueux ami ! — Candeur, *candore ;* ami, *amico.*
12. Ah ! rendez-moi ce service. — Service, *servizio.*
13. Oh ! la jolie femme. — Joli, *leggiadro.*

QUATRIÈME PARTIE.

CHAPITRE PREMIER.

De la syntaxe.

SYNTAXE est un mot grec, qui signifie ordre et liaison de plusieurs choses. Cette partie de la grammaire traite donc de la manière de joindre ensemble les mots d'une phrase et les phrases entr'elles.

Tout le monde sait que l'adjectif doit s'accorder en nombre et en genre avec le nom qu'il qualifie; que, lorsque dans une proposition il y a plusieurs noms distincts, quoiqu'au singulier, qualifiés par un seul adjectif, celui-ci doit être au pluriel; et que si, parmi plusieurs noms féminins, il y en a un masculin, l'adjectif se met au pluriel, et prend la terminaison qui convient au genre de ce dernier. Personne n'ignore que le verbe s'accorde en nombre et en personne avec le sujet de la proposition; que, s'il y a plusieurs noms distincts, quoique tous au singulier, le verbe doit être au pluriel; et que, si ces noms sont de différentes personnes, le verbe s'accorde avec la première, et, en absence de la première, avec la seconde. Ces principes sont communs à toutes les langues.

Je ferai observer seulement que les anciens, avec un nom collectif, mettoient le verbe au pluriel; ce que nous ne pouvons faire qu'avec les expressions *la maggior parte*, la plus grande partie ; *un buon numero*, un bon nombre, et semblables.

EXEMPLE.

La maggior parte non hanno patria. (Dav. V. d'Agr.)
La plus grande partie n'a point de patrie.

Observations sur les gérondifs.

Nous avons vu que les Italiens ont cinq manières différentes d'exprimer le gérondif. Voici des règles certaines pour en faire usage.

Si le gérondif marque simplement une modification du premier verbe, on se sert de la première forme.

EXEMPLE.

Con lento passo si misono per un giardino, belle ghirlande di varie frondi facendosi, ed amorosamente cantando. (B. G. 1.)
Ils se promenèrent lentement dans un jardin, faisant de belles guirlandes de diverses fleurs, et chantant amoureusement.

Si le gérondif marque une action, comme étant un moyen nécessaire pour en produire un autre, on se servira de l'infinitif, accompagné de la préposition *con*, sans article ou avec l'article, selon qu'il faudra déterminer ou non l'action exprimée par l'infinitif.

EXEMPLES.

Con donare a' più grossi sperava perdono. (Dav. lib. 13.)

Il espéroit le pardon, en faisant des présens aux plus puissans.

Ajutava le parole col piangere, col darsi delle mani nel viso, e nel petto. (Dav. lib. 1.)

Il donnoit plus de force à ses paroles, en pleurant et en se frappant, avec les mains, le visage et la poitrine.

Enfin, si l'action exprimée par le gérondif est le terme sur lequel pose l'action du premier verbe, on se servira de l'infinitif avec la préposition *in*, seule ou combinée avec l'article, s'il le faut.

EXEMPLES.

Quella state consumava in veder paesi. (Dav. lib. 2.)

Il passoit cet été en voyant du pays.

Con le voci umili, e mansuete, nel domandare l'altrui. (B. G. 4, n. 2.)

Ils emploient des accens humbles et doux, en demandant le bien d'autrui.

ITALIENNE. 207

Exercice vingt-cinquième.

1. C'est en écrivant et en parlant qu'on apprend plus facilement la langue qu'on étudie. — Étudier, *studiare.*
2. Il compose son poëme en se promenant. — Composer, *comporre.*
3. Lorsque je suis à la campagne, je n'ai du plaisir qu'en chassant et en pêchant. — Chasser, *andar a caccia*; pêcher, *pescare.*
4. C'est en sollicitant ses faveurs, que vous pourrez parvenir à les obtenir. — Solliciter, *sollecitare*; faveur, *favore*; parvenir, *pervenire*; obtenir, *ottenere.*
5. Ce n'est pas en lisant de tels livres que l'on peut se former un beau style. — Former, *formare*; style, *stile.*
6. Ce n'est pas en m'offrant ou en me donnant de l'argent, que vous pourrez obtenir quelque chose de moi. — Offrir, *offerire*; chose, *cosa.*
7. En parcourant l'Italie, j'ai vu beaucoup d'hommes savans, et de monumens antiques. — Parcourir, *scorrere*; Italie, *Italia*; monument, *monumento.*

Du participe.

Le participe, construit avec les verbes passifs et les neutres, qui forment leurs temps passés avec l'auxiliaire *essere*, n'étant qu'une modification du sujet, il doit prendre les inflexions que lui commande le sujet.

EXEMPLES.

Essi eran tutti di frondi di quercia inghirlandati. (B. G. 9.)

Ils étoient tous couronnés de feuilles de chêne.

Essendogli ad una festa sommamente piacciuta una giovane del paese, etc. (B. G. 4, n. 3.)

Une jeune fille du pays qu'il vit dans une fête, lui ayant plu extrêmement, etc.

Dans les verbes actifs et dans les neutres, qui forment leurs temps composés avec l'auxiliaire *avere*, ordinairement le participe s'accorde avec l'objet qu'il modifie.

EXEMPLES.

Avea la luna perduti i raggi suoi. (Boc.)
La lune avoit perdu ses rayons.
Quali tu gli hai qui potuti vedere. (B. G. 1, n. 2.)
Tels que tu les as pu voir ici.

Cependant les bons écrivains ne suivent pas constamment cette règle; car ils emploient quelquefois le participe sans le faire accorder avec l'objet, soit qu'il en soit précédé, soit qu'il en soit suivi.

EXEMPLE.

Non ho dimonj scongiurato, nè incantato. (Dav. An. di T. lib. 16.)
Je n'ai ni conjuré, ni charmé des démons.

Veneroni a voulu introduire dans la langue italienne, pour l'accord des participes, la même règle qu'en françois, disant que, « si le participe précède l'objet, il est invariable; et que, s'il le suit, on le fait accorder ». Parmi le nombre infini d'exemples que je pourrois opposer à cette fausse règle, je me contenterai d'un seul, tiré de (B. G. 4, n. 1.), que voici :

EXEMPLE.

Lasciate hai le miserie del mondo, e le fatiche, e dal tuo nemico medesimo quella sepoltura hai, che il tuo valore ha meritata.

Tu es délivré des misères et des peines de cette vie, et tu reçois, de ton ennemi même, la sépulture que ta valeur a méritée.

Les étrangers sont souvent embarrassés dans la formation des temps passés des verbes neutres, suivis d'un infinitif; par exemple, voulant dire en italien : *J'ai voulu venir*; ils ne savent pas s'il faut dire : *Ho voluto* ou *son voluto venire*. Bembo et les meilleurs grammairiens disent que l'auxiliaire doit être le même que celui que l'on donneroit à l'infinitif, si l'on vouloit en former un temps composé. D'après ce principe, comme on ne pourroit pas dire *ho venuto*, mais *son venuto*, il est évident qu'il faut dire, *son voluto venire*.

14

EXEMPLE.

Se io fossi voluto andare dietro a' sogni, io non ci sarei venuto. (B. G. 4, n. 6.)

Si j'avois voulu écouter des songes, je n'y serois pas venu.

Lorsque le participe est précédé d'un gérondif, celui-ci peut être supprimé très-souvent.

EXEMPLES.

Informato un suo compagno. (B. G. 3, n. 6.)
Ayant informé un de ses compagnons.

Stato alquanti dì. (B. G. 4, n. 2.)
Ayant demeuré quelques jours.

Ce n'est pas pour former l'ablatif absolu des latins, comme Veneroni l'a prétendu, qu'on en supprime le gérondif, mais parce que cette ellipse donne à la phrase plus d'élégance.

Lorsqu'on écrit ou qu'on parle à quelqu'un, à la troisième personne, le participe doit être au féminin, parce qu'on est censé adresser la parole à la seigneurie de celui à qui l'on parle. Ainsi, on dira à un homme : *Se ella si fosse compiacciuta,* si vous aviez eu la complaisance. Il en est de même pour les adjectifs.

Exercice vingt-sixième.

1. Elle m'a plu dès le premier instant que je l'ai vue. — Plaire, *piacere*; voir, *vedere*.

2. Les hommes sont ici tels que ceux que vous avez connus dans vos voyages lointains. — Voyage, *viaggio*.

3. Ayant vu son père, il se jeta à son cou, et le serra tendrement dans ses bras. — Jeter, *gettare*; serrer, *stringere*; tendre, *tenero*; bras, *braccio*.

4. Elle a enflammé mon cœur d'un feu aussi pur que durable. — Enflammer, *infiammare*; pur, *puro*; durable, *durevole*.

5. On vous eût adorée si vous aviez préféré la vertu au plaisir. — Adorer, *adorare*; préférer, *preferire*.

6. Il a vendu toutes les maisons que son père lui avoit laissées. — Laisser, *lasciare*.

7. Si j'avois voulu l'écouter, je me serois ruiné. — Ruiner, *rovinare*.

8. Je l'ai aimée tendrement tant que je l'ai crue sage et fidèle. — Fidèle, *fedele*.

9. Il a tout fait pour me séduire; mais il n'a pas réussi. — Séduire, *sedurre*; réussir, *riuscito*.

CHAPITRE II.

De la manière de réunir les noms et les verbes qui sont en rapport.

Les verbes neutres, n'exprimant que l'état du sujet, ne peuvent être accompagnés par d'autres mots, que par ceux qui qualifient ou modifient le sujet lui-même.

EXEMPLE.

E molti altri, e fratelli, e nipoti, e parenti, tutti morirono. (B.)

Et beaucoup d'autres, frères, neveux et parens, moururent.

Au contraire, les verbes actifs, exprimant une action qui, du sujet, passe dans un autre objet, peuvent être accompagnés par un autre nom exprimant le terme qui est l'objet de l'action du verbe.

EXEMPLE.

Se appresso la morte s'ama, non mi rimarrò d'amarlo (B. G. 4, n. 1.)

Si on aime après la mort, je ne cesserai pas de l'aimer.

ITALIENNE.   213

Parmi les verbes actifs, il y en a plusieurs dont l'action peut avoir rapport à plus d'un objet.

EXEMPLE.

Non dà la dote la moglie al marito, ma il marito a lei. (Dav. Ger. di T.)

Ce n'est pas la femme qui donne la dot à l'époux, mais l'époux qui la lui donne.

On voit par cet exemple que lorsque ces verbes sont suivis de deux noms, l'un exprimant la chose, l'autre le terme où l'action se dirige, le premier n'est précédé d'aucune préposition.

Avec les verbes *togliere*, ôter; *rubare*, voler, et semblables, il est plus élégant d'exprimer le terme d'où la chose est ôtée, par la préposition *a*, parce que ce terme est regardé plutôt comme le but où l'action est dirigée.

EXEMPLE.

Se io morissi naturalmente, mi potrei dolere con gl' iddii che mi togliessero a' parenti, a' figliuoli, alla patria, sì giovane, sì tosto. (Dav. An. di T. lib. 1.)

Si je mourois d'une mort naturelle, je pourrois me plaindre aux dieux de m'enlever à mes parens, à mes enfans, et à ma patrie, aussi jeune, et sitôt.

Avec les verbes actifs qui marquent éloignement, séparation, dépendance, etc., le terme d'où la chose s'éloigne, d'où elle dépend, etc., reçoit la préposition *da*.

EXEMPLES.

Pensando che non solamente per lunga distanzia dal suo amante s'allontanava. (B. G. 4, n. 4.)

Pensant que, non-seulement elle s'éloignoit de son amant d'une grande distance, etc.

Più odioso fu questo fuoco secondo, perchè uscì dagli orti, etc. (Dav. An. di T. lib. 15.)

Ce second incendie fut plus horrible, parce qu'il sortit des jardins, etc.

Ces exemples doivent suffire pour prouver que « le » verbe *uscire*, sortir, ne demande pas le génitif, » comme quelques maîtres le prétendent ». Ce verbe ne demande aucun cas, et si on le trouve souvent avec la préposition *di*, au lieu de la préposition *da*, c'est qu'il y a ellipse, comme dans l'exemple suivant :

Non uscendo essi del castello. (Dav. An. di T. lib. 4.)

Eux ne sortant pas du château.

Avec les verbes neutres *nascere*, naître ; *venire*, venir ; *partire*, partir ; *fuggire*, fuir, et semblables, le terme d'éloignement peut être marqué par la préposition *di*, toutes les fois qu'il peut y avoir ellipse d'un nom, et de la préposition *da*.

EXEMPLE.

Di Firenze partir ti convenne. (D. pur. c. 17.)
Il te fallut partir de Florence.

On y sous-entend *dalla città*, de la ville.

Veneroni dit que, « lorsque le nom qui représente
» le terme d'éloignement, est accompagné de l'arti-
» cle, on ne peut pas, avec ces verbes, faire usage
» de la préposition *di.* »

Voici des exemples qui prouvent le contraire.

Come le pecorelle escon del chiuso. (D. pur. c. 3.)
Comme les brebis sortent de la bergerie.

Nel tuo partir partì del mondo amore. (P p. 2,
S. 247.)
A ton départ, l'amour s'éloigna du monde.

Uscivami dell' orto. (B. G. 3, n. 3.)
Je sortois du jardin.

La vanguardia subitamente uscì del bosco. (Dav.
Stor. di T. lib. 1.)
L'avant-garde sortit subitement du bois.

Il nous reste à voir si l'objet de l'action d'un verbe
étant marqué par un autre verbe, celui-ci doit être
à l'infinitif, ou à l'indicatif, ou au subjonctif.

Lorsque le verbe qui marque l'action du sujet exprime une affection de l'âme, si le deuxième verbe
dépend du sujet, on l'exprime par l'infinitif et la préposition *di*, ou par l'infinitif sans préposition.

EXEMPLES.

Desiderando, come ciascun fa, d'aver poi il dì delle feste alcuna consolazione. (B. G. 7, n. 5.)

Désirant, comme les autres, avoir quelque consolation, les jours de fête.

Ogn'uno desiderando vedere colui, che tanti anni sprezzata avea la nostra potenza. (Dav. An. di T. lib. 11.)

Chacun désirant voir celui qui avoit méprisé notre puissance, pendant tant d'années.

Dans le premier exemple, il y a ellipse ; *Desiderando d'avere*; c'est-à-dire : *Desiderando l'occasione, l'incontro, il piacere*, etc., et, dans le second, l'infinitif est regardé comme terme de l'action.

Si le second verbe ne dépend pas du sujet, il doit être au subjonctif.

Perchè noi ci contenteremmo molto che tu andassi.... (Bocace.)

C'est pourquoi nous serions bien contens que tu allasses, etc.

Lorsque le verbe qui marque l'action exprime un jugement de l'esprit, le second verbe tantôt doit être à l'infinitif ou à un temps défini, tantôt au subjonctif. Il doit être à l'infinitif ou à un temps défini, toutes les fois que le verbe qui désigne l'action du sujet, marque une connoissance certaine de la chose.

EXEMPLES.

Il che Fineo vedendo certissimamente conobbe,

lui essere il figliuolo che perduto avea. (B. G. 5, n. 4.)

Fineo, voyant cela, connut évidemment que c'étoit le fils qu'il avoit perdu.

Dopo più toccarlo cognobbe che egli era morto. (B. G. 4, n. 8.)

Après l'avoir bien examiné, elle connut qu'il étoit mort.

En ce cas, le bon goût doit décider.

Le second verbe doit être au subjonctif, lorsque le premier exprime une connoissance douteuse, probable, incertaine, etc., ou s'il est précédé de la négation.

EXEMPLES.

Figliuola mia, io credo, che gran noja sia ad una bella e delicata donna, come voi siete, avere per marito un mentecatto. (B. G. 3, n. 3.)

Ma fille, je crois que c'est un grand ennui, pour une femme, belle et délicate comme vous, d'avoir pour époux un imbécille.

Non ho trovato onde, e perchè prendessero questa religione. (Dav. Ger. di T.)

Je n'ai pas trouvé d'où, et pourquoi, ils prirent cette religion.

Quant aux verbes qui expriment une action de mouvement, si l'objet de l'action est un verbe, celui-ci doit être à l'infinitif, accompagné de la préposition *a* ou *da*, selon que le premier marque une direction ou un éloignement.

EXEMPLES.

Andò la sua fante a chiamare. (B. G. 4, n. 6.)
Elle alla appeler sa servante.

Perciocchè ella non veniva donde s'avvisava, ma da vegghiare con una sua vicina. (B. G. 7, n. 4.)

Parce qu'elle venoit, non d'où il croyoit, mais de veiller avec une de ses amies.

Lorsqu'on a deux verbes, dont le premier exprime un commandement, un conseil, une prière, etc., le second doit être au subjonctif.

EXEMPLES.

La reina ad Elisa commise che seguitasse. (B. G. 8, n. 3.)

La reine ordonna à Élise de continuer.

Pregò i padri che lo venissero a consigliare. (Dav. An. di T. lib. 1.)

Il pria les sénateurs de venir le conseiller.

Si, dans le discours familier, on se sert de l'infinitif avec la préposition *di*, au lieu du subjonctif, alors il y a toujours ellipse. Je ferai observer, cependant, que l'emploi du subjonctif est plus conforme au génie de notre langue, comme le prouve la marche constante de nos meilleurs écrivains.

ITALIENNE.

Exercice vingt-septième.

1. Nous allons nous éloigner de nos amis de plus de mille lieues. Éloigner, *allontanare*; lieue, *lega*.
2. Dès que nos soldats furent sortis de la ville, les ennemis disparurent. Sortir, *uscire*; disparoître, *disparire*.
3. J'ai toujours desiré de revoir mes parens. Revoir, *rivedere*.
4. Je voudrois bien que mon fils pût aller faire ses études à Rome. Vouloir, *volere*.
5. Je ne sais pas d'où il vient, où il va, ni ce qu'il fait. Savoir, *sapere*.
6. Je suis sûr que la personne dont vous me parlez, est un honnête homme. Sûr, *certo*.
7. Je suis allé voir ce superbe palais, dont on admire tant l'architecture. Palais, *palazzo*.
8. Savez-vous comment il s'appelle? Appeler, *chiamare*.
9. J'ai toujours conseillé à mes élèves de lire les classiques. Conseiller, *consigliare*.
10. Je viens de recevoir une lettre qui me donne beaucoup d'espoir. Recevoir, *ricevere*.
11. Vous serez étonné de ce que je vais vous dire. Étonné, *stupefatto*.
12. Ce qu'il vient de nous dire est arrivé depuis trois jours. Arriver, *accadere*.

13. Je sais qu'il ment souvent,   Mentir, *mentire*.
mais je ne sais pas s'il
ment toujours.

14. Vous allez voir que je ne   Tromper, *ingannare*.
me suis point trompé.

15. Nous savons qu'il aime,   Ignorer, *ignorare*.
mais nous ignorons s'il
est aimé.

Observations particulières.

Les noms personnels *io*, *tu*, *noi*, *voi*, et les pronoms *egli*, *eglino*, *essi*, généralement ne s'expriment pas en italien, parce que toutes les personnes ont, dans nos verbes, une terminaison différente. Cependant on doit les exprimer, quand il y a deux verbes qui ont un sens opposé, quand la phrase contient quelque chose de vif, et quand ils sont nécessaires pour éviter l'amphibologie qui pourroit naître de leur suppression.

EXEMPLES.

Io v'entrerò dentro io. (B. n. 15.)
J'y entrerai, moi.

Noi erriamo, noi siamo ingannate. (B. Introd.)
Nous nous abusons, nous sommes dans l'erreur.

Nous avons déjà dit que les infinitifs peuvent être employés substantivement. Alors ils reçoivent les prépositions et les articles, comme les noms qu'ils remplacent, et ils sont susceptibles des mêmes modifications. Cet avantage de notre langue est une des sources de ses richesses.

EXEMPLES.

Non era l'andar suo cosa mortale. (P. p. 1, §. 69.)
Sa démarche n'étoit pas d'un mortel.

La donna veggiendo, che il pregar non le valeva, ricorse al minacciare. (B. G. 7, n. 4.)
La femme, voyant que ses prières étoient inutiles, eut recours aux menaces.

Il y a aussi des exemples de l'infinitif employé au pluriel. L'usage en fera connoître le petit nombre, au delà duquel il n'est pas permis de s'étendre.

EXEMPLES.

I piacevoli abbracciari. (B. G. 4.)
Les doux embrassemens.

In sì fatti ragionari Augusto aggravò. (Dav. An. di T. lib. 1.)
Pendant de tels discours, Auguste se trouva plus mal.

Bembo et d'autres grammairiens disent que souvent l'infinitif peut s'employer à la place d'un temps défini, et prétendent le prouver par l'exemple suivant :

Se ci fosse chi fargli, per tutto dolorosi pianti udiremmo. (B. G. 1.)

S'il y avoit des personnes qui se plaignissent, nous n'entendrions partout que des plaintes de douleur.

Quant à moi, je suis d'avis que l'infinitif *fare*, dépend d'un autre verbe supprimé par ellipse, et que la phrase réintégrée seroit : *Se ci fosse chi fargli potesse*, etc.

En françois, pour exprimer la proximité d'une action faite ou à faire, on se sert des verbes *venir* et *aller* ; comme : *Je viens de boire, je vais vous dire*, etc. Nous n'avons pas une manière aussi simple de rendre ces idées ; on verra, par les exemples suivans, comment on doit les exprimer dans notre langue :

Pur allora giungea. (B. G. 6.)
Il venoit d'arriver.

Maravigliosa cosa è, o donne, ad udir quello che io ora dirò. (Bem. Asol. lib. 1.)
C'est une chose étonnante à entendre, mesdames, que ce que je vais vous dire.

Siccome egli testè ci disse. (Bem. Asol. lib. 1.)
Ainsi qu'il vient de nous dire.

Io ho testè ricevute lettere. (B. G. 8, n. 10.)
Je viens de recevoir des lettres.

CHAPITRE PARTICULIER.

La difficulté de la syntaxe des pronoms personnels et conjonctifs, dont l'usage est si fréquent dans le discours, m'engage à exposer, comme en un tableau, sous les yeux des étudians, quelques-unes des différentes combinaisons qui résultent de ces mots lorsqu'ils sont associés à un verbe. On verra par là quelle richesse prodigieuse les Italiens ont su trouver dans les choses les plus simples; et les écoliers auront en même temps un modèle pour toutes les autres formes, dont le choix dépend du jugement, de l'oreille, et de la pratique des bons écrivains.

Ti rendo me, *Mi rendo a te,* *Rendo me a te,* *Rendo a te me,* *A te me rendo,* *A te rendo me,* *Mi ti rendo,* *Rendomi a te,* *Rendomiti.*	Je me rends à toi.
Ti rendiamo noi, *Ti rendiam noi,* *Ci rendiamo a te,* *Rendiamo noi a te,* *A te noi rendiamo,*	Nous nous rendons à toi.

GRAMMAIRE

Ti ci rendiamo, *Rendiamoci a te,* *Rendiamci a te,* *Rendiamotici,* *Rendiamtici,*	Nous nous rendons à toi.

Rendo me a voi, *Mi rendo a voi,* *Vi rendo me,* *Rendomi a voi.* *Rendomivi,* *A voi mi rendo,* *A voi rendo me,*	Je me rends à vous.

Rendiamo noi a voi, *Rendiam noi a voi,* *Ci rendiamo a voi,* *Vi rendiamo noi,* *Vi ci rendiamo,* *Rendiamoci a voi,* *Rendiamci a voi,* *Rendiamovici,*	Nous nous rendons à vous.

Mi rendo a lui, *Rendo me a lui,* *Rendomegli,* *Me gli rendo,* *Gli mi rendo,* *Rendoglimi,*	Je me rends à lui.

Ci rendiamo a lui, *Rendiamo noi a lui,* *Cegli rendiamo,* *Rendiamcegli,* *Rendiamglici,*	Nous nous rendons à lui.

ITALIENNE.

Mi rendo a loro,
Mi rendo loro,
Mi rendo ad essi,
Rendo me a loro,
Rendo me loro,
Rendo me ad essi,
} Je me rends à eux.

Ci rendiamo a loro,
Ci rendiamo loro,
Ci rendiamo ad essi,
Rendiamo noi a loro,
Rendiamo noi ad essi,
} Nous nous rendons à eux.

Rendi te a me,
Ti rendi a me,
Mi rendi te,
Mi ti rendi,
Renditi a me,
Rendimiti,
} Tu te rends à moi.

Rendete voi a me,
Vi rendete a me,
Rendetevi a me,
Rendetemivi,
Mi vi rendete,
} Vous vous rendez à moi.

Rendi te a noi,
Ti rendi a noi,
Ti ci rendi,
Renditi a noi,
Renditici,
} Tu te rends à nous.

Rendete voi a noi,
Vi rendete a noi,
} Vous vous rendez à nous.

15

GRAMMAIRE

Vi ci rendete,	
Rendetevici,	} Vous vous rendez à nous.

Ti rendi a lui,	
Rendi te a lui,	
Gli rendi te,	
Tegli rendi,	
Gli ti rendi,	} Tu te rends à lui.
Renditi a lui,	
Renditegli,	
Rendigliti,	

Vi rendete a lui,	
Rendete voi a lui,	
Vegli rendete,	
Gli vi rendete,	} Vous vous rendez à lui.
Gli rendete voi,	
Rendetevi a lui,	

Ti rendi a loro,	
Ti rendi loro,	
Ti rendi ad essi,	} Tu te rends à eux.
Renditi ad essi, etc.,	

Vi rendete a loro,	
Vi rendete loro,	
Vi rendete ad essi,	} Vous vous rendez à eux.
Rendetevi a loro, etc.,	

Rende se a me,	
Si rende a me,	
Mi si rende,	} Il se rend à moi.
Rendesi a me,	
Rendemisi,	

ITALIENNE.

Rende se a te,
Si rende a te,
Ti si rende,   } Il se rend à toi.
Rendesi a te,
Rendetisi,

Si rende a lui,
Rende se a lui,
Gli si rende,   } Il se rend à lui.
Rendesegli,
Rendeglisi,

Rende se a noi,
Si rende a noi,
Ci rende se,
Ci si rende,   } Il se rend à nous.
Rendesi a noi,
Rendecisi,
Rendesici,

Rende se a voi,
Si rende a voi,
Vi rende se,   } Il se rend à vous.
Vi si rende,
Rendesi a voi,
Rendevisi,

Rende se a loro,
Si rende loro,   } Il se rend à eux.
Rendesi a loro,
Si rende ad essi, etc.,

Lo rendo a te,   } Je te le rends, ou je le rends à toi.
Te lo rendo,

Tel rendo,
Lo ti rendo,
Il rendo a te,
Il ti rendo,
Rendolo a te,
Rendotelo,
Rendoloti,
Rendolti,
} Je te le rends, ou je le rends à toi.

Lo rendo a voi,
Il rendo a voi,
Velo rendo,
Vel rendo,
Lo vi rendo,
Il vi rendo,
Rendovelo,
Rendolovi,
Rendolvi,
} Je vous le rends, ou je le rends à vous.

Lo rendo a lui,
Il rendo a lui,
Glielo rendo,
Gliele rendo,
Gliel rendo,
Lo gli rendo,
Rendoglielo,
Rendogliele,
Rendogliel,
} Je le lui rends, ou je le rends à lui.

Lo rendo loro,
Lo rendo a loro,
Lo rendo ad essi,
Il rendo loro,
Rendolo a loro, etc.,
} Je le leur rends, ou je le rends à eux.

ITALIENNE.   229

Lo rendi a me,
Il rendi a me,
Melo rendi,
Lo mi rendi,
Rendilo a me,   } Tu me le rends, ou tu le rends
Rendimelo,   à moi.
Rendilomi,
Rendilmi,

Lo rendete a me,
Il rendete a me,
Melo rendete,
Mel rendete,
Lo mi rendete,   } Vous me le rendez, ou vous le
Rendetelomi,   rendez à moi.
Rendetelmi,
Rendetelo a me,
Rendetemelo,

Lo rendi a lui,
Il rendi a lui,
Glielo rendi,
Gliele rendi,
Lo gli rendi,   } Tu le lui rends, ou tu le rends
Rendilo a lui,   à lui.
Rendiglielo,
Rendigliele,
Rendilogli,

Lo rendete a lui,
Il rendete a lui,
Glielo rendete,
Gliele rendete,   } Vous le lui rendez, ou vous le
Rendetelo a lui,   rendez à lui.
Rendeteglielo,
Rendetegliele,

GRAMMAIRE

Lo rende a me,
Il rende a me,
Il mi rende,
Melo rende,
Mel rende,
Rendelo a me,
Rendemelo,
Rendelomi,
Rendelmi,
} Il me le rend, ou il le rend à moi.

Lo rendono a me,
Il rendono a me,
Il mi rendono,
Rendonmelo,
Rendonlomi,
Melo rendono,
Mel rendono,
Lo mi rendono,
} Ils me le rendent, ou ils le rendent à moi.

Lo rende a te,
Il rende a te,
Telo rende,
Tel rende,
Lo ti rende,
Rendelo a te,
Rendetelo,
Rendeloti,
Rendelti,
} Il te le rend, ou il le rend à toi.

Lo rendono a te,
Il rendono a te,
Telo rendono,
Tel rendono,
Il ti rendono,
Rendonlo a te,
Lo ti rendono,
} Ils te le rendent, ou ils le rendent à toi.

ITALIENNE.

Lo rende a noi,
Il rende a noi,
Il ci rende,
Celo rende,
Cel rende,
Lo ci rende,
Ne lo rende,
Rendelo a noi,
Rendecelo,
Rendeloci,
Rendelci,
} Il nous le rend, ou il le rend à nous.

Lo rendono a noi,
Il ci rendono,
Lo ci rendono,
Il rendono a noi,
Celo rendono,
Cel rendono,
Rendonlo a noi,
Rendoncelo,
Nelo rendono,
} Ils nous le rendent, ou ils le rendent à nous.

Lo rende a voi,
Il rende a voi,
Il vi rende,
Velo rende,
Vel rende,
Lo vi rende,
Rendelo a voi,
Rendelovi,
Rendelvi,
} Il vous le rend, ou il le rend à vous.

Lo rendono a voi,
Il rendono a voi,
Il vi rendono,
} Ils vous le rendent, ou ils le rendent à vous.

GRAMMAIRE

Rendonlo a voi,
Velo rendono,
Vel rendono,
Lo vi rendono,
Rendonvelo,
Rendonlovi,
} Ils vous le rendent, ou ils le rendent à vous.

Lo rendi a te,
Il rendi a te,
Il ti rendi,
Telo rendi,
Tel rendi,
Lo ti rendi,
Rendilo a te,
Renditelo,
Rendiloti,
Rendilti,
} Tu te le rends, ou tu le rends à toi.

Lo rendete a voi,
Il rendete a voi,
Il vi rendete,
Velo rendete,
Vel rendete,
Lo vi rendete,
Rendetelo a voi,
Rendetevelo,
Rendetelovi,
Rendetelvi,
} Vous vous le rendez, ou vous le rendez à vous.

CHAPITRE III.

De la construction.

LE mot *construction*, vient du latin *construere*, construire; il ne signifie autre chose que combinaison et arrangement. C'est pourquoi, en termes de grammaire, on appelle *construction* la manière d'arranger les mots dans le discours.

Il y a plusieurs sortes de constructions; mais nous ne parlerons que de la construction simple ou naturelle, et de la figurée.

On appelle *construction simple* ou *naturelle*, celle où les mots sont arrangés selon l'ordre dans lequel les idées se succèdent dans notre esprit. Elle énonce d'abord le sujet dont on juge; et, si l'on a quelques-unes de ses qualifications à exprimer, on y ajoute un ou plusieurs adjectifs; après quoi, elle dit *qu'il est*, *qu'il fait*, *qu'il souffre*, etc. Elle place le verbe seul, ou avec la négation, selon que la phrase est affirmative ou négative. Le verbe est suivi de l'objet; et, si on lui ajoute des modifications, on les place successivement, selon l'ordre de leur relation. Les adverbes accompagnent les mots qu'ils modifient. Les prépositions précèdent immédiatement le terme auquel elles ont rapport; quant aux interjections, c'est au sentiment à les placer et non à la grammaire.

La construction figurée est celle où le rapport des mots n'est pas le même que celui de nos idées. Il arrive souvent que le feu de notre imagination, l'empressement d'énoncer nos idées, et l'harmonie même, nous font supprimer des mots; alors l'ordre naturel est changé, et le discours prend une forme nouvelle.

Pour comprendre le mystère de cette irrégularité apparente, et pour discerner si les phrases qui composent un tel discours sont toujours analogues à la construction naturelle, il faut avoir connoissance de certaines figures grammaticales qui sont en usage dans cette construction. Les plus utiles à connoître, sont l'ellipse, le pléonasme, la syllepse, l'hyperbate ou l'inversion.

1. *Ellipse.*

L'ellipse (défaut ou suppression) a lieu toutes les fois que, dans une phrase, il y a de sous-entendu un mot qui est la seule cause de la modification d'un autre, par exemple : *di giorno* (B. G. 5, n. 3), de jour. Ce mot est précédé de la préposition *di*, parce qu'il y a de sous-entendu un nom, dont *di giorno* est le complément ; *in tempo di giorno*, en temps de jour.

Il n'est pas possible d'acquérir la connoissance parfaite d'une langue, sans connoître l'usage de l'ellipse. C'est l'ignorance de cette figure qui empêche de saisir la construction de certaines phrases qui paroissent s'écarter de tout principe, et qui fait attribuer à l'usage et au caprice, ce qui est fondé sur des règles certaines et invariables.

Je mets ici une liste d'exemples, dans lesquels cette figure est employée. Les mots entre parenthèses, sont ceux que l'ellipse a supprimés.

Aveva domandato il vescovo (la compagnia) di questi jeunes gens. (B. G. 8, n. 4.)	L'évêque avoit demandé ces
Or teme (l'ira) del popolo. (Dav. An. di T. lib. 4.)	Maintenant il craint le peuple.
Io andrò per (chiamare) li tuoi fratelli. (B. G. 7, n. 8.)	J'irai appeler tes frères.
Dicono che punì (con pena) di morte due soldati. (Dav. An. di T. lib. 11.)	On dit qu'il punit de mort deux soldats.
Tosto dichiaratosi dalla (parte) sua. (Dav. An. di T. lib. 1.)	Aussitôt s'étant déclaré de son parti.
Nel suo mortoro, fecero i soldati per lo duolo, e pianto nuova sedizione, e non v'era chi (potesse) quietarla. (Dav. St. lib. 2.)	Dans ses funérailles, les soldats, par l'excès de leur douleur, firent un nouveau soulèvement, et il n'y avoit personne pour le calmer.
Per aver sino a quello (momento) sperato. (Dav. An. di T. lib. 12.)	Parce qu'il avoit espéré jusqu'à ce moment.
Ma già innalzando il sole parve a tutti (tempo) di ritornare. (B. G. 9.)	Le soleil devenant trop chaud, ils pensèrent à s'en retourner.
Avvenne, che Calandrino quivi venne per (prendere) acqua (B. G. 9, n. 5.)	Il arriva que Calandrin vint pour prendre de l'eau.

(*Desidero*) *che maladetta sia l'ora che io prima la vidi.* (B. G. 8, n. 5.) — Maudit soit le moment où je l'ai vue.

Tutto 'l popolo a una (*voce*) *chiedeva per capitano Agricola.* (Dav. v. d'Agr.) — Tout le peuple demandoit unanimement Agricola pour capitaine.

En expliquant les poëtes et les auteurs classiques, toutes les fois que dans une phrase il y a ellipse, il faut habituer l'écolier à suppléer les mots sous-entendus.

II. *Pléonasme.*

Pléonasme est un mot grec qui signifie surabondance; et il a lieu, lorsque, dans une phrase, on peut supprimer quelques mots, sans en altérer le sens.

Nous avons un grand nombre de mots qui forment des pléonasmes; les uns servent à donner au discours de l'énergie; les autres à lui donner de la grâce. Il est nécessaire de les connoître; car ce sont comme les caractéristiques du vrai style italien, et l'usage en est très-fréquent dans notre langue. Les premiers sont les suivans :

Via, chemin.

Ce mot, avec les verbes de mouvement, donne à la phrase beaucoup de force.

EXEMPLE.

Ed andò tutto sol via. (B. G. n. 8.)
Et il s'en alla tout seul.

On voit facilement que ce mot a été d'abord employé substantivement avec les prépositions *in* ou *per*, que l'on a supprimées, et qu'on doit toujours sous-entendre.

Via più, signifie beaucoup plus.

EXEMPLE.

Che farà gli occhi tuoi via più felici. (P. p. c. 23.)
Qui rendra tes yeux beaucoup plus heureux.

Ecco, voici.

Ce mot sert à donner à la phrase plus de clarté et plus de force.

EXEMPLE.

Ecco io non so ora dir di no. (B. G. 3, n. 7.)
Maintenant je ne sais pas dire que non.

L'expression *ed ecco*, marque avec force un événement imprévu.

EXEMPLE.

Ed ecco entrare ivi tre giovani. (B. G. 1.)
Tout à coup trois jeunes gens entrèrent là.

Bene, bien.

EXEMPLE.

L'un dall' altro lontano ben dieci miglia. (B. G. 4, n. 9.)
L'un éloigné de l'autre de dix milles.

Bello, beau.

EXEMPLE.

Per bella paura. (B. G. 3, n. 1.)
Par une belle peur.

Pure, cependant.

EXEMPLE.

Ma se pure avvenisse. (B. G. 1, n. 1.)
Mais s'il arrivoit....

Ora, maintenant.

EXEMPLE.

Ora fussero essi pur già disposti. (B. G. 1.)
Je voudrois qu'ils fussent disposés dès ce moment.

Ici il y a ellipse ; *piacesse a Dio*, plût à Dieu.

Forse, peut-être.

EXEMPLE.

Hai trovato forse quel che non seppe il divino Augusto ? (Dav. lib. 16.)
As-tu trouvé ce que le divin Auguste ne put pas trouver ?

Su, en haut.

EXEMPLES.

Egli senza levarsi su..... (Dav. An. di T. lib. 15.)
Lui, sans se lever.

Di su. (*Id.*) Parle.

Mica, mie; *punto*, point.

EXEMPLES.

Io non dubito punto. (B. G. 5, n. 9.)
Je ne doute point.

Una ne dirò, non mica d'uomo di poco affare.
(B. G. 10, n. 6.)
J'en raconterai une d'un homme d'importance.

Tutto, tout.

EXEMPLE.

Tutta sola nella sua camera. (B. G. 4, n. 2.)
Toute seule dans sa chambre.

Mai, jamais.

EXEMPLES.

Sempre mai. (B. G. 8., n. 2.)
Toujours.

Mai si. (B. G. 5, n. 8.)
Oui.

Già, déjà,

EXEMPLE.

Già Dio non voglia, poichè io ho veduto Gilberto liberale del suo onore, e voi del vostro amore, che similmente non sia liberale del mio guiderdone.
(B. G. 10, n. 5.)
A Dieu ne plaise, qu'ayant vu Gilbert prodigue

de son honneur, et vous de votre amour, je veuille ne pas l'être aussi de ma récompense.

Uno, un.

EXEMPLE.

Questo uno solo. (B. G. 3.)
Celui-ci seul.

Les mots suivans donnent de la grâce au discours.

Egli, ei, ella, et dans le discours familier, *gli* pour *egli*, *la* pour *ella*.

EXEMPLE.

Gli era in questo ostello una donna vedova (Boc.)

Il y avoit dans cet hôtel une veuve.

Mi, ti, si, ci, vi, ne.

EXEMPLES.

Io mi credeva, che voi foste un santo. (B. G. n. 2.)

Je croyois que vous étiez un saint.

Non sapeva nè che mi fare, nè che mi dire (B. G. 7, n. 3.)

Je ne savois que faire ni que dire.

Con, avec.

EXEMPLE.

Stassi con meco. (B. G. 7, n. 5.)
Il demeure avec moi.

Esso, lui.

EXEMPLE.

Mescolati con esso noi, etc. (Dav. An. di T. lib. 11.)
Mêlés avec nous, etc.

Ci, y.

Ce mot se réunit avec beaucoup de grâce aux verbes *nascere*, naître; *vivere*, vivre; *venire*, venir.

EXEMPLES.

Natural ragione è di ciascuno che ci nasce. (B. G. 1.)
C'est un droit naturel à tout homme qui naît.

Quanti ci vivono. (Bem. As. lib. 1.)
Tous ceux qui vivent.

Si, si.

EXEMPLE.

Si è tanta la benignità, e misericordia di Dio. (B. G. 1, n. 1.)
Telle est la bonté et la miséricorde de Dieu.

E, et.

EXEMPLE.

Se voi non gli avete, e voi andate per essi. (Boc.)
Si vous ne les avez pas, allez les chercher.

Voici une liste d'exemples sur les mots employés comme *pléonasmes*.

Monta a cavallo, sprona, e va via. (Nov. Ant. 39.)	Il monte à cheval, pique et part.
Gittata via la spada, la qual già per ferirlo avea tirata fuori...... corse a' pie' di Natan. (B. n. 93.)	Ayant jeté l'épée qu'il avoit tirée pour frapper Natan, il court à lui, et se jette à ses pieds.
Il lupo le si fù avventato alla gola, e presala forte, la cominciò a portar via. (B. n. 87.)	Le loup s'élança sur elle, la prit par le cou, et l'emporta.
La quale, come la donna vide, subitamente levatasi, fuggì via. (B. n. 85.)	Aussitôt qu'elle vit la dame, elle se leva et s'enfuit.
Ecco, disse la donna, per questa volta io non vi voglio turbare nè disubbidire; ma sì adoperate che egli si guardi di più nojarmi, che io vi prometto di non tornar più per questa cagione a voi. (B. n. 23.)	Hé bien, dit la dame, pour cette fois-ci, je ne veux ni vous fâcher, ni vous désobéir; mais faites en sorte qu'il ne m'importune plus; car je vous promets de ne plus revenir auprès de vous pour cela.
Subitamente udito questo, ben dodici de' sergenti corsero là. (Bocace.)	Dès qu'on apprit cela, douze soldats y accoururent.
Ma se vi piace, io vene insegnerò bene una. (B. n. 8.)	Mais, si cela vous plaît, je vous en enseignerai une, etc.
Le portò cinquanta be' fiorin d'oro. (B. n. 80.)	Il lui porta cinquante florins d'or.
Ora io ve l'ho udito dire mille volte. (B. n. 24.)	Je vous l'ai entendu dire mille fois.
Or non son' io..... così bella, come sia la moglie di Ricciardo? (B. n. 26.)	Ne suis-je donc pas aussi belle que la femme de Richard?

Son novelle, e vere, non son mica favole. (Fir. Trin.)	Ce sont des faits, et non des fables.
Non mica idiota nè materiale, ma scienziato, e di acuto ingegno. (Galat.)	Il n'étoit ni ignorant, ni grossier; mais savant, et d'un génie pénétrant.
La donna udendo costui parlare, il quale ella teneva mutolo, tutta stordì. (B. n. 21.)	La dame entendant parler cet homme qu'elle croyoit muet, fut tout étonnée.
Caddi, non già come persona viva. (Pétr. S. 51.)	Je tombai comme un mort.
Non già da alcun proponimento tirate. (B. Introd.)	N'étant conduite par aucun dessein.
Del palagio s'uscì, e fuggissi a casa sua.	Il sortit du palais, et s'en alla chez lui.
Se ti piace, sì ti piaccia, se non, sì te ne stà. (B. n. 89.)	Que cela te plaise ou non, il en sera de même.
Il cantar del gallo non ha servito stamane a destarti e? (Capr. Bott.)	Le chant du coq ne t'a donc pas réveillé ce matin ?
Vivete pure. (Dav. Stor. di T. lib. 2.)	Vivez.

III. *Syllepse.*

Le syllepse est une figure, par laquelle on observe dans la construction des mots, l'ordre et la marche des idées dans l'esprit, sans s'astreindre aux formes strictement grammaticales. C'est ainsi qu'Horace a dit, lib. Ier, ode 37, *Monstrum quæ*, parce que c'est de Cléopâtre qu'il parloit.

EXEMPLES.

Quella bestia era pur disposto, etc. (Bocace.)
Cette bête étoit toujours disposée, etc.

L'auteur a dit : *disposto*, parce que cette bête est un homme.

Pure confortato da' figliuoli a ricimentarsi, fatto cuore, rientra in senato, e trova rinforzate l'accuse, i padri sbuffare; contrario, e terribile ogni cosa. (Dav. An. di T. lib. 3.)

Cependant, ses fils lui conseillant de se présenter de nouveau, il reprend courage, et rentre dans le sénat; il trouve son accusation chargée, les sénateurs irrités; tout étoit contraire à sa cause, et terrible pour lui.

IV. *Hyperbate.*

L'hyperbate (confusion ou mélange) a lieu lorsque les mots ne sont pas arrangés selon l'ordre de la construction naturelle. En voici un exemple :

Biancheggiavano per la campagna l'ossa ammonticellate o sparse secondo fuggiti si erano, o arrestati; per terra erano pezzi d'arme, membra di cavalli, e a' tronconi di alberi teste infilzate; per le selve orrendi altari, ove furon sacrificati i tribuni, e i centurioni de' primi ordini. (Dav. An. di T. lib. 1.)

Les ossemens amoncelés ou dispersés des soldats tués, soit en fuyant, soit dans le combat, couvroient la campagne; la terre étoit jonchée d'armes brisées, de membres de chevaux; aux branches des arbres, on voyoit des têtes accrochées, et dans la forêt, d'horribles autels, où l'on avoit sacrifié les tribuns et les centurions du premier ordre.

Cette figure embellit beaucoup le discours, et produit une cadence et une harmonie très-agréable, lorsqu'on en fait usage à propos. C'est sur-tout dans un discours pathétique qu'on doit l'employer ; car un homme, violemment agité, n'a point le temps de faire l'analyse de ses idées. Voyons-en un autre exemple, dans les derniers accens d'une femme abattue par la douleur, et qui apostrophe en ces mots le cœur de son amant assassiné :

O molto amato cuore, ogni mio ufficio verso te, è fornito, nè più altro mi resta a fare, se non di venire con la mia anima a fare alla tua compagnia. (B. G. 4, n.° 1.)

O cœur chéri ! tous mes devoirs envers toi sont remplis ! il ne me reste plus qu'à te suivre.

Quelle grâce ! quelle délicatesse ! l'ame la plus insensible se sent vivement émue par cette plainte douloureuse ! Mais qu'on rétablisse l'ordre naturel, et que l'on dise : *O cuore amato molto ogni ufficio mio è fornito verso te, nè mi resta più a far altro se non di venire a fare compagnia con la mia anima alla tua*, toute la délicatesse et la grâce s'évanouissent, et l'oreille la moins exercée sentira que ce n'est plus le langage d'une ame passionnée, mais la froide expression d'un philosophe indifférent.

Mais quelles seront les règles des inversions ? Voilà ce qu'il est impossible de déterminer d'une manière constante et uniforme. Je ferai observer cependant que, puisqu'on parle pour être entendu, il faut éviter, dans les inversions, les équivoques et l'obscurité, et qu'on ne doit en faire usage que lorsqu'elles contribuent à produire une cadence et une harmonie plus agréable, ou à donner à la phrase plus de grâce et plus d'énergie. Voici quelques phrases où il y a des inversions; il sera utile de les faire analyser :

Nè erano perciò questi da alcuna lagrima, o lume, o compagnia onorati. (B. Introd.)	Dans le style grave, il est très-élégant d'éloigner les verbes des participes qui s'y rapportent.
Le quali molto più belle sono a riguardare. (B. Introd.)	Si l'on disoit : *Sono molto più belle*, etc., toute la noblesse de cette phrase seroit perdue.
Si posero in cerchio a sedere. (B. Introd.)	Il y a beaucoup d'élégance à séparer ainsi l'infinitif du verbe dont il dépend.
Acciocchè là, onde ricco partito s'era, povero non tornasse. (B. G. 2.)	Cette inversion donne à la phrase de la grâce.
Signori, se voi così valorosi siete, come io vi tengo. (B. G. 4, n. 4.)	En disant : *Se siete così valorosi*, etc., cette phrase n'auroit pas la même beauté.
Lei gridante mercè, ed ajuto svenarono. (B. G. 4, n. 4.)	Quelle différence si l'on disoit : *Svenarono lei*, etc.
E velati gli occhi, ed ogni senso perduto, di questa dolente vita si dipartì. (B. G. 4, n. 1.)	En disant : *Si dipartì di questa dolente vita*, la phrase perdroit toute sa grâce.
O quante memorabili schiatte, quante amplissime ere-	Les écrivains modernes diroient peut-être : *Si videro rima*-

dità, quante famose ricchezze si videro senza successor legitimo rimanere! (B. Introd.)	nere senza successor legitimo; mais quelle différence!
Hanno molte mogli guasto i mariti. (Dav. An. di T. lib. 3.)	Cela est bien mieux que, *Molte mogli hanno guasto*, etc.
Non vale la vita mia quanto il mettere a nuovo risico quest' animo, e virtù vostra. (Dav. St. di T. lib. 2.)	Cette expression a bien plus d'énergie que si l'on disoit : *La mia vita non vale*, etc.
Quinci estimino i secoli chi fu Otone. (Id.)	Ce tour est plus harmonieux que : *I secoli estimino*, etc.
Riabbiasi Vitellio il fratello, la moglie, e' figliuoli. (Id.)	Bien mieux que : *Vitellio riabbiasi*, etc.
Accompagnimi questo vostro buon' animo d'aver voluto per me morire. (Id.)	Quelle différence en disant : *Questo vostro buon' animo*, etc.
Arse ogni cosa sagra, e profana. (Dav. St. di T. lib. 3.)	Si on disoit : *Ogni cosa*, etc.; il y auroit bien de la différence.
Lui la sua maestà, l'Imperio Romano, gli altri eserciti difenderanno. (Id.)	Dites : *La sua maestà.... difenderanno lui*, il n'y aura plus de grâce.
Meglio, e più caramente fece colui, che mi porse il suo. (Id.)	Cette transposition est charmante.
Del giovenile errore di mio figliuolo ti chieggio perdono. (Id.)	Si l'on dit : *Ti chieggio perdono*, etc., la phrase n'est plus la même.
Tre legioni, e tre legati atterrai io. (Id.)	*Io atterrai*, etc., n'auroit pas la même grace.

On pourroit faire un choix précieux de semblables phrases; mais le moyen le plus sûr et le plus prompt de se mettre en état de faire usage des inversions, c'est d'en chercher les modèles dans les ouvrages des classiques, sous la direction d'un maître habile.

CHAPITRE IV.

Du rhythme.

J'APPELLE ici rhythme la variété du mouvement, qui résulte du rapport des tons graves et aigus, et de la durée relative de la voix dans la prononciation des syllabes.

Bocace, parmi les anciens, et Bembo, parmi les modernes écrivains de l'Italie, ont su, mieux que tous les autres, répandre, dans leurs écrits, le charme de ce rhythme, dont Isocrate chez les Grecs, et Cicéron chez les Latins, avoient donné à la fois l'idée et le modèle.

Quand on a bien étudié le caractère de chaque voyelle et de chaque consonne, le ton et la quantité des syllabes, dans toutes les combinaisons possibles, il ne suffit pas de choisir avec goût les mots, les expressions et les phrases; mais il faut chercher encore à combiner ensemble ces parties, de manière à ce qu'il résulte de leur liaison cette succession de sons, qui produit l'harmonie la plus convenable à l'effet qu'on se propose. Pour cela, il est nécessaire de savoir que, dans la langue italienne, la quantité des syllabes est

ITALIENNE. 249

tellement marquée par la prononciation, que l'on peut y mettre cette même variété de tons, qui, dans les langues grecque et latine, formoit les pieds, par la combinaison des longues et des brèves. Voici quelques exemples, d'après lesquels les écoliers pourront se diriger dans la composition de ces mesures.

Iambe (∪-) stărā.
Trochée (-∪) dōlcĕ.
Spondée (--) cōn tē.
Dactyle (-∪∪) stēndĕrĕ.
Anapeste (∪∪-) divŏrō.
Amphibrache (∪-∪) bĕnīgnă.
Amphimacre (-∪-) cōn virtū.
Petit ionique (∪∪--) ridĕrā piū.
Grand ionique (--∪∪) quēl ridĕrĕ, etc., etc.

Il n'est pas possible de déterminer, par une règle générale, la manière de combiner ces mesures, pour établir ce rapport harmonique, qui constitue le rhythme. On ne peut donner que quelques règles générales, d'après lesquelles l'oreille seule doit guider l'écrivain.

Règle Première. Chaque syllabe est marquée par le ton grave ou aigu.

Règle 2. Le ton aigu se fait entendre dans la prononciation, par un élan subit de la voix.

Règle 3. Tout mot, quel que soit le nombre des syllabes qui le composent, ne peut en avoir qu'une seule avec l'accent aigu.

Règle 4. La syllabe où se trouve l'accent aigu est

longue, les autres sont brèves, mais plus ou moins selon leur position.

Règle 5. L'accent aigu ne peut être placé sur une syllabe brève que par licence poétique; en ce cas, la syllabe devient longue.

Règle 6. Le discours doit être composé de mots dont les syllabes produisent un son analogue à la nature de la chose que l'on veut exprimer.

Règle 7. Plus il y a de voyelles et de consonnes dans une syllabe, plus elle acquiert de gravité.

Règle 8. Les tons aigus rendent le discours plus soutenu; les tons graves lui donnent un mouvement plus léger et plus rapide.

Règle 9. Le passage de la voix du ton aigu au ton grave n'a pas moins de douceur que le passage du ton grave au ton aigu a de force.

Règle 10. Les mots les plus analogues aux sujets graves sont ceux qui ont l'accent aigu sur la pénultième syllabe.

Règle 11. On doit éviter de finir les périodes par un dactyle et par un ou plusieurs tons aigus.

Règle 12. Les pieds diffèrent entr'eux non-seulement par le nombre des syllabes, mais aussi par le temps. Le dactyle est glissant et plus ou moins selon les circonstances; ainsi spärgĕrĕ est plus rapide que mōrtĕ spĭetata : à cause du repos de la voix (quoique très-court) en passant du premier mot au second. Le son de l'anapeste (∪∪−) est un peu sautillant. Le bacche (∪−−) a plus de gravité. L'antibacche (−−∪) est encore plus grave. L'amphimacre (−∪−) a un ton plein de dignité. L'amphibrache (‿-‿) n'est ni trop lent ni trop rapide, etc.

Règle 13. Le mouvement des syllabes et des mots étant susceptible d'autant de célérité et de ralentissement qu'il y a de combinaisons relatives, il est évident que, dans les mesures, il peut y avoir autant de modifications que l'oreille en peut apercevoir.

Pour exercer l'oreille des écoliers, et les conduire le plus promptement possible au degré de sensibilité nécessaire pour apprécier le charme de l'harmonie de notre prose, on choisira des morceaux dans les classiques, et surtout dans Bocace et dans Bembo ; on fera marquer par les écoliers eux-mêmes la quantité des syllabes de chaque mot ; après quoi on leur fera observer les rapports des tons graves et aigus, avec toutes les autres circonstances relatives aux lois de l'harmonie. Après cet exercice, continué plus ou moins selon la capacité des écoliers, on leur dictera des morceaux choisis avec quelques petits changemens dans l'ordre successif des mots, pour leur faire rétablir la même cadence. On augmentera la difficulté de cet exercice par degrés. Enfin, on leur fera lire les mêmes morceaux avec l'intonation de la voix que prescrivent les accens et la quantité des syllabes. Par exemple, que l'on prenne dans Bocace la phrase : *Sospirato fu molto dalle donne* ; qu'on la dicte aux écoliers de cette manière : *fu molto sospirato dalle donne*. Après qu'ils l'auront arrangée de leur mieux, on leur en fera remarquer les défauts, en la leur faisant écrire telle qu'elle doit être :

Sospirato fu molto dalle donne., et on leur fera sentir que cet arrangement de mots et ce rapport de sons graves et aigus produisent l'harmonie de cette phrase.

J'ose me flatter que, par cet exercice, les étrangers parviendront à reconnoître dans la véritable prose italienne ce qui, peut-être, leur est échappé jusqu'à ce jour ; qu'ils parviendront à saisir cette prononciation douce et naturelle, qu'on croit trop facile ; qu'enfin leur oreille ainsi exercée saisira plus facilement la mélodie et le charme de la musique italienne.

CHAPITRE V.

Des idiotismes italiens, ou *des italianismes*.

INDÉPENDAMMENT de ces principes généraux qui constituent la grammaire de toutes les langues, de ces règles, établies dans chacune d'elles en particulier, il y a, dans chaque idiome, certaines formules particulières, qu'il faut connoître, pour bien entendre les écrivains, pour bien écrire...... Ces formules de langage, que l'on peut regarder comme les caractéristiques des idiomes auxquels elles appartiennent, et qui sont appelées généralement *idiotismes*, prennent, dans chaque langue, des noms analogues à celle où ils sont en usage. Ainsi, on les nomme *hellénismes*, dans la langue grecque ; *latinismes*, dans la latine ; *italianismes*, dans l'italienne ; *gallicismes*, dans la langue françoise, etc.

Or, cette différence particulière peut être produite, 1.° par le sens d'un mot simple ; 2.° par l'association de plusieurs mots ; 3.° par l'emploi d'une figure ; 4.° par la construction des phrases. C'est ce que nous allons développer.

ARTICLE PREMIER.

Des italianismes dans le sens d'un mot.

Lorsqu'un mot, commun à d'autres langues, est pris, en italien, dans une acception différente de celle qu'il a dans une autre, c'est un *italianisme* dans le sens d'un mot. Les exemples le feront mieux comprendre.

Le mot *talento*, talent, peut être employé, dans notre langue, au lieu de *voglia*, envie ; *desiderio*, désir ; *volontà*, volonté.

EXEMPLES.

Niun' altro talento ho maggiore, che di mangiare. (Bocace.)

Je n'ai pas de plus grande envie que de manger.

Più non t'è d' uopo aprirmi il tuo talento. (D. inf. c. 2.)

Tu n'as pas besoin de me découvrir davantage ton désir.

Celui qui, en traduisant ces phrases en françois, rendroit le mot *talento* par *talent*, feroit un *italianisme* en françois, ce qui seroit ridicule.

Il peut aussi remplacer le mot *intenzione*, intention.

EXEMPLE.

Fellone e pieno di mal talento con una lancia sopramano gli uscì addosso gridando. (B. G. 59.)

N'ayant que de mauvaises intentions, il se jeta sur lui comme un traître, la lance à la main, en criant.

Talento pour *intenzione* est encore là un *italianisme*.

Le mot *sentire*, sentir, exprime dans notre langue, non-seulement les affections de l'âme, l'amour et toute impression dont nos sens peuvent être affectés par l'action des objets extérieurs ; mais il peut aussi signifier *udire*, entendre ; *conoscere*, connoître ; *sapere*, savoir ; *reputare*, réputer ; *acconsentire*, consentir, etc.

EXEMPLES.

*Esser non può, che quell' angelic' alma
Non senta 'l suon dell' amorose note.* (Petr. c. 58.)

Il n'est pas possible que cette âme angélique n'entende pas le son des accens amoureux.

Quivi tanto picchiò, che fu sentito. (Bocace.)

Là, il frappa tant qu'il fut entendu.

*Quel che tu vali e puoi, credo che'l senta
   Ogni gentil persona.* (Petr. c. 41.)

Je crois que toute personne sensible connoît ton mérite et ton pouvoir.

Mandossi alla giovane a sentire del suo volere.
On envoya chez la jeune fille pour savoir sa volonté.

Non ti sento di sì grosso ingegno che, etc. (B. n, 19.)
Je ne te crois pas assez sot pour....

Dans toutes ces phrases, *sentire* ne signifie pas *sentir*, ce sont des *italianismes*.

Le mot *virtù*, vertu, employé pour *valore*, valeur, forme un *italianisme*, relativement au françois.

EXEMPLE.

Senza la vostra virtù non si può fare. (Dav.)
Sans votre valeur on ne peut rien faire.

Si le mot *pauroso*, peureux, quand il est employé en italien dans la signification de *capable d'inspirer de la peur*, étoit rendu en françois par *peureux*, on feroit un contre-sens.

EXEMPLES.

*Temer si dee di quelle cose sole,
Ch' hanno potenza di fare altrui male,
Dell' altre no, che non son paurose.* (D. inf. c. 2.)
On doit craindre seulement les choses qui peuvent faire du mal, et non celles qui ne sont pas capables d'inspirer de la crainte.

Intorno di sessanta di loro di notte si gittarono

per uno dirupato d'altezza paurosa a vedere. (M. v. 11.)

Environ soixante d'entr'eux se jetèrent la nuit dans un précipice d'une hauteur effrayante.

Le participe du verbe *morire*, mourir, outre sa signification naturelle, est aussi employé pour *ucciso*, tué. En ce cas, il ne peut être rendu en françois que par ce dernier.

EXEMPLES.

Che questo è 'l colpo, di che amor m'a morto. (Petr. c. 20.)

Voilà le coup par lequel l'amour m'a tué.

Onde molti di loro furono presi e morti. (G. V. cap. 34.)

C'est pourquoi plusieurs d'eux furent pris et tués.

Le mot *rompere*, rompre, est aussi employé en italien pour *naufragare*, faire naufrage.

EXEMPLE.

Gli narrò bene la disgrazia sua dell' aver rotto in mare. (Sen. ben. Varch.)

Il lui raconta le malheur qu'il avoit eu de faire naufrage.

Le verbe *volere*, vouloir, présente aussi un italianisme, lorsqu'il signifie : *être sur le point de* ; comme dans les exemples suivans :

Credo che a voi sia manifesto, che io oggi sono stato in vostra presenza voluto avvelenare. (Filoc. d.)

Vous savez, sans doute, qu'aujourd'hui j'ai été sur le point d'être empoisonné en votre présence.

Il n'est pas nécessaire de m'étendre davantage sur ce point ; la lecture et les remarques des maîtres doivent suppléer à tout ce qu'on ne peut pas dire dans un livre élémentaire.

ARTICLE II.

Des italianismes *dans l'association de plusieurs mots.*

J'appelle ainsi une expression, où plusieurs mots réunis ensemble offrent à l'esprit un sens tout-à-fait différent de celui qu'ils ont dans une autre langue qui a adopté les mêmes mots.

Le verbe *sentire*, sentir, associé avec le mot *avanti*, avant ; forme une phrase qui signifie : *saper molto*, savoir beaucoup.

EXEMPLE.

Tu se' savissimo, e nelle cose di Dio senti molto avanti. (B. G. 3.)

Tu es très-sage, et très-instruit dans ta religion.

Les expressions *sentirsi bene*, *sentirsi male*, signi-

17

fient : *esser sano*, être sain; *essere infermo*, être malade.

EXEMPLE.

Messere, poichè voi ben vi sentite, tempo è d'uscire d'infermeria. (B. n. 92.)

Monsieur, puisque vous vous portez bien, il est temps de sortir de l'infirmerie.

Tenere, tenir; *favella*, parole; ces deux mots réunis en un seul sens, comme : *tener favella*, signifient : *bouder contre quelqu'un*.

EXEMPLE.

La Belcolore venne in iscrezio col Sere, e tennegli favella insino a vendemmia. (B. G. 8, n. 2.)

Belcolore se fâcha avec le seigneur, et bouda contre lui jusqu'à la vendange.

Menare, mener; *orgoglio*, orgueil; ces mots associés dans la même phrase signifient : *insuperbire*, s'enorgueillir.

EXEMPLE.

Desiderabile è la nobiltà, ancorchè di lei sola alcun non debba menar orgoglio. (Dati. prose Fioren.)

La noblesse est désirable; mais, seule, elle ne doit point inspirer d'orgueil.

Si l'on rendoit ces phrases mot à mot, en françois, on feroit autant d'*italianismes*, et l'on ne seroit pas entendu.

Dare una voce, donner une voix, signifie, appeler; et *dare in sulla voce*, donner sur la voix, signifie *sgridare uno acciocchè taccia*, gronder quelqu'un afin qu'il se taise; *aver mala voce*, avoir mauvaise voix, signifie : *essere in cattivo concetto*, avoir une mauvaise réputation. On trouvera une quantité presque infinie de pareilles expressions, surtout dans les classiques.

ARTICLE III.

Des italianismes *dans l'emploi d'une figure.*

Ces *italianismes* ont lieu toutes les fois que le sens naturel d'un ou de plusieurs mots est appliqué à un autre objet qui a avec lui un certain rapport de ressemblance, de proximité, de liaison, etc. Sans chercher si l'on doit attribuer cette construction au caractère de la nation, à la vivacité de l'imagination de nos écrivains, au climat, aux usages, aux mœurs des Italiens, je me contenterai de faire observer que, dans notre langue, les *italianismes de figure*, sont presque infinis, et que les poëtes et les orateurs en ont fait une source intarissable de richesses. En voici quelques-uns :

Dar fuoco alla bombarda.
Mettre feu à la bombe, signifie : commencer à dire du mal, ou *à écrire contre quelqu'un*.

Stare coll' arco teso.
Rester avec l'arc tendu, signifie : tenir les yeux et

l'esprit fixés sur quelqu'un, pour le prendre sur ses propres paroles.

Esser lancia d'uno.
Servir de défenseur à quelqu'un.

Tirare gli orecchi a uno.
Tirer les oreilles à quelqu'un, signifie : réprimander ou avertir quelqu'un.

Far le forche.
Faire les fourches, peut signifier : 1°. Savoir une chose, et feindre de l'ignorer ; 2.° Flatter quelqu'un pour le captiver, lorsqu'on a besoin de lui.

Fare un cantar di cieco.
Faire un chant d'aveugle, signifie : faire un long discours, insipide et tout à fait privé de sens commun.

Far delle sue parole fango.
De ses paroles faire de la fange, signifie : manquer à sa promesse.

Dar le carte alla scoperta.
Donner les cartes à la découverte, signifie : dire son avis, ou tout ce qui vient à l'esprit, sans aucun égard à qui que ce soit, quand même la personne seroit présente.

Dire le sue ragioni a' birri.
Dire ses raisons aux sbires, signifie : se justifier avec des personnes qui n'ont aucun intérêt à la chose

dont vous leur parlez, et qui ne peuvent vous donner aucun secours.

Scalzare, déchausser; *cavare i calcetti*, ôter les chaussons, correspondent au proverbe vulgaire françois, *tirer les vers du nez*, pour exprimer : arracher à quelqu'un un secret, par feinte ou par adulation.

Sapere a' quanti di è san Biagio.
Savoir à quel quantième est la fête de saint Blaise.

Conoscere il melo dal pesco.
Distinguer le pommier du pêcher.

I tordi dagli stornelli.
Les grives, des sansonnets ou étourneaux.

I bufali dalle oche.
Les buffles, des oies.

Gli asini da' buoi.
Les ânes, des bœufs.

Il vino dall' aceto.
Le vin, du vinaigre.

Ces expressions, dans le sens figuré, signifient: connoître les ruses de quelqu'un, et en être à l'abri.

Far orecchi di mercante.
Faire oreilles de marchand, signifie : laisser parler quelqu'un, et faire semblant de ne pas l'écouter.

Dare una sbrigliata.

Tirer fortement la bride. Le sens figuré de cette phrase est : faire à quelqu'un une forte réprimande.

Dar pasto.

Donner pâture, signifie : amuser quelqu'un avec des paroles insinuantes.

Dare una voce.

Donner une voix, veut dire, appeler.

Dar bere una cosa ad alcuno.

Donner à boire une chose à quelqu'un, signifie : faire accroire à quelqu'un quelque chose.

Dare il vino.

Donner le vin, pour, suborner.

Dare una bastonata a uno.

Donner un coup de bâton à quelqu'un : dire du mal de quelqu'un, au delà des bornes.

Dar la lunga.

Donner la longe : alonger la courroie, ou différer une affaire.

Stare sopra se.

Rester sur soi, pour, hésiter, ou ne vouloir pas répondre sans avoir réfléchi.

Stare in sulle sue.

Rester sur les siennes ; au figuré : se tenir sur ses gardes, en parlant ou en écoutant quelqu'un, pour ne pas être pris par ses propres paroles.

Favellare colle mani.
Parler avec les mains : frapper.

Favellare colla bocca piccina.
Parler avec la bouche petite ; c'est-à-dire, prudemment et avec réflexion.

Favellare come il Papa Scimio.
Parler comme le pape Scimio ; c'est-à-dire, au figuré : prendre tout dans une signification contraire.

Mettere la lingua dove non si deve.
Mettre la langue où l'on ne doit pas : parler des choses dont il n'est pas permis de s'entretenir.

Dir cose, che non le direbbe una bocca di forno.
Dire choses, que ne diroit pas une bouche de four ; c'est-à-dire, dire des mensonges et des faussetés évidentes.

Andare su per le cime degli alberi.
Aller dessus par les cimes des arbres : parler avec beaucoup d'affectation.

Essere bene ou male in arnese.
Être bien ou mal en harnois : être bien ou mal habillé.

Cavalcare la capra inverso il chino.
Chevaucher la chèvre vers le bas ; pour : se ruiner, ou tomber dans un précipice.

Dare de' calci a rovajo.
Donner des coups de pied à l'aquilon.

Dare de' calci al vento.

Donner des coups de pied au vent; pour : *essere impiccato*, être pendu.

Dolce di sale.

Doux de sel, signifie : *di poco senno*, de peu de bon sens.

C'est par l'usage et par la lecture des bons écrivains, que l'on peut parvenir à connoître toutes ces sortes d'*italianismes*, dont on pourroit former plusieurs volumes.

ARTICLE IV.

Des italianismes dans la construction des phrases.

Toute expression qui s'écarte des règles fondamentales de la grammaire générale, soit par des règles particulières à notre langue, soit par ellipses ou par d'autres figures, soit par des caprices de l'usage, soit enfin par les élans hardis des génies créateurs de la langue, est dans la classe des *italianismes* de construction ; tels sont les suivans :

Si conoscono, on les connoît. *Si amano*, on les aime. *Si parla molto*, on parle beaucoup. *Sono le tre*, il y a trois heures. *Poco pane*, peu de pain. *Molti uomini*, beaucoup d'hommes. *Più dotto di te*, plus savant que toi. *Meglio di me*, mieux que moi. *Materiale senza modo*, très-stupide. *A casa Pietro*, à la maison de Pierre. *Vent' uno scudo*, vingt-un écus. *Altri legge, altri scrive*, les uns lisent, les autres écrivent.

Toutes ces locutions sont des italianismes, ainsi qu'un grand nombre d'autres, qu'il est inutile de rapporter ici.

L'usage de la préposition *da*, offre plusieurs de ces idiotismes.

Da giovane, dans la jeunesse. *Da vecchio*, dans la vieillesse. *Da poco*, propre à peu de choses. *Da molto*, propre à beaucoup de choses. *Da niente*, propre à rien. *Da una volta in su*, plusieurs fois. *Cose da riderne*, des choses à faire rire. *Da galantuomo*, foi d'honnête homme. *Da indi in quà*, depuis ce temps-là...; et semblables.

Voici plusieurs *italianismes*, qu'il sera bien utile d'examiner.

Sul far del giorno.
Au commencement du jour.

Sul far della sera.
Sur le soir.

Averla con qualcheduno.
Etre fâché contre quelqu'un.

Vela farò vedere.
Je vous ferai voir cela.

Cel' ha giurato.
Il a juré de se venger de nous.

A mano a mano.
Successivement.

Andarne la vita ou *la testa.*
Etre condamné à la mort pour tel ou tel crime.

Dio vel dica per me, ou simplement *Dio vel dica*; pour signifier, qu'on n'a pas d'expression capable d'exprimer la chose dont on parle.

Se Dio vi salvi. Manière particulière d'attester la vérité de ce qu'on dit.

Esser bene della grazia di alcuno.
Être bien avec quelqu'un.

Farsi a credere.
Etre persuadé.

Il più.
Le plus souvent.

Piede innanzi piede, ou *passo passo.*
Lentement.

Essere tenuto.
Être réputé.

Venne ucciso.
Il fut tué.

Attaccarla con qualcheduno
Se disputer avec quelqu'un.

Tocca a me a parlare.
C'est à moi à parler.

Come il vide andato via.
Quand elle vit qu'il étoit parti.

Egli mi mandò dicendo.
Il m'envoya dire.

Lo mandò pregando.
Elle l'envoya prier.

Ci vuole danaro.
Il faut de l'argent.

Ci vogliono soldati.
Il faut des soldats.

Non sto bene.
Je ne me porte pas bien.

Miseri noi!
Que nous sommes malheureux !

Tutto il venni considerando.
Je l'examinai tout.

Mi venne trovato un' uomo.
Je trouvai un homme.

Vo' fuggendo quel che mi nuoce.
Je fuis ce qui me nuit.

Mi farò ora a dirvi.
Je m'en vais vous dire.

Fece veduto a' suoi sudditi.
Il fit voir à ses sujets.

Je ne m'étendrai pas davantage sur ce point. On trouvera à la fin de la grammaire, un choix de toute espèce d'*italianismes*.

CINQUIÈME PARTIE.

DE L'ORTHOGRAPHE.

CHAPITRE PREMIER.

De l'accent.

Par ce mot *accent*, je n'entends pas ici la manière d'articuler les syllabes, ou cette modulation de voix dans la prononciation des paroles, d'où naît la variété des sons; je parle simplement de ces petits signes qu'on place sur les voyelles, soit au milieu, soit à la fin des mots.

Tous les grammairiens prétendent que les accens ne sont que de simples signes de distinction, qu'on place sur les mots qui ont plusieurs significations, pour ne pas les confondre. Ainsi, disent-ils, «on met » l'accent sur *già*, il alloit, pour le distinguer de *gia*, » jadis; sur *amò*, il aima, pour le distinguer de *ama*, » j'aime ».

Cette théorie me paroît absurde.

1.° Parce qu'il n'est pas probable qu'on ait établi des signes pour distinguer un petit nombre de mots qu'on ne peut pas confondre, lorsqu'on connoît les premiers élémens du discours. Comment, en effet, confondre un adverbe avec un verbe, un verbe avec une préposition, un pronom avec un article, etc.

2.° Parce qu'une voyelle accentuée a un ton bien différent lorsqu'elle est sans accent. Qu'on prononce les mots *natio*, *bontà*, *amò*, tels qu'ils sont écrits, et qu'on les prononce sans accent, l'on sentira cette différence : car les voyelles *i*, *a*, *o*, étant privées d'accent, l'élévation de la voix qui avoit lieu sur elles, se portant sur les premieres syllabes de ces mots, qu'on prononceroit *bònta*, *nàtio*, *àmo*, il est évident que leur ton seroit affoibli de moitié.

3.° Si le principe établi par les grammairiens, étoit vrai, il faudroit que tous les mots qui ont deux significations eussent aussi un accent, pour qu'on ne pût les confondre : sans quoi, on ne sauroit pas si les mots *ci* et *vi* sont des adverbes ou des pronoms conjonctifs; si le mot *scampo* est un nom ou un verbe; si *vuoto* est un verbe ou un adjectif; si *pianto* est nom ou participe : il en seroit de même d'un grand nombre de mots qui ont plusieurs significations différentes.

4.° Parce que, d'après ce même principe, il faudroit, lorsqu'un mot a trois significations différentes, qu'il eût l'accent en deux cas; et comme ce même accent pourroit aussi causer de la confusion, il seroit nécessaire d'en établir un autre. Ainsi le mot *la* (article), qui n'a pas d'accent, en auroit un, employé comme adverbe; il en auroit un autre, d'une forme différente, comme pronom conjonctif; et enfin, il en auroit encore un différent des deux premiers, lorsque, pris substantivement, il représente une note de la gamme dans la musique.

L'absurdité de ce principe une fois démontrée, voyons maintenant quelle est la véritable fonction de ces accens.

Le mot *accent* ne signifie autre chose que *ton*. Les Grecs et les Latins avoient trois accens différens : l'*aigu*, qui élevoit le ton; le *grave*, qui le baissoit; le *circonflexe*, qui l'élevoit d'abord, et le rabaissoit, presqu'en même temps, sur la même syllabe. Ces tons étoient marqués par trois signes, qui sont les mêmes qu'en françois.

Les Italiens ont deux espèces d'accens : la première comprend l'accent prosodique, dont la fonction est de donner le ton à la syllabe, comme nous le verrons dans notre traité de poésie.

La seconde comprend les accens qu'on appelle *aigus* et *graves*, désignés par ces deux petits signes (´) (`).

L'un de ces accens se place sur les voyelles intermédiaires; comme : *Natio, già*, etc.; l'autre sur les voyelles finales; comme : *Bontà, amò*, etc.; mais l'un et l'autre marquent, 1.° Qu'on a supprimé dans le mot une lettre ou une syllabe, soit au milieu, soit à la fin; 2.° Que la voyelle accentuée conserve la même valeur qu'elle avoit avant la suppression de la lettre ou de la syllabe. Prenons pour l'accent intermédiaire, les mots, *nativo*, natal; *giva*, il alloit : le premier de ces mots a la seconde syllabe longue, et le second la première. En outre, sur le *ti*, et le *gi*, se trouve l'accent prosodique; c'est-à-dire que c'est sur la voyelle *i*, qu'en prononçant ces mots, on doit élever la voix au dessus des autres syllabes. Si, au lieu d'écrire *nativo*, on écrit *natio*, et au lieu de *giva*, si on écrit *giu*, il faut nécesssairement qu'on place sur l'*i*, un signe qui fasse connoître, que sur cette voyelle, se trouve l'accent prosodique, et que dans ces mots il y a une lettre supprimée; sans quoi il en résulteroit deux inconvéniens : 1.° Le mot qui étoit de trois syllabes, ne seroit plus que de deux; et celui qui en avoit deux, n'en auroit plus qu'une. 2.° Les accens prosodiques seroient déplacés, ce qu'il n'est pas possible de faire, sans renverser les loix de l'harmonie.

Quant à l'accent final, il nous fait connoître : 1.° Qu'à la fin du mot où il se trouve, on a retranché une voyelle ou une syllabe; 2.° Que la voyelle accentuée est longue; 3.° Qu'en prononçant le mot, il faut élever la voix sur cette voyelle, au-desssus des autres; 4.° Que la voyelle accentuée a une valeur double de celle qui ne l'est pas : voici comme je prouve ces quatre assertions.

Quant à la première, il n'y a pas le moindre doute, parce que les mots *servitù*, *virtù*, *carità*, *santità*, *piè*, *fè*, *rè*, *diè*, ne sont qu'un abrégé de *servitude*, *virtude*, *caritade*, *santitade*, *piede*, *fede*, *rege*, *diede*. Quant à la seconde, si un mot, terminé par une voyelle accentuée, se lie avec un autre, pourquoi supprime-t-on l'accent, et redouble-t-on la consonne du second mot, comme on fait, si on écrit, *amollo*, il l'aima, pour : *lo amò*? La raison est que, quelque changement que l'on fasse dans la forme des mots, il faut que la valeur des syllabes soit toujours la même ; et comme c'est une règle de notre prosodie qu'une voyelle, suivie de deux consonnes, est longue, il est évident, qu'en faisant ce redoublement, on n'a en vue que de conserver à la voyelle sa valeur primitive ; ce qui n'arriveroit pas si, au lieu de *amollo*, on écrivoit *amolo*; car alors, l'accent prosodique étant sur la première syllabe, celle-ci seroit longue, la seconde, brève, et l'élévation de la voix qu'on doit faire sur l'*o*, se feroit sur l'*a*; ce qui est absolument contraire aux principes invariables de l'harmonie. Donc, la voyelle finale accentuée est toujours longue. Quant à la troisième, que ceux qui ont l'oreille un peu exercée, se fassent prononcer par un Italien les mots : *cantò*, *bontà*, *schiavitù* : l'impulsion plus forte, que leur oreille recevra par l'élévation de la voix sur les dernières syllabes, en sera une preuve incontestable. Quant à la quatrième, il suffit de dire que, dans les vers, la voyelle finale accentuée, est égale à deux syllabes sans accent.

E com' albero in nave si levò. (D. inf.)

Ce vers devroit avoir onze syllabes, si la dernière voyelle n'étoit pas accentuée. Que l'on ne croie pas que c'est pour distinguer la troisième personne du passé de la première du présent, qu'on a placé l'accent sur *levò*; on met un accent parce qu'on a retranché un *e* de la fin du mot.

Les accens qui, soit par ignorance, soit par imitation, soit pour l'intonation de la voix, ont été placés sur certains mots, qui en sont naturellement dépourvus, loin de détruire les principes que nous avons établis, sont une preuve infaillible de leur vérité.

Pour finir ce chapitre, il ne me reste plus qu'à prévenir les personnes qui n'ont pas approfondi assez la théorie des accens, qu'on ne doit point s'étonner de trouver les mots, *è*, *sì*, *costì*, *quì*, *altresì*, *fù*, *dì*, *testè*, et semblables, avec un accent sur la voyelle finale : c'est encore d'après nos principes que ces mots sont accentués. On les écrivoit anciennement (*) : *ee*, *sie*, *costie*, *quie*, *altresie*, *fue*, *die*, *testeso*. On a supprimé une voyelle ou une syllabe finale ; donc il faut accentuer ces mots par les raisons que nous en avons données.

Je conclus donc, 1.° Que les accens ne doivent point être regardés comme de simples signes de distinction; 2.° Que tout accent suppose toujours la suppression d'une voyelle ou d'une syllabe, dans les mots où il se trouve, hors ceux que l'on a accentués, soit par imitation, soit pour marquer le ton de la syllabe, soit par abus, etc. ; 3.° Que toute syllabe ac-

(*) *Ercolano del Varchi: Quesito nono.*

centuée est longue; 4.º Que sur la voyelle accentuée est toujours placé l'accent prosodique; 5.º Qu'en prononçant le mot, il faut appuyer plus fortement sur la syllabe où se trouve l'accent; 6.º Que, dans les vers, la voyelle finale accentuée est toujours égale à deux syllabes sans accent.

CHAPITRE II.

De l'apostrophe.

L'APOSTROPHE est un petit signe (') qui marque le retranchement d'une voyelle, suivie d'une autre voyelle.

EXEMPLE.

Ho provato l'una, e l'altra fortuna, etc. (Dav. St. di T., lib. 2.)

J'ai éprouvé l'une et l'autre fortune, etc.

Les mots terminés en *ce*, *ci*, *ge*, *gi*, ne sont susceptibles d'élision que devant les voyelles *e* et *i*. La raison est que, si l'on disoit : *dolc' adore, fac' ardenti, piagg' apriche*, etc. pour *dolce ardore, faci ardenti, piagge apriche*, etc., les consonnes *c* et *g*, ne pouvant être prononcées qu'avec les voyelles suivantes, n'auroient plus le même son.

Les voyelles accentuées ne peuvent pas être élidées, parce que toute voyelle accentuée suppose déjà un retranchement fait. Le mot *che*, et ses composés, comme, perchè, benchè, etc.; sont exceptés; la raison est évidente.

EXEMPLE.

Voglio.... ch' ella mi mandi una ciocchetta della barba di Nicostrato. (B. n. 69.)

Je veux qu'elle m'envoie une petite mèche de la barbe de Nicostrate.

Si, au lieu d'élider la dernière voyelle d'un mot, on élide la première du mot suivant, l'*apostrophe* se place au commencement du second mot.

EXEMPLE.

Come tu vedi in questo basso 'nferno. (D. inf. C. 8.)

Comme tu vois dans ce profond enfer.

CHAPITRE III.
Du retranchement.

ON entend par ce mot, la suppression d'une voyelle ou d'une syllabe, à la fin d'un mot suivi d'un autre qui commence par une consonne. Les poètes ont été les premiers à faire usage de ces *retranchemens*; les orateurs les ont imités, parce qu'ils ont trouvé cette licence favorable à l'harmonie. Voici les règles du *retranchement*.

Dans tous les mots terminés en *e* ou en *o*, qui ont

pour pénultième une seule des consonnes *l*, *m*, *n*, *r*, on peut retrancher la voyelle finale, même devant un mot qui commence par une consonne; ainsi l'on pourra dire : *puol* pour *puole*, il peut; *siam* pour *siamo*, nous sommes, etc. Les adjectifs *chiaro*, clair; *raro*, rare; *nero*, noir; *oscuro*, obscur, et plusieurs autres, que l'usage a exceptés, ne sont pas susceptibles de *retranchement*.

EXEMPLE.

Tanto è più agevole render l'ingiuria che'l benefizio. (Dav. Stor. di T. lib. 4.)

Il est bien plus facile de rendre injure pour injure, que bienfait pour bienfait.

Les mots terminés en *a*, hors l'adverbe *ora*, maintenant, et ses composés, ne sont pas susceptibles de *retranchement*.

Dans les adjectifs *santo*, saint; *grande*, grand; *quello*, celui-là; *bello*, beau, on peut retrancher la dernière syllabe, excepté lorsqu'ils sont suivis par un mot qui commence par *s*, suivie d'une autre consonne. Le pluriel de *quel* et de *bel*, est *quei* ou *que'*, *bei* ou *be'*; mais devant les mots qui commencent par *s*, suivie d'une autre consonne, ou qui commencent par une voyelle, on doit dire *quegli* et *begli*. Cependant lorsque ces adjectifs sont après le nom qu'ils qualifient, ils ne sont pas sujets à la règle du *retranchement*.

EXEMPLES.

Bel fante. (B. n. 15.)
Beau garçon.

Bell' amico. (Teseid. 5.)
Bel ami.

Begli occhi. (Pétr. S. 4.)
Beaux yeux.

Be' signori. (Nov. Ant.)
Beaux messieurs.

Un sepolcro bello. (Pétr. S. 60.)
Un beau tombeau.

Bicchieri belli. (B. n. 50.)
Beaux verres (gobelets).

Les mots que le *retranchement* a le plus altérés, sont les suivans : *Vo'* pour *voglio*, je veux ; *me'* pour *meglio*, mieux ; *e'* pour *egli*, lui ; *ma'* pour *mali*, mauvais ; *qua'* pour *quali*, quels ; *re'* pour *rege*, roi ; *te'* pour *tieni*, tiens, et plusieurs autres que l'usage fera connoître.

Il n'y a point de règles pour déterminer en quelles circonstances on doit faire le *retranchement* dans un mot. L'oreille seule doit nous guider. Bocace, G. 1. a dit : *In contraria opinion tratti*, au lieu de : *in contraria opinione tratti* ; parce que, dans le premier cas, l'oreille est plus satisfaite.

CHAPITRE IV.

De l'accroissement des mots.

La douceur de notre prononciation ne souffre pas la rencontre de trois consonnes de suite en deux mots, dont le premier est terminé par une simple consonne, et le second commence par *s*, suivie d'une autre consonne. C'est pourquoi, au lieu de *con studio*, avec étude ; *per sdegno*, par dédain, on écrit *con istudio, per isdegno*, etc.

EXEMPLE.

Non isperate mai veder lo cielo. (D. inf.)
N'espérez jamais voir le ciel.

On ajoute un *d* à la préposition *a*, et aux conjonctions *e*, et *o*, lorsqu'elles sont suivies d'une voyelle.

EXEMPLE.

Miserere di me, gridai a lui,
Qual che tu sii od ombra, od uomo certo. (D. inf. C. 1.)

Aie pitié de moi, m'écriai-je, qui que tu sois, ombre ou homme.

CHAPITRE V.

Du redoublement des consonnes.

Les mots dérivés s'écrivent comme leur mot radical : *atto*, propre; *attitudine*, aptitude; *attualmente*, actuellement.

Dans les composés, si le premier des mots simples finit par une voyelle accentuée, on doit redoubler la première consonne du second mot, par la raison que nous avons déjà indiquée. Les grammairiens disent que les mots *gli* et *loro* sont exceptés. La raison est que le mot *gli* ayant deux consonnes, la voyelle dont on a supprimé l'accent, acquiert par elles la valeur même que cette suppression lui ôte; et le mot *loro*, ne pouvant pas se lier avec le verbe dont il dépend, il s'en suit que, dans celui-ci, on ne doit pas supprimer l'accent. Mais, pourquoi ne doit-on pas lier le mot avec le verbe qui le précède? Ce pronom ayant l'accent prosodique sur la première syllabe, il résulteroit de cette liaison un mot qui auroit deux syllabes consécutives accentuées; ce qui est tout à fait opposé aux lois de l'harmonie.

Si le premier des mots simples est un des monosyllabes *a, e, i, o, da, fra, ra, co, so, su, in,* toutes les fois que le second mot commence par une consonne, on doit la redoubler.

EXEMPLE.

Se tu ti atterrai al consiglio mio. (Fir. Luc.)
Si tu suis mon conseil.

Dans les mots dérivés du latin, les consonnes b, c, d, p, suivies d'un t, se changent en t.

EXEMPLE.

Dotto di guerra. (M. V.)
Savant dans l'art de la guerre.

CHAPITRE VI.

De la ponctuation.

LA virgule (,) sert à distinguer les parties de la proposition les unes des autres. Les Italiens placent la virgule devant la conjonction *e*, et devant les adjectifs conjonctifs *che*, *il quale*, etc. Quant à moi, je crois qu'il est inutile d'employer la virgule devant ces mots, lorsqu'ils ne font qu'ajouter une qualification au même mot.

EXEMPLE.

Diedono al manganone la pinta: il quale di sotto quanti ne coperse schiacciò, o sbaragliò; e di sopra si tirò dietro i merli, la cresta del bastione, e una torre congiuntagli, intonata da' sassi. (Dav. St. di T. lib. 3).

Ils poussèrent la baliste qui écrasa ou dispersa, en tombant, tous ceux qu'elle rencontra; et, dans sa chute, entraîna avec elle les créneaux, et les parties supérieures du bastion; et au même instant les pierres écroulées renversèrent une tour qui y étoit jointe.

On place le point-virgule (;) à la fin de chaque partie suspendue d'une période.

EXEMPLE.

Ogni suo detto, o fatto tendeva a farsi grande; e per far licenziosi i soldati, rimetteva nelle legioni il rifare i centurioni morti; onde erano fatti i più scandolosi; nè i soldati stavano co' capitani. (Dav. st. di T. lib. 3).

Son élévation étoit le but de tous ses discours, et toutes ses actions tendoient à exciter les soldats à la révolte; il permettoit aux légions de remplacer à leur volonté les centurions morts; c'est pourquoi les plus séditieux étoient nommés, et les soldats ne restoient plus avec leurs chefs.

Les deux points (:) marquent une pause plus longue, et on les met aussi au commencement d'une citation, d'une sentence, ou d'un discours qu'on rapporte.

EXEMPLE.

Rimanevavi fatica nuova, e varia : mura alte : torri murate : porte ferratissime : tanti soldati con l'arme in mano : tanto popolo Cremonese tutto della parte contraria. (Dav. id.).

Il leur restoit encore beaucoup d'obstacles à surmonter : des murs élevés, de fortes tours, des portes de fer ; une multitude de soldats armés ; le peuple nombreux de Crémone tout entier du parti contraire.

Le point (.) se met à la fin d'un sens complet.

EXEMPLE.

Spaventato finalmente dalle atroci novelle da ogni banda che il nemico veniva fulminando, spedisce alla guerra Cecina, e Valente : quegli partì prima : questi indugiava per riaversi d'una grave malattia. (Dav. St. di T. lib. 2.)

Enfin, épouvanté des funestes nouvelles qu'il recevoit de toutes parts, que l'ennemi terrible et menaçant s'avançoit, il envoie à la guerre Cecine et Valens : celui-ci partit d'abord ; celui-là différa pour se rétablir d'une maladie très-grave.

Le point d'interrogation (?) se met à la fin de toute phrase interrogative.

ITALIENNE. 283

EXEMPLE.

Se questo immenso imperio si potesse senza una reggente mano tener bilanciato, da chi poteva meglio cominciar la repubblica che da me? (Dav. St. di T., lib. 1.)

Si cet immense empire pouvoit être conservé dans son équilibre sans une main qui le gouverne, par qui la république pouvoit-elle mieux commencer que par moi ?

Le point d'exclamation (!) se met à la fin des phrases qui expriment l'étonnement, la pitié, la joie, etc., ou après une interjection.

EXEMPLE.

O gioja, o ineffabile allegrezza !
O vita intera d'amore, e di pace !
O sanza brama sicura ricchezza ! (D. Par. C. 27.)

O joie, ô allégresse inexprimable !
O vie remplie d'amour et de paix !
O richesse assurée, qui n'es point troublée par d'autres désirs !

Recueil d'idiotismes italiens.

Au lieu de remplir ma grammaire de dialogues et de mots qui ne servent qu'à grossir le volume, et n'offrent aux étudians aucun avantage réel, je leur présente un choix de phrases du style le plus pur et de la plus élégante simplicité, tirées des meilleurs écrivains italiens, laissant aux maîtres le soin d'en développer le sens littéral, et d'en faire connoître les beautés.

Infilare gli aghi al bujo. *Parlare colla testa nel sacco.*	Parler d'une chose dont on n'a aucune connoissance.
Insegnare leggere all' orso. *Legare il sabbione colle stoppe.* *Andare per acqua col vaglio.* *Pestare l' acqua nel mortajo.* *Imbottare la nebbia.*	Travailler en vain.
Toccare bomba.	Ne s'arrêter qu'un instant.
Pigliare il sale.	Redevenir sage.
Menare il can per l' aja.	Parler beaucoup sans conclure.
Essere come il pesce pastinaca.	N'avoir ni commencement, ni fin.
Questo a me non si attaglia. *Questo a me non calza.* *Questo a me non quadra.* *Questo non mi va.* *Questo non mi entra.* *Questo non va alla volta mia.* *Questo non mi va a pelo.* *Questo mi va a contrapelo.* *Questo non mi ha garbo.*	Cela ne me plaît pas, ou cela ne me sied pas, ou cela n'est pas de mon goût.
Esser dell' istessa taglia. *Esser dell' istessa tacca.*	Avoir les mêmes qualités, ou les mêmes vices.

ITALIENNE. 285

Esser dell' istessa razza.	
Esser dell' istesso pelo.	
Esser dell' istessa buccia.	Avoir les mêmes qualités, ou les mêmes vices.
Esser dell' istesso panno.	
Esser dell' istessa lana.	
Fu ad un pelo.	Peu s'en est fallu.
Non è più tempo che Berta filava.	Le beau temps est passé.
Non è più tempo di dar fieno a oche.	Il n'y a plus de temps à perdre.
Dar di becco in ogni cosa.	
Fare il Tullio.	Vouloir faire le savant, ou vouloir parler de tout.
Voler fare il saccente.	
Voler sedere a scranna.	
La schieggia ritrae dal ceppo.	Tel fils, tel père.
È un vende bubole.	C'est un bavard.
Essere intabaccato.	Être amoureux.
Avere il baco.	
Bisogna ricordarsi del mantello di Castruccio.	Il faut s'abandonner à la volonté du ciel.
Ha preso un granchio a secco.	
Ha preso un granciporro.	Il s'est trompé grossièrement.
Ha fatto un marrone.	
Ha preso un sonaglio per un' anguinaja.	
Esser fuor de' gangheri.	Être fou.
Sa se il vinco è salcio.	
Sa quante paja fanno tre buoi.	
Sa far della mano un pugno.	Il est rusé. (Le plus souvent on le dit par ironie.)
Sa menar l'oche a bevere quando piove.	
La vede da lontano.	

Abbajare alla luna.	
Predicare a' porri.	Prêcher dans le désert, ou
Predicare a' sordi.	parler à des personnes qui
Gracchiare a' venti.	ne vous comprennent pas.
Predicare al deserto.	
Aver pan per focaccia.	
Aver frasche per foglie.	Etre payé de la même mon-
Essere pagato della stessa moneta.	noie.
Ti saprà d'aglio.	Tu t'en repentiras.
Io piangerò per noci, essi per aglio.	Ils auront plus de peine que moi.
Di botto.	
In un' attimo.	
In un batter d'occhio.	En un clin-d'œil.
In un baleno.	
Non avreste detto amen.	
Esser più superbo di Capaneo.	Etre très-orgueilleux.
Vuole del signore a tutto pasto.	Il veut à chaque phrase des titres de dignité.
Ha nelle reni Palinuro.	D'un homme qui ne rend pas le salut.
Pretendere nel filo rosso.	Prétendre aux distinctions.
Vendere l'uccello sulla frasca.	
Vendere l'entrata in erba.	Vendre la peau de l'ours.
Vender la pelle prima di pigliar l'orso.	
Nostro cimbello.	D'un homme dont on s'amuse.
Tu m'infinocchi.	
Tu mi dai panzane.	Tu me trompes par de douces paroles.
Tu m'inzampogni.	

Voler il suo sino a un finocchio.	Vouloir le sien, jusqu'à la plus petite chose.
È un lavoro fatto a grottesco.	C'est un ouvrage fait grossièrement.
Fare d'una lancia un zipolo. Far d'una botte barili. Fare di trentatre undici.	Réduire beaucoup à peu de chose.
Bisognerebbe essere il Perù.	Il faudroit être très-riche.
Far le cose al bujo.	Faire les choses sans réflexion.
Consumare l'asta e'l torchio.	Manger le fonds avec le revenu.
Far Fillide.	Mourir ou se ruiner.
Farebbe a perdere colle tasche rotte.	C'est un dissipateur.
Far dire a qualcheduno le messe di S. Gregorio.	Désespérer de quelqu'un.
E' Fra Gaudente.	Il se donne du bon temps.
V'era il ben di Dio. V'era fino il latte di gallina.	D'un banquet somptueux.
Vi sta a locanda. Vi sta a pigione.	D'une chose déplacée.
Ve l'hanno condotto gli argani.	Il y a été conduit par force.
Tu fai come il pecorino di Dicomano.	Tu ne parles pas, et lorsque tu parles, c'est contre tes intérêts.
Andare a rubare co' zoccoli. Andare col cembalo in colombara.	Publier ses affaires.
Il topo è rimasto nell'orcio. È rimasto al calappio.	Cela se dit de celui qui a été pris en flagrant délit, et de celui qui a voulu échapper à la sévérité des lois.

Far fuoco nell' orcio.	Être secret en tout.
E' pare un' oca impastojata.	Il ne sait pas se tirer d'embarras.
Uscire dalle pastoje.	Se tirer d'embarras.
È andato nel fondo della luna.	Il est tout abstrait.
E' sta fresco.	Il est frais.
Farsi alla finestra.	Se mettre à la fenêtre.
Farsi incontro.	Aller au-devant.
È rimasto sulle secche.	Il a été abandonné.
Porre taluno in secco di qualche cosa.	Priver quelqu'un d'une chose.
Mi ha lasciato nelle peste.	Il m'a laissé dans le péril.
O asso, o sei.	Tout ou rien.
Egli è il caffo degli sciagurati.	Il est le plus malheureux du monde.
Tagliarsi le legna sul capo. Aguzzarsi il palo sul ginocchio. Aggravarsi sulla corda. Tirar sassi alla sua colombaja. Risciaquare il fiasco colle pietre.	Faire une chose dont il résulte un dommage à celui qui la fait.
Essere al lumicino. Essere alla candela. Essere a stillato.	Être à la fin de sa vie ou de ses biens.
Essere al fin del sacco.	Être à la fin de son bien.
Rimanere grullo grullo.	Rester sans argent et sans ressource.

La candela è al verde.	On est près de la fin.
Noi siam fritti, disse la Tinca a' Tincolini.	Il n'y a plus de remède.
Ha fatto l'oca.	Il a été bafoué.
Soddisfare del suo cuojo.	Payer de sa peau.
Dare la lattuga in guardia a papere. *Accostare la capra a' cavoli.* Dare la farina in guardia a' porci. Dare le pecore in guardia a' lupi. Porre il lupo per pecoraro. Porre un torso fra parecchie oche. Porre un cacio fra due grattugie.	Mettre le loup à la garde du troupeau.
Agguagliare la luna co' granchi. Paragonare il campanile del duomo colla settimana santa.	Comparer deux choses très-différentes.
Lasciarsi vender vessiche per lanterne. Lasciarsi vender lucciole per lanterne.	Être dupe.
Far celia.	Faire une plaisanterie.
Piangere a sonagli di sparviero.	Pleurer fortement.
Andare a vela.	Aller avec un vent favorable.
È salito in bica.	Il s'est mis en colère.

Sà d'aceto che pare un' insalata.	Se dit d'un homme qui s'emporte facilement.
Dare nel gigante.	Faire le brave.
Fare il viso dell' armi.	Regarder quelqu'un avec colère.
Fare il viso arcigno.	Avoir un air brusque.
Aver il fieno nel corno.	Être connu pour un homme facile à s'emporter.
Guarda la gamba.	Sauve-toi.
Qui sta il punto, disse Lipotopo.	Cela se dit à celui qui, ayant proposé un expédient, ne sait pas répondre à une difficulté qu'on lui oppose.
Apporrebbe al sale. Attacca il cencio a tutti. Daria menda a' ducati traboccanti. Cerca il pelo nell' uovo. Cerca il nodo nel giunco. Cerca i fichi in vetta. Cerca cinque piedi al montone.	Il trouve à redire sur chaque chose.
Cerca lappole. Cerca le brighe col fuscellino.	On dit cela d'un homme qui cherche des disputes.
Cene avvedremo al far de' conti. Cene avvedremo allo scuotere de' sacchi. Cene avvedremo allo staccare delle tende.	On connoîtra cela à la fin.

È altro male che da biacca. Vi vuol altro, che stoppa, e chiara d'uovo.	Il y a un grand mal, ou des désordres difficiles à réparer.
Allargare le ali più del nido. Stendersi più del suo lenzuolo.	Faire plus que son état ne le permet.
Fare il passo secondo la gamba.	Agir selon ses moyens.
Andare alle giubbette. Andare a Lungona. Andare a Fuligno. Riposare sopra un letto a tre colonne.	Être pendu.
Vi andò come il serpe all' incanto. Volentieri colle lagrime agli occhi. A male in corpo.	Il y alla contre sa volonté.
Aizza i cani all' erta.	Il excite aux disputes.
Lo disse a lettere di scatole. Lo disse a lettere d'archi trionfali. Lo disse a lettere di appigionasi. Parlò fuori de' denti.	Il le dit très-ouvertement.
Andare per la decima, e lasciarvi il sacco. Andare per l'uovo e lasciarvi la gallina. Andare per lo salario e lasciarvi la livrea. Andare per la farina e lasciarvi lo staccio.	Aller pour gagner et perdre; pour tromper et être trompé.

Ajutarsi a calci, e morsi.
Mettervisi coll' arco dell' osso. } Faire tous les efforts possibles.

A peggior tela stracciai le fila.
Ad altre cime ho colto noci.
Di altre volpi ho imparata la tana.
Ad altre rondini ho guasto il nido.
Ad altre barbe l'ho accoccata. } Se dit pour exprimer qu'il est facile d'abattre l'orgueil de quelqu'un.

Ridere all' abbandonata.
Ridere a scroscio.
Ridere a risa scarracolate.
Farsi una sgangherata di mascelle. } Rire à gorge déployée.

Grattare il corpo alla cicala. } Exciter un babillard ou un médisant à parler.

Stuzzicare il formicajo. } Engager quelqu'un, à force de questions, à dire même des choses qui nous sont défavorables.

Dare in quello di taluno.
Dare dove gli duole. } Demander à quelqu'un ce qu'il désire.

Essere fra l'uscio e l'arca.
Essere fra l'uscio, e 'l muro.
Essere fra le brace, e la padella.
Essere fra l'incudine, e 'l martello.
Essere fra Scilla, e Cariddi. } Se trouver au milieu de deux périls également grands.

ITALIENNE.

La merla ha passato il Pò.	Se dit d'une femme qui commence à vieillir.
Far la gatta morta. *Far la gatta di Masino.*	Faire le chat qui dort.
È un falanina. *Dorme co' guanti.* *È fatto di fiato.* *La paura gli guarda la vigna.*	D'un homme délicat qui ne veut point se gêner.
Dar le noci moscate a' cinghiali. *Dar il vino alle ranocchie.*	Donner de bonnes choses à celui qui n'en connoît pas le prix.
Arare col bue, e coll' asino.	Faire tous les efforts possibles.
Arrecar acqua quando la casa è arsa. *Portar la medicina quando l'ammalato è morto.*	Apporter un secours trop tard.
A questo fiasco si ha da bere.	On ne peut pas éviter cette rencontre.
La volpe non vuol ciriegie.	Se dit de quelqu'un qui fait semblant de mépriser ce qu'il désire.
Par la cornacchia d'Esopo.	Il n'a rien du sien sur lui.
Arrabbia come un picchio sovra un mandorlo.	Il se fâche de ne pas pouvoir obtenir ce qu'il désire.
Assai parole, e poche lancie rotte. *Molto mena, e poco fila.*	D'une personne qui promet beaucoup et ne fait rien.
Ha il cuore d'un grillo. *Ha paura dell' ombra sua.*	Se dit d'une personne sans courage.

Ha paura de' bruscoli.	
Affogherebbe in un bicchiere d'acqua.	Se dit d'une personne sans courage.
Le biche gli pajon montagne.	
Non ha sal in zucca.	
Non sa un acca.	Se dit d'un homme simple ou ignorant.
Non sa dove s'abbia le capre.	
Non sa se è vivo.	
Non aver fior d'ingegno.	Être sans génie.
Attacca il majo ad ogni uscio.	D'un homme qui devient facilement amoureux de toutes les femmes.
Non ha nè garbo nè grazia.	Il est stupide ou grossier.
Non entra nel calendario.	D'un homme dont on ne fait point de cas.
Andare co' calzari di piombo.	Agir avec réflexion.
Attaccar l'asino a buona caviglia.	Être bien endormi.
Adesso può far del cavaliere errante.	Maintenant qu'il a tout perdu, il peut aller à la quête.
Tornare alle stiacciatine.	De riche devenir pauvre.
Tornare al pentolino.	
Aspettar il porco alla quercia.	
Aspettar l'anguille alla calata.	Attendre l'occasion.
Aspettar la palla al balzo.	
Veduto il bello.	Ayant vu le temps propice.
Fare alla palla di taluno.	Faire de quelqu'un tout ce qu'on veut.

ITALIENNE.

Scaldare due ferri ad un fuoco.
Pigliare due piccioni ad una fava. } Faire deux choses en même temps.
Fare una strada, e due viaggi.

Tendere le reti al vento. — Travailler inutilement.
Campare a scrocco. — Vivre aux dépens d'autrui.
Toccare scacco matto. — Etre battu tout à fait.

Avere il granchio alle mani.
Aver le mani aggranchiate.
Aver il granchio alla scarsella.
Aver la gotta alle mani. } Etre très-avare.
Essere uno squarta piccioli.
Essere uno squarta bajocchi.
Spartire un fico secco.
Scorticare le cimici.

Far castelli in aria. } Faire des châteaux en Espagne.
Cadere dalla padella nelle bracie. } Tomber d'un mal dans un autre.
È sbirro vecchio. — Il est très-rusé.
Così non canta Giorgio. — Je ne l'entends pas ainsi.
Il mio asino non torna a me. } Je n'y trouve pas mon compte.
È un' imbroglia matasse. — Il fait les choses trop vite et mal.
Far le cose a ruffaruffa. } Faire les choses précipitamment.
Ha acceso il lucignolo.
Ha levata la cannella.
Si è preso il giuoco. } Se dit d'une personne qui a commencé à parler et ne finit plus.

Si è posto le carti in mano. Ha cominciata la zolfa.	Se dit d'une personne qui a commencé à parler, et ne finit plus.
In qualche luogo capiteremo noi disse colui, che lo portava via il diavolo.	A tout malheur, il y a une fin.
Far le fiche.	Faire à quelqu'un un geste de mépris.
Pare una settimana senza feste.	Se dit de quelqu'un qui a toujours affaire.
Far la gambetta.	Barrer le chemin à quelqu'un (au figuré).
Tu sei l'oca.	Tu es attrapé.
Dir cose da contare a vegghia.	Dire des choses inutiles.
Questa l'è da pigliar colle molle.	C'est une grande faute.
È andato per le fratte. Ha dato in tinche, e in ceci.	Il n'a pas réussi.
Imboccare col cucchiaro voto.	Promettre beaucoup, et ne donner rien.
Ha dato un tuffo.	Se dit d'une personne qui a commencé à perdre sa réputation.
Dare l'ultimo tuffo.	Mourir, ou devenir fou.
È un gnocco. È un maccherone.	C'est un imbécille.
È un lanternone senza moccolo.	Il est plus sot qu'il n'est grand.
Ognun può far della sua pasta gnocchi.	Chacun peut faire de son bien ce qu'il lui plaît.

È pan perduto.	D'un homme qui n'est bon à rien.
Babbeo. Babbano. Babbocchio. Babbuasso. Bachiocco.	On donne ces noms aux ignorans.
Se ne sta a man giunte come un boto. Se ne sta colle mani alla cintola. Pare un colombo di gesso.	Se dit d'une personne oisive.
Accenna coppe, e dà danari.	De celui qui dit le contraire de ce qu'il fait.
Fare dalla a al zetta.	Commencer et finir une entreprise.
Gli ho scoperto il bendine della matassa.	Je ne lui ai rien laissé ignorer.
Non l'ho inacquata.	J'ai dit la chose telle qu'elle est.
Gli scardazzò la lana. Gli rivide le costure.	Il le punit ; ou il le frappa.
Cacciare le mosche da dosso a uno. Mandar taluno a legnaja.	Battre quelqu'un.
Ne ha pagato il fio.	Il en a été puni.
Cozzerebbe co' moricciuoli.	Il a la tête dure.
Ha la lana a rovescio.	C'est un fantasque.
Ove vai ? sto co' Frati. Ove vai ? son cipolle.	Une personne qui ne répond pas suivant ce qu'on lui demande.

Piantare uno.	Abandonner quelqu'un.
Pianta la vigna.	Il est distrait, et n'entend pas ce qu'on lui dit.
Consumarsi nella cavezza.	Désirer en vain.
Per un punto Martin perdè la cappa.	Pour un point, Martin perdit son âne.
Promette mari, e monti.	Il fait de grandes promesses.
Tira a segno, ma non imbrocca.	Il fait de vaines tentatives.
Dare il pane colla balestra. Porgere il pane colla spada.	Faire le bien à contre-cœur.
È fatto il becco all' oca.	L'affaire est terminée.
Nacque vestito. È nato in grembo a Giove.	Il naquit heureux.
Tenere l'oche in pastura. Tenere a bada. Tenere a balocco. Tenere a badalucco. Dare erba trastulla.	Amuser quelqu'un par de vaines promesses.
Gli è presa la battisoffia.	Il a eu un moment de frayeur.
Non ti stimo il cavolo a merenda. Non ti stimo un ette. Non ti stimo un fico secco. Non ti stimo una luppola. Non ti stimo un lupino. Non ti stimo una sorba. Non ti stimo un pelo.	Toutes ces phrases expriment le mépris que l'on a pour une personne.

ITALIENNE. 299

Non ti stimo un bajocco.
Non ti stimo un zero.
Non ti stimo un jota.
Non ti stimo un soldo.
Non ti stimo un quattrino.
} Toutes ces phrases expriment le mépris que l'on a pour une personne.

Ha avuto il sapone.
Gli sono state unte le mani.
Ha preso il boccone.
} On lui a fait des présens pour la suborner.

Ara dritto. — Prends garde à ce que tu fais.

Fanno a chi più esser modesto. } Ils se disputent la gloire de la modestie.

Batter la borra.
Batter la Diana sul Lunajo.
} Trembler de froid.

Dar fondo al suo avere. — Dissiper son bien.

Alzare i mazzi.
Prendere il puleggio.
Ungere gli stivali.
} Se sauver.

I granchi voglion mordere le balene.
L'aquila non piglia mosche.
La capra non contrasta col lione.
L'elefante non sente il morso della pulce.
} Se dit d'un homme foible attaquant un plus fort.

Tal guaina, tal coltello.
Lassa andare i colombi, e s'appajano.
Sono una coppia, ed uno.
} Se dit de deux hommes également scélérats.

Sa d'Arlotto. { Se dit d'un homme mal propre, qui n'a d'autres jouissances que la table.

Ha la spranghetta.	
Ha preso la monna.	
Ha preso la Bertuccia.	Il est gris.
Gli pare due l'uno.	
Non sa dire erre.	
Tu armeggi.	Tu te confonds dans tes dis-
Tu farnetichi.	cours.
Alla barba.	A votre nez.
Far pissi pissi.	Parler tout bas.
La fabbrica di S. Pietro.	Se dit d'un travail qui n'a point de fin.
Quel che non va nelle mani che va ne' ghironi.	Ce qu'on épargne d'un côté, s'en va d'un autre.
Farla ad uno.	Jouer un tour à quelqu'un.
Fare a farsela.	Chercher à prendre sa revanche.
Vive come chi sta sul taglio.	Il vit de son gain journalier.
Non mancano orsi a queste pere.	Il ne manque pas d'envieux pour cela.
L'orso sogna pere.	On pense toujours à ce qu'on désire.
Far come il cane dell' ortolano.	Ne pas vouloir une chose, et ne vouloir pas qu'un autre en jouisse.
Predicare il digiuno a pancia piena.	Conseiller quelqu'un de s'abstenir d'une chose dont on est rassasié.
La rabbia è fra' cani.	Se dit de plusieurs personnes du même rang qui disputent ensemble.
Rompere il guado. Cominciare a rompere il ghiaccio.	Commencer une affaire difficile.

ITALIENNE. 301

Andare in visibilio.	
Andare in gloria.	
Andare ne' sette cieli.	Être transporté de joie.
Non toccar cò piè la terra.	
So quel che dico, quando dico torta.	Je sais ce que je dis.
Gli luce il pelo.	
Ha una cera badiale.	Il est gros et gras.
Portare il cavolo a legnaja.	
Portare vasi a Samo.	
Portare nottole ad Atene.	Porter de l'eau à la rivière.
Portare pepe all' Indie.	
Asino bianco gli va a molino.	Se dit de celui qui n'a rien à
Uccella per grassezza.	desirer, et qui se plaint
Si rammarica di gamba sana.	toujours.
Dire il pater noster della bertuccia.	Jurer.
Darsi alle bertuccie.	Enrager.
Ha mangiato cicerchie.	Il ne voit presque rien.
Mi è caduto dal crivello.	Je ne l'estime plus.
Mi è caduto dallo staccio.	
Ne parlerei al bujo.	Je ne saurois l'assurer.
Confettare una rapa.	Obliger un ingrat.
Stare a crocchio.	Perdre son temps.
Fare la lionessa.	Chercher à savoir les affaires des autres.
Se ne sta come il topo nella zucca.	N'oser dire un mot, étant convaincu d'une faute.
È più bugiardo d'un epitaffio.	Il est très-menteur.
Navigherebbe sopra un' incudine.	Se dit de celui qui a de l'adresse et de la patience pour parvenir à son but.

Le dice coll' ulivo.	
Aprite la porta dello scarica-tojo.	Il dit des choses si extraordinaires, qu'il est impossible d'y croire.
Fate largo.	
Vedere il sole a scacchi.	Être en prison.
Essere aggratigliato.	
Andare ove le capre non cozzano.	Aller en prison.
Amico da starnuti.	
Amico di mensa.	Ami dont on n'a rien à espérer.
Amico da pignatta.	
È giunto l'ulivo.	La paix est faite.
Fin da quando volavano i pennati.	Il y a très-long-temps.
Al tempo delle Fate.	
Fare uno sbirleffe.	Faire une blessure au visage.
Fare un X in faccia.	
Fare le cose a chetichelli.	Faire les choses secrètement.
Roma non si fece in un dì.	Peu à peu l'on vient à bout de tout.
A penna a penna si pela l'oca.	
È un sputasenno.	
È un sputaperle.	Il parle avec affectation.
È un sputasentenze.	
È un sputagemme.	
E' non saranno rimandati per mutoli.	
La lingua non si rappallozzola loro in bocca.	Ceci se dit de ceux qui parlent beaucoup.
La lingua non muore loro in bocca.	

ITALIENNE.

Se la sguazza / Se ne sta in Cuccagna.	Il jouit grandement.
Ha sciolto lo scilinguagnolo.	Il parle très-vite.
Giuocherebbe alla mora di notte.	Il est prudent et rusé.
Non m'impaccierei seco al giuoco de' noccioli.	Je ne m'associerois jamais avec lui, même dans les plus petites choses.
Legar l'asino dove vuole il padrone, ou, ar plaisanterie, legar il padrone dove vuol l'asino.	Attacher l'âne où le maître veut.
Voler la gatta.	Chercher querelle.
Andare a legnaja. / Andare a querceto. / Andare al pino. / Andare all' olmo. / Andare in perticaja. / Andare in castagneto.	Recevoir des coups de bâton.
Venire da Mattelica.	Être fou.
Piantar carote. / Piantar pastinache. / Vender lumache per ostriche.	Mentir.
Grattarsi la pancia. / Starsene a mani pendoloni.	Être oisif.
Abbiala per un zucchero.	A celui qui se plaindroit d'avoir subi un châtiment bien moins rigoureux que celui qu'il auroit mérité.
Cicalare. / Ciarlare.	Dire des choses insipides.

GRAMMAIRE

Cinguettare. Ciangolare. Chiaccherare. Cornacchiare.	Dire des choses insipides.
Il tale è rimaso scornato, ou scornacchiato, ou scorbacchiato, ou con un palmo di naso.	Se dit de celui qui a éprouvé quelque dommage de quelqu'un.
E' nicchia. E' pigola. E' miagola. E' tentenna. Si dimena nel manico. Si scontorce. E' la pensa.	Se dit de quelqu'un qui, ayant été mal payé d'un premier service, se décide difficilement à en rendre un second.
Non ti dei perder d'animo.	Tu ne dois pas perdre courage.
Mangiare la torta in capo.	Surfaire.
Svertare. Sborrare. Schiodare. Votare il sacco.	Dire tout ce qu'on a fait, quand on est interrogé.
Andarsi garabullando.	Aller çà et là sans savoir où.
Fare una batosta. Darsene infino a' denti. Fare a' morsi, e a' calci. Fare a' capelli.	Se disputer ou se battre.
Tu m'infinocchi. Non pensare d'infinocchiarmi. Tu mi vuoi empier di vento.	Faire comprendre à quelqu'un que ce qu'il dit n'est que mensonges.

Mettere su uno, ou *metterlo al punto*.	Exciter quelqu'un à dire ou à faire du mal.
Riscaldare gli orecchi a uno. *Soffiare negli orecchi a uno.*	Réprimander quelqu'un.
Far parole.	Parler.
Dar di becco in ogni cosa.	Faire le savant.
Dar seccaggine.	Ennuyer quelqu'un.
Favellare senza animosità.	Dire son avis sans passion.
Favellare in sul saldo.	Parler avec bon sens.
Stare in sul grande. *Stare in sul grave.* *Stare in sul severo.* *Stare in sull' onorevole.*	Avoir dans ses gestes et dans ses paroles un air de gravité.
Favellare a caso. *Favellare a vanvera.* *Favellare a gangheri.* *Favellare alla Carlona.*	Parler sans réflexion.
Conciare alcuno pel dì delle feste.	Parler mal de quelqu'un, et lui nuire.

Je pourrois faire un volume de semblables phrases, qui sont d'une pureté de style inimitable ; mais le temps ne me le permettant pas, les curieux pourront les chercher dans leur source, en lisant *Dante, Petrarca, Boccaccio, Ariosto, Arsiccio, Tassoni, Redi, Berni, Bernardo Berlinzone, Varchi, Benevento da Imola, Doni, Pietro Nelli, il Mal-*

mantile, il Morgante del Pulci, l'Arétino, et mille autres, qui, étant ignorés chez les étrangers, font porter des jugemens très-injustes sur la richesse de la littérature italienne, aux personnes qui n'ont entendu parler que du *Tasse* et de *Métastase*.

TRAITÉ
DE LA POÉSIE ITALIENNE.

LE désir de répondre au vœu de plusieurs de mes élèves, l'espérance d'être utile à tout le monde, et la nécessité, sur-tout, de venger notre poésie des outrages de certaines personnes qui, en lisant nos poètes, n'y trouvent qu'une monotonie aussi fatigante qu'insipide, m'engagent à compléter mon ouvrage par un traité de la poésie italienne. Si j'ai le bonheur d'être lu, je ne tarderai pas à convaincre mes lecteurs que tout ce que les grammairiens ont dit jusqu'ici, en se copiant les uns les autres, ne peut donner une juste idée du vers italien.

Pour en développer le mécanisme, et en faire bien sentir tout le charme, je commencerai par combattre l'opinion de ceux qui prétendent que le nombre des syllabes et la rime constituent essentiellement le vers italien ; je démontrerai ensuite que ce qui le distingue de la prose, n'est autre chose que l'accent tonique, accent, dont on parle tous les jours sans en sentir la force et sans en connoître les prérogatives, et des rapports duquel naît cette variété étonnante d'harmonie, que l'on admire dans notre poésie.

Plusieurs motifs doivent porter les étrangers à l'étude de la poésie italienne : 1.º la certitude de parvenir facilement à composer des vers italiens, selon les règles prescrites à notre versification; 2.º le plaisir inexprimable de sentir, ce que les étrangers parviennent rarement à pouvoir apprécier, l'harmonie enchanteresse qui caractérise nos vers; 3.º l'agrément de les bien lire, d'où dépend en grande partie l'effet qu'ils produisent, même sur ceux qui les écoutent, sans les comprendre; 4.º l'avantage d'acquérir, par cette étude, la pureté de la prononciation de notre langue, mérite que très-peu d'étrangers peuvent se flatter de posséder dans toute sa perfection; mérite très-nécessaire cependant pour le chant et très-difficile à acquérir, quelle que soit l'opinion de ceux qui, trompés par les traditions de l'ignorance, ou par une apparence illusoire, regardent comme inutiles les soins qu'on donneroit à cette partie essentielle de l'étude de notre langue.

Quoi qu'il en soit, un étranger qui prononce parfaitement l'italien, est encore une espèce de phénix difficile à rencontrer; et rien n'égale le supplice d'une oreille délicate, impitoyablement déchirée par une prononciation vicieuse. Que sera-ce donc, s'il s'agit du chant où la mélodie caractéristique de notre langue perdroit tout son charme et tout son effet musical!

DE LA POÉSIE ITALIENNE.

Non, ce n'est point le nombre des syllabes, ce n'est point la rime, qui constitue les vers italiens. Ce n'est point la rime; car nous avons des poëmes écrits en vers non rimés; ce n'est point le nombre des syllabes, puisque, si dans un vers un seul mot change de place, il n'y a plus de vers, quoique les mots et le nombre de syllabes soient toujours les mêmes. En pourroit-on douter ? Voici un exemple capable de convaincre l'organe le plus rebelle.

I venni in luogo d'ogni luce muto,
   Che mugghia, come fa mar per tempesta,
   Se da contrari venti è combattuto.
La bufera infernal, che mai non resta,
   Mena gli spirti con la sua rapina,
   Voltando, e percotendo, gli molesta.
Quando giungon davanti alla ruina :
   Quivi le strida, il compianto, e 'l lamento;
   Bestemmian quivi la virtù divina.
                       (D. inf. C. 5.)

« J'arrivai dans un lieu, dont rien n'éclairoit les
» ténèbres, où l'on entendoit des mugissemens
» tels que ceux de la mer, quand la tempête
» l'abandonne aux combats des vents opposés.
» L'infatigable tourbillon des enfers entraîne avec
» force les ombres dans son vol rapide; il les roule,
» il les frappe, il les poursuit sans relâche. Arrivent-
» elles au bord du précipice affreux qui s'ouvre de-

» vant elles : c'est là que l'on entend des cris, des
» plaintes, des gémissemens, et qu'un blasphème
» éternel y maudit la divinité. »

Ces vers sont très-harmonieux; et, en les lisant, il
nous semble entendre le fracas épouvantable de ce
vent furieux que le poëte entendit lui-même aux enfers; mais écrivons-les autrement, c'est-à-dire, changeons la place des accens toniques, en laissant les
mêmes mots et les même syllabes, et voyons ce qui
en résulte.

In luogo d'ogni luce muto io venni
    Che mugghia, come per tempesta fa 'l mar,
    Se è combattuto da venti contrari :
L'infernal bufera, che mai non resta, etc.

Quel changement! toute l'harmonie a disparu, et
toute idée de vers est détruite!

En outre, si le vers italien résultoit essentiellement
du nombre des syllabes, il suffiroit, pour faire un
vers de huit syllabes, d'en ajouter une à celui de sept :
ainsi, augmentant d'une syllabe le vers : *E se pur
cade al suolo*; et disant : *E se pure cade al suolo*,
on auroit un vers de huit syllabes; mais cette augmentation produit à peine de la prose, comme on
peut le sentir, en comparant l'harmonie qui en résulte, avec celle des vers de huit syllabes bien faits;
ce n'est donc pas le nombre des syllabes qui constitue
nos vers.

S'il en étoit ainsi, ne pourroit-on pas, en effet, dans un vers quelconque, changer la place d'une syllabe, sans le détruire? Cependant, si dans le vers: *E se pur cade al suolo*, on retranche au commencement une syllabe, et qu'on la transporte au milieu; comme: *Se pure cade al suolo*, toute l'harmonie est détruite, et le vers a cessé d'exister.

Mais, si ce n'est ni la rime, ni le nombre des syllabes, qu'est-ce donc qui produit cet ensemble harmonieux, d'où résulte la beauté du vers italien? Ce n'est autre chose que l'accent tonique, ainsi que nous le démontrerons bientôt par des preuves qui ne laisseront rien à désirer; c'est lui seul qui leur imprime le mouvement et les impulsions que l'âme communique aux choses même insensibles, et qui établit ce grand intervalle qui sépare la poésie de la prose; il est donc important de se former une juste idée de cet accent. Pour procéder avec ordre, j'en ferai connoître d'abord le caractère; j'expliquerai ensuite comment il existe, et je déterminerai la place qu'il occupe dans les mots; je parlerai enfin des différentes sortes de vers italiens, depuis ceux de cinq jusqu'à ceux de onze syllabes inclusivement, et enfin de toutes les autres parties les plus essentielles de la poésie.

De l'accent.

Ce mot, dans son acception générale, signifie toute modification différente de la voix dans l'articulation des mots qui composent le discours. Il y a plusieurs

sortes d'accens; savoir : l'accent *grammatical*, dont la fonction se réduit à désigner la valeur des syllabes; le *rationel*, qui indique le rapport des idées; l'*oratoire*, qui, par les différentes modifications de la voix, exprime les sentimens dont l'orateur est affecté; l'accent particulier des nations, qui est le résultat de leur imagination et de leur sensibilité naturelles. Voici ce que le célèbre J.-J. Rousseau dit à propos de cet accent : « L'Allemand, par exemple, hausse également
» et fortement la voix dans la colère; il crie toujours
» sur le même ton; l'Italien, que mille mouvemens
» divers agitent rapidement et successivement dans
» le même cas, modifie sa voix de mille manières; le
» même fond de passion règne dans son âme; mais
» quelle variété d'expressions dans ses *accens* et dans
» son langage »! Enfin il y a l'accent *tonique*, et c'est celui dont nous allons nous occuper plus particulièrement.

De l'accent tonique.

Dans chaque mot composé de plusieurs syllabes, il y en a toujours une sur laquelle la voix, en prononçant le mot, se fait entendre plus fortement que sur les autres; cette élévation de la voix, ce frappement plus sensible sur une syllabe que sur les autres, qui consiste en un coup de gosier qui élève le son d'un degré, pour reprendre à l'instant, le même son d'où l'on est parti, sur la syllabe suivante, est précisément ce qu'on appelle *accent tonique*. En prononçant le mot *sovrano*, l'oreille s'aperçoit que la voix s'élève sur la syllabe *vra*, au-dessus des autres ; ce qui fait connoître que, dans ce mot, l'accent tonique se trouve sur la pénultième syllabe.

Pour mieux sentir la force de cet accent, examinons pourquoi le mot *caro* rime avec *amaro*. Croit-on que cette correspondance de rime dérive de ce que ces deux mots sont terminés par la même voyelle? Si cela étoit, *caro* et *torto* rimeroient aussi, ce qui n'est pas. Dira-t-on que *caro* rime avec *amaro*, parce qu'ils sont tous deux terminés par la même syllabe? point du tout; car, s'il en étoit ainsi, *caro* rimeroit avec *cavaliero*, et cependant ils ne riment pas. Enfin, penseroit-on que ces mots riment ensemble, parce qu'outre la dernière syllabe, ils ont aussi la pénultième voyelle semblable ? Ce n'est pas encore par cette raison; car, si cela suffisoit, *caro* rimeroit avec *barbaro*, ce qui est impossible. Ce qui produit cette correspondance de rime, n'est autre chose que l'accent *tonique*, qui se trouve dans les deux mots, sur la pénultième voyelle, qui a, par conséquent, le même son dans les deux mots; donc, un mot rime avec un autre, lorsque, dans les deux, la voyelle qui a l'accent tonique, et toutes les autres lettres après celle-ci, sont exactement les mêmes. Cela nous démontre évidemment que la rime italienne n'est pas aussi facile qu'on le croit communément, et que la monotonie prétendue de notre versification n'est qu'un préjugé injurieux, mais facile à détruire aux yeux du goût et de la raison.

De la place que l'accent tonique occupe dans les mots.

L'accent tonique n'a point de place fixe dans les mots; il peut se trouver sur la dernière, ou sur la pénultième, ou sur l'antépénultième syllabe, et même sur celle qui la précède.

Les mots qui ont l'accent tonique sur la dernière voyelle, sont ceux terminés par *a*, *e*, *i*, *o*, *u*, dont on a retranché une voyelle ou une syllabe à la fin. Tels sont les suivans: *carità* pour *caritade*, *re* pour *rege*, *morì* pour *morio*, *amò* pour *amoe*, *virtù* pour *virtude*, etc. De ce nombre, sont aussi les mots dont on a supprimé une voyelle par la règle du retranchement; comme: *amor* pour *amore*, *mortal* pour *mortale*, etc. On appelle ces mots: *parole tronche*, mots tronqués; et les vers, terminés par un de ces mots, s'appellent: *versi tronchi*, vers tronqués. Ces vers doivent avoir une syllabe de moins que les autres.

    E'l bue tremante e chino
 Si scosse, barcollò, morto caddè.
     (A. Caro Trad. di Virg.)

L'accent tonique à la fin de ce vers, rend très-heureusement le *procumbit humi bos* de Virgile, et frappe l'oreille du même bruit que la chute de cet énorme bœuf.

Les mots qui ont l'accent tonique sur la pénul-

DE LA POÉSIE ITALIENNE. 515

tième, sont : 1.º tous ceux de deux syllabes, qui ne finissent pas par une voyelle accentuée ; comme *màno*, *tèmpo*, etc. ; 2.º ceux de plus de deux syllabes, qui ne sont pas terminés par une voyelle accentuée, et qui n'ont l'accent ni sur l'antépénultième, ni sur celle qui la précède; comme : *dolènte*, *adòrno*, *spavènto*, *candòre*, etc. Ces mots s'appellent : *parole piane*, et les vers terminés par un de ces mots, sont nommés : *versi piani*. Ils ont toujours une syllabe de plus que les vers tronqués.

Tous les mots dont la pénultième syllabe est brève, ce qui se connoît par la rapidité avec laquelle on la prononce, tels que *bàrburo*, *pèrfido*, *tùrgido*, etc., ont l'accent tonique sur l'antépénultième. Que l'on entende prononcer ces mots par un Italien, on s'apercevra que, sur la première voyelle, il élève sensiblement la voix, et qu'il la baisse sur les autres. Un peu d'attention, et les observations du maître, mettront bientôt l'élève en état de sentir cette différence de ton. Voici cependant quelques règles pour faciliter la connoissance des mots qui ont l'accent prosodique sur l'antépénultième syllabe.

Les mots dont la pénultième voyelle est suivie par une des consonnes *b*, *d*, *f*, *p*; comme : *rèprobo*, *ràpido*, *paràgrafo*, *prìncipe*, etc. Les adjectifs terminés en *ile*, *ole*, *fico*, *dico*, comme : *fàcile*, *piatèvole*, *venèfico*, *verìdico*, etc. Tous les superlatifs, comme : *dolcìssimo*, *velocìssimo*, etc. Les troisièmes personnes du pluriel de tous les temps, excepté les futurs, comme : *àmano*, *amàvano*, etc. Les trois personnes du singulier du présent de tous les modes dans les verbes de la première conjugaison qui ont, à l'infinitif, une syllabe de plus qu'au présent; comme: *mòrmoro, mòrmori, mòrmora* de *mormorare*; tous ces mots ont l'accent tonique sur l'antépénultième: on les appelle *parole sdrucciole*, mots glissans; et les vers terminés par un de ces mots, sont appelés *versi sdruccioli*. Ils ont toujours une syllabe de plus que les vers *piani*.

Nous avons aussi des mots qui ont l'accent tonique sur la voyelle qui précède l'antépénultième. Ce sont les troisièmes personnes du pluriel du présent de tous les modes dans les verbes qui, aux troisièmes personnes du singulier de ce temps, ont l'accent sur l'antépénultième; comme: *mòrmorano, vèndicano*, etc., et tous les mots glissans, à la fin desquels on ajoute un ou deux pronoms, tels que *vèndicati, divordronselo*, etc. Ces mots ont un son peu agréable, c'est pourquoi on les emploie rarement dans les vers.

Du rapport des accens toniques.

Chez les Grecs et les Latins, l'harmonie du vers étoit le résultat d'un nombre déterminé de pieds assortis par une certaine combinaison de syllabes longues et brèves. Les Italiens, ne pouvant pas assujétir leurs vers aux mêmes règles avec le même succès, les ont dirigés par les accens toniques, c'est-à-dire par la succession variée et régulière des tons. C'est, je le répète, de ces rapports que naît le charme divin de notre harmonie poétique. Voici quelles sont les règles pour établir ce rapport : elles sont précédées de quelques observations, qu'il est important de faire d'abord.

Première observation.

Le vers italien est composé de plusieurs mesures. On entend par le mot mesure un certain nombre de syllabes dont la première a l'accent tonique.

Deuxième observation.

La mesure de nos vers est constamment une mesure à deux temps et se bat, un temps en frappant, et l'autre en levant.

Troisième observation.

La première mesure d'un vers commence toujours du premier accent; la dernière, du dernier. Celle-ci n'est jamais complète que dans les vers *sdruccioli*; car, dans les vers *piani*, elle est composée d'une syllabe accentuée et d'une sans accent ; et dans les *tronchi*, de la seule syllabe accentuée.

Quatrième observation.

Il sera de la plus grande utilité pour les étudians, en lisant des vers, de leur faire battre la mesure jusqu'à ce que cet exercice les ait mis en état de les bien lire et de sentir l'harmonie qui les caractérise. Pour cela, on leur fera prononcer dans le premier temps ou en frappant, la syllabe accentuée; et dans le second, ou en levant, les autres syllabes, soit qu'il y en ait deux ou quatre, soit qu'une de celles-ci soit remplacée par une pause.

Voyons maintenant les règles du rapport de l'accent tonique.

Règle première.

Une syllabe accentuée est égale à deux sans accent.

Règle deuxième.

Deux syllabes sans accent sont égales à quatre dépourvues d'accent, et prononcées avec une rapidité double des premières. Donc, une syllabe accentuée peut être aussi égale à quatre sans accent. C'est ainsi qu'en musique, une blanche est égale à deux noires ou à quatre croches.

Règle troisième.

Une syllabe accentuée composant le premier temps de la mesure, on doit la faire suivre par un nombre de syllabes sans accent, égal de temps à la première. Donc, une syllabe accentuée doit être suivie par deux ou quatre sans accent.

Règle quatrième.

Il n'est pas permis d'outrepasser ce nombre, sans détruire les principes invariables de l'harmonie.

DE LA POÉSIE ITALIENNE. 519

Règle cinquième.

Si l'on est forcé par les circonstances à placer de suite plusieurs monosyllabes, il faut, dans la prononciation, les regarder comme dépourvues d'accent. Sans cette licence, la syntaxe, la construction, le style, etc., feroient éprouver au poëte une gêne insurmontable.

Règle sixième.

D'après la règle troisième, si le point de départ de la voix est une syllabe accentuée, le nombre des syllabes sans accents pouvant être de deux ou de quatre, si l'on dit *bàrbaro pàdre*, ou *bàrbaro genitòr*, on aura une harmonie également parfaite. Telle est en effet celle qui résulte de ces deux combinaisons, à cause de la régularité des mesures composées : la première, d'une syllabe accentuée et de deux sans accent, ce qui forme deux temps égaux; la seconde, d'une syllabe accentuée et de quatre sans accent, qui, prononcées avec une rapidité double des premières, font que le second temps est parfaitement égal au premier. On prononcera *bàr* dans le premier temps, *baro* dans le second; ainsi que *bàr* dans le premier, *baro geni* dans le second.

Règle septième.

Si le point de départ de la voix est une syllabe accentuée, il est absolument impossible que le nombre des syllabes sans accent soit impair. Si l'on disoit *vàgo rivo* ou *limpido ruscèl*, on n'auroit point d'harmonie, et en conséquence point de vers : par la simple et unique raison que le premier temps ne seroit pas égal au second.

Règle huitième.

Une syllabe accentuée peut être suivie d'une seule sans accent, pourvu qu'on puisse la détacher de la précédente, et faire entr'elles une pause égale à la syllabe sans accent. Ainsi, en disant *òr che dèsta còr fedèle*, etc., il en résultera une harmonie très-gracieuse et très-régulière, parce que le premier temps de la mesure est composé d'une syllabe accentuée, et le second, d'une syllabe sans accent et d'une pause égale à celle-ci. On prononcera *òr* dans le premier temps, la pause prendra un quart du second temps, et dans l'autre quart on prononcera *che*.

Règle neuvième.

Une syllabe accentuée, suivie d'une autre sans accent, peut être aussi précédée d'une syllabe également dépourvue d'accent, pourvu qu'entre les deux accens on puisse faire une pause égale au temps de la syllabe sans accent. Ainsi, en disant : *amòr che solo*, on aura une harmonie sensible, qui seroit entièrement perdue si l'on disoit, *amòre sòlo*, parce qu'on ne pourroit pas détacher le *re*, et faire la pause prescrite. On voit que, dans le premier cas, le premier temps de la mesure seroit composé d'une syllabe accentuée; et le second, d'une syllabe sans accent et d'une pause égale à celle-ci.

DE LA POÉSIE ITALIENNE.

Règle dixième.

Une syllabe accentuée peut être suivie de trois syllabes sans accent, pourvu que la seconde et la troisième de celles-ci soient détachées par une pause, et que la première, celle qui a l'accent, soit précédée par une syllabe sans accent. Que l'on dise donc : *il misero pastòr....; la flòrida stagiòn*, etc., et l'on obtiendra une harmonie parfaite ; mais, au défaut d'une seule de ces conditions, on n'a point d'harmonie. En ce cas, le premier temps de la mesure est composé d'une syllabe accentuée, et le second de trois syllabes sans accent et d'une pause.

Règle onzième.

Une syllabe accentuée, suivie de deux sans accent, peut être aussi précédée d'une sans accent, pourvu qu'une des deux syllabes sans accent puisse se détacher de la précédente ou de la suivante : ainsi, l'on pourra dire : *la pàce del còr,......; la pèrfida màdre*; etc. ; mais il est important d'observer, 1.° Que cette combinaison de tons ne peut servir que pour les vers de six syllabes ; 2.° qu'il seroit impossible de commencer ainsi un vers de onze syllabes, à moins de faire précéder la seconde mesure par une syllabe sans accent. Ainsi en disant, *la tènera spòsa allòr....*, on n'auroit point d'harmonie ; mais en plaçant une syllabe avant le mot *spòsa*, et en disant, *la tènera mia spòsa*, ou bien, *la tènera consòrte*, on auroit une harmonie parfaite. La raison en est évidente.

Règle douzième.

Une syllabe accentuée, suivie de trois syllabes sans accent, peut être précédée de deux sans accent, pourvu que la première des trois sans accent puisse se détacher de la seconde ; comme : *innocènte tortorèlla...; la ridènte primavèra....; te felice o pastorèllo,* etc. Cette mesure produit une harmonie douce et gracieuse.

Ce que je viens d'exposer montre clairement que les vers italiens ont pour base le rapport des tons graves et aigus, dont on forme les différentes mesures qui les composent. Or, c'est de la succession de ces mêmes mesures que naît une source de variétés et de beautés dans le rhythme, une diversité et une énergie étonnante dans l'expression ; c'est de là que le poëte habile tire cette harmonie grave ou majestueuse, gaie ou brillante, tendre ou touchante, qui pénètre le cœur, le séduit et l'entraîne, et porte dans l'âme la joie, la tendresse, la douleur, tous les sentimens enfin que le poëte a voulu exprimer.

Puisque l'aptitude des langues pour la musique vocale est en raison de la sensibilité des tons graves et aigus, de la valeur des sons plus ou moins prolongés, et de leurs différentes combinaisons, il est évident que la langue italienne doit être, sous ce rapport, supérieure à toute autre langue moderne, et ne le céder que de bien peu en harmonie aux langues grecque et latine. Parcourons maintenant

DE LA POÉSIE ITALIENNE. 523

les différentes sortes de vers que les Italiens emploient le plus souvent.

Des vers de cinq syllabes.

(Pentasillabi.)

Ces vers ont deux syllabes accentuées : la première ou la seconde, et la quatrième. La première combinaison donne deux mesures, dont la première est composée d'une syllabe accentuée, et de deux sans accent, d'après la règle troisième. Dans le second cas, la première mesure étant construite d'après la règle neuvième d'une syllabe accentuée et d'une sans accent, il faut, d'après cette même règle, que celle qui est accentuée puisse se détacher de la suivante, et, qu'en lisant, on marque cet intervalle par la pause dont nous avons parlé.

No la speranza	*Amico il fato.*
Più non m'alletta,	*Mi guida in porto,*
Voglio vendetta,	*E tu spietato*
Non chiedo amor.	*Mi fai perir.*
Purchè non goda	*Ti renda Amore,*
Quel cor spergiuro,	*Per mio conforto,*
Nulla mi curo	*Tutto il dolore*
Del mio dolor.	*Che fai soffrir.*

Des vers de six syllabes.

(Senarii.)

Les vers de six syllabes en ont aussi deux accentuées, la seconde et la cinquième. Dans ces vers on a donc deux mesures, dont la première est composée d'une syllabe accentuée et de deux sans accent; mais la syllabe accentuée étant précédée par une sans accent, d'après la règle onzième, il faut qu'une des deux syllabes dépourvues d'accent puisse se détacher de celle qui la précède ou la suit.

Quel nome se ascolto,	*Ammiro quel volto,*
Mi palpita il core;	*Vagheggio quel ciglio,*
Se penso a quel volto,	*Che mette in periglio*
Mi sento gelar,	*La pace d'un Re.*
Non so ricordarmi	*Un alma confusa*
Di quel traditore,	*Da tanta bellezza*
Ne senza sdegnarmi,	*È degna di scusa*
Ne senza tremar.	*Se manca di fè.*

Des vers de sept syllabes.

Ces vers peuvent avoir deux ou trois syllabes accentuées. Dans le premier cas, on place le premier accent sur la première ou sur la seconde syllabe, et le second sur la sixième, d'où il résulte deux mesures, dont la première est composée d'une syllabe accentuée et de quatre sans accent, selon la règle troisième. Dans le second cas, la première mesure étant composée d'une syllabe accentuée et de trois sans accent, d'après la règle dixième, il faut qu'entre les deux accens il y ait l'intervalle et la pause que prescrit la même règle.

Le premier des deux accens peut être aussi placé sur la troisième syllabe; mais l'harmonie qui résulte

DE LA POÉSIE ITALIENNE.

de cette combinaison, n'est pas aussi agréable que celle des deux premières.

Ces vers acquièrent une harmonie délicieuse, si, au lieu de deux accens, on leur en donne trois, distribués de la manière suivante : le premier peut être également placé sur la première ou sur la seconde syllabe ; le second doit l'être sur la quatrième, et le troisième sur la sixième. Dans la première combinaison, on a trois mesures : la première, composée d'une syllabe accentuée et de deux sans accent, d'après la règle troisième ; la seconde, d'une syllabe accentuée, d'une sans accent, et d'une pause égale à celle-ci, selon la règle neuvième. Dans la seconde combinaison, on a aussi trois mesures, dont les deux premières sont composées chacune d'une syllabe accentuée et d'une sans accent, selon la règle neuvième, d'après laquelle il faut qu'on puisse faire la pause égale à une syllabe sans accent.

Il est important d'observer que la première de ces combinaisons produit une harmonie douce et gracieuse ; la seconde, une harmonie forte et déterminée.

Figlio, se più non vivi,
Morrò, ma del mio fato
Farò che un re svenato
Preceda messaggier.
In fin che il padre arrivi,
Fa che sospendà il remo
Colà sul guado estremo
Il pallido nocchier.

Sprezza il furor del vento
Robusta quercia, avvezza
Di cento verni e cento
L'ingiurie a tollerar.
E se pur cade al suolo,
Spiega per l'onde il volo,
E con quel vento istesso
Va contrastando in mar.

Des vers de huit syllabes.

(Ottonarii.)

Quelle que soit l'opinion de ceux qui ont donné avant moi les règles de notre poésie, j'ose soutenir, d'après la pratique des grands maîtres et mon propre sentiment, que les vers de huit syllabes ne peuvent avoir que deux syllabes accentuées, la troisième et la septième. De cette combinaison d'accens, il résulte deux mesures, dont la première est composée d'une syllabe accentuée et de trois sans accent, selon la règle dixième, d'après laquelle il faut qu'entre les deux accens on fasse la pause prescrite par la même règle. Cette pause produit un effet charmant, lorsqu'on peut la faire entre la quatrième et la cinquième syllabe.

Non temer, ch'io mai ti dica,
Alma infida, ingrato core,
Possederti ancor nemica
Chiamerò felicità.
Io detesto la follìa

D'un incommodo amatore,
Ch'a' pensieri ancor vorria
Limitar la libertà.

Non piangete, amati rai,
Nol richiede il dolor mio :
Lo sapete io sol bramai
Rivedervi, e poi morir.
E tu resta ognor dubbioso,
Crudo re, senza riposo
Le tue furie alimentando,
Fabbricando il tuo dolor.

On entremêle à ces vers ceux de quatre syllabes ; ce qui produit une harmonie gracieuse, parce que ceux-ci sont exactement la moitié des premiers.

Ove gira un guardo solo
Indi a volo
Ogni nuvolo sparisce.
Ove ferma un poco il piede
Là si vede,
Che ad ognor l'erba fiorisce.

Toute autre combinaison d'accent produit généralement une harmonie prosaïque ou une monotonie insupportable. Si je ne m'étois pas proposé de me borner à l'exposition simple des règles nécessaires à la structure de nos vers, je réfuterois ici les opinions contraires ; mais je ne dois pas donner à d'inutiles questions le temps que j'ai consacré à l'instruction de mes élèves et à la gloire de ma langue.

Des vers de neuf syllabes.

(Novenarii.)

On a cherché en vain une combinaison d'accens propre à produire une harmonie agréable dans les vers de neuf syllabes; car, de quelque manière qu'on les distribue et quel que soit leur nombre, il en résulte toujours une harmonie si peu poétique, qu'ils ressemblent à de la prose.

Je pense cependant qu'on ne doit pas les exclure tout à fait de notre poésie, puisqu'en leur donnant trois accens, distribués de manière que le premier tombe sur la seconde syllabe, le second sur la cinquième, le troisième sur la pénultième, on a deux mesures égales, composées chacune d'une syllabe accentuée et de deux sans accent. Tels sont les vers suivans:

> *Tormento crudele, tiranno*
> *Mi strugge, e mi lacera il core;*
> *D'Aletto geloso furore*
> *M'accende le faci nel sen.*

Ces vers ne manquent pas d'harmonie, comme ceux que rapporte Crescimbini dans son histoire de la poésie italienne: *Che dentro al mio core nata*, etc.; ceux que cite le Quadrio: *Che s' accorse, ch' era partita*, etc.; enfin comme ceux de Chiabrera: *Già mi dols' io, ch' era partita*, etc. Si, au contraire,

DE LA POÉSIE ITALIENNE.   329

on fait en les lisant une pause à la fin de chaque vers, il peut en résulter un effet d'harmonie : il est vrai que cette harmonie est trop monotone, et qu'elle ne tarderoit pas à fatiguer l'oreille de l'auditeur ; mais on pourroit les introduire avec succès dans le drame, dans le dithyrambe, etc.

Des vers de dix syllabes.

Les vers de dix syllabes sont susceptibles de deux combinaisons d'accens, dont l'une produit une harmonie rapide et frappante, et un mouvement propre à exprimer la violence des passions ; l'autre, une harmonie douce et touchante, qui exprime heureusement les affections de la tendresse et de l'amour.

La première combinaison exige que les vers aient trois accens ; le premier, sur la troisième syllabe ; le second, sur la sixième ; le troisième, sur la neuvième ; de là, trois mesures, dont les deux premières sont composées d'une syllabe accentuée et de deux sans accent.

EXEMPLE.

Men bramosa di stragi funeste
Va scorrendo l'armene foreste.
Fiera tigre, che i figli perdé.
Ardo d'ira, di rabbia; deliro,
Smanio, fremo; non odo, non miro,
Che le furie, che porto nel sen.

Pour bien lire ces vers, il faut faire sentir l'accent

avec force, et faire une pause entre la quatrième et la cinquième syllabe.

La seconde combinaison demande que les vers aient quatre accens, et que les mots soient disposés de manière que chaque vers puisse se partager exactement en deux de cinq syllabes, tels que les suivans :

Per lei fra l'armi — dorme il guerriero,
Per lei fra l'onde — canta il nocchiero,
Per lei la morte — terror non ha.

L'harmonie de ces vers a un mouvement lent, doux et animé d'une expression tendre et touchante; mais ils doivent être bien lus. Pour les bien lire, il faut que la voix fasse sentir, par une prononciation lente et soutenue, leur ton langoureux, et qu'on fasse une pause entre la cinquième et la sixième syllabe.

Nous avons tellement cherché et varié le charme de l'harmonie, que nous sommes parvenus à donner à nos vers cette harmonie gracieuse et séduisante qui enchante dans plusieurs vers des Latins, que l'on appelle *phaleuques*, comme :

Passer deliciæ meæ puellæ.
L'augel delizia del mio tesoro.

Pour produire la même harmonie, il suffit que le premier des deux vers de cinq syllabes qui composent celui de dix, soit un vers *sdrucciolo*, tels que les suivans :

*Fin le piu timide — belve fugaci
Valor dimostrano — si fanno audaci
Quand' è 'l combattere — necessità.*

Pour bien lire ces vers, outre la prononciation lente et soutenue, il faut faire une pause entre la sixième et la septième syllabe.

Des vers de onze syllabes.
(Endecasillabi.)

Voici les plus sublimes de nos vers, les plus sonores et les plus majestueux; c'est à ces vers qu'est exclusivement réservé le privilége de chanter les armes, les héros et leurs exploits. Soit par les efforts de nos poëtes, dont l'oreille est naturellement harmonieuse, soit par le caractère particulier de notre langue, c'est sur-tout dans ces vers que le charme de l'harmonie poétique se manifeste avec une force égale à celle des images, et une variété propre à faire sentir tout ce que le langage peut exprimer.

Les vers de onze syllabes peuvent recevoir trois, quatre et même cinq accens. Commençons par ceux de trois. Le premier de ceux-ci peut être placé également sur la première, ou sur la seconde, ou sur la troisième syllabe; le second ne peut l'être que sur la sixième; le troisième, que sur la dixième. Le premier accent étant placé sur la première syllabe, on a des vers de trois mesures, dont la première est composée d'une syllabe accentuée et de quatre sans accent, selon la règle troisième, et la seconde, d'une syllabe accentuée et de trois sans accent, selon la règle dixième, d'après laquelle il faut qu'on puisse faire une pause égale à une syllabe sans accent.

Le premier accent étant placé sur la seconde syllabe, on a deux mesures égales, construites d'après la règle dixième, conformément à laquelle il faut une pause dans les deux.

Le premier accent se trouvant sur la troisième syllabe, la seconde mesure reste toujours la même; mais la première n'est plus composée que d'une syllabe accentuée et de deux sans accent, d'après la règle onzième.

1.° *Timida pastorella mai sì presta.*
2.° *Ma pallida, tremando, e di se tolta.*
3.° *E sozzopra con gli uomini i cavalli.*
    E s'avanza, e l'incalza, e fulminando.

Ce rhythme est très-expressif par sa rapidité, égale à celle de la pensée qu'on exprime. La raison en est sensible.

Dans les vers de onze syllabes, qui en ont quatre accentuées, les accens sont susceptibles de toutes les combinaisons suivantes :

1.° On peut les placer sur la première, sur la quatrième, sur la huitième et sur la dixième syllabe, et il résulte, de cette combinaison, des vers de quatre mesures, dont la première est composée d'une syllabe accentuée et de deux sans accent, d'après la règle troisième ; la seconde, d'une syllabe accentuée et de trois sans accent, selon la règle dixième, d'après laquelle il faut pouvoir faire la pause prescrite ; la troisième, d'une syllabe accentuée et d'une sans accent, conformément à la règle huitième, en vertu de laquelle il faut que la syllabe sans accent soit détachée de celle qui la précède ou la suit, afin qu'on puisse faire la pause.

L'isola sacra all' amorosa Dea.

2.° On peut placer le premier accent sur la seconde syllabe, sans changer la place des autres. En ce cas, la première mesure est la même que la troisième.

Il grave odor, che la palude spira.
Il ciel rimbomba al formidabil suono.
Stendon le nubi un tenebroso velo.

La première et la seconde de ces combinaisons produisent une harmonie majestueuse, et impriment aux vers un mouvement grave et soutenu.

3.° Si l'on place le troisième accent sur la septième, au lieu de le placer sur la huitième syllabe, sans changer la place des autres, il résulte, de cette combinaison, une harmonie douce et langoureuse, très-propre à exprimer les sentimens les plus tendres, et capable de faire couler des larmes de plaisir.

L'ora del tempo, e la dolce stagione.
Nel tempo aimè (con sospiri il rammento)!
Ch' Amor inostrommi il leggiadro sembiante....

Dans le premier de ces deux vers, on a trois mesures égales composées d'une syllabe accentuée et de deux sans accent, selon la règle troisième. Dans les autres, la première mesure n'ayant qu'une syllabe accentuée et une sans accent, d'après la règle huitième, il faut que l'on puisse y faire une pause.

4.° En plaçant le premier accent sur la première ou sur la seconde ou sur la troisième syllabe ; le second, sur la sixième ; le troisième, sur la septième ; le quatrième, sur la dixième, on obtient une harmonie vive et décidée, telle que celle des vers suivans :

Mentre con la maggior stizza del mondo.
Le donne, i cavalier, l'arme, gli amori.
D'amoroso disio l'animo caldo.

Ces vers ont quatre mesures : la première, dans le premier, est composée d'une syllabe accentuée et de quatre sans accent, selon la règle troisième ; dans le second, d'une syllabe accentuée et de trois sans accent, d'après la règle dixième, conformément à laquelle il faut y faire une pause ; dans le troisième, d'une syllabe accentuée et de deux sans accent, selon la règle troisième. La seconde mesure est composée dans tous les trois d'une syllabe accentuée et d'une pause égale à deux sans accent ; la troisième, d'une syllabe accentuée et de deux sans accent, d'après la règle troisième.

Il est impossible de bien lire ces vers, sans faire exactement sentir la pause qui doit se trouver entre le second et le troisième accent.

5.° Si, dans ces dernières combinaisons, on place le troisième accent sur la huitième syllabe, au lieu de le placer sur la septième, l'harmonie changera tout à fait, et la seconde et troisième mesure seront composées, dans les trois combinaisons, d'une syllabe accentuée et d'une sans accent, selon la règle huitième, d'après laquelle il faut qu'il y ait une pause. Tels sont les vers suivans :

Quando ritornerà la dolce amica.
Di sdegno, e di furor fremendo assale.
Disperato dolor, che 'l cor mi preme.

Enfin, lorsque les vers de onze syllabes ont cinq accens, voici de quelle manière on doit les placer :

1.° On peut placer le premier sur la première ou sur la seconde syllabe indifféremment ; le second doit l'être sur la quatrième; le troisième sur la sixième; le quatrième sur la huitième ; le cinquième sur la dixième, comme :

Quand' era in parte altr' uom da quel ch'io sono.
Levommi il mio pensiero in parte, ov' era.

o. Ces vers ont cinq mesures : la première, dans le premier est composée d'une syllabe accentuée et de deux sans accent, selon la règle troisième ; et chacune des trois suivantes, d'une syllabe accentuée, d'une sans accent, et d'une pause égale à celle-ci, d'après la règle huitième. Les mesures du second vers sont toutes composées selon cette même règle.

2.° On peut placer le quatrième accent sur la septième, au lieu de la huitième, toutes les fois qu'il est possible de partager le vers en deux, dont le premier soit de six et le second de cinq syllabes. On a toujours des vers de cinq mesures, dont la troisième est composée d'une syllabe accentuée et d'une pause égale à deux sans accent. Il faut que cette pause soit bien marquée dans la prononciation.

Amor, ch' al cor gentil ratto s'apprende.

Dans ces vers, la combinaison des accens produit une harmonie très-lente et en même temps très soutenue.

Il reste démontré, sans doute, par tout ce que nous venons d'exposer jusqu'ici, que les Italiens ont cherché dans leurs vers non-seulement la sublimité des pensées, la grâce des expressions, la noblesse du langage, etc., etc. ; mais le charme de l'harmonie poétique, qu'ils ont portée au point que le cœur ne peut rien sentir, l'esprit rien concevoir, qu'ils ne l'expriment autant par un langage particulier à la poésie, que par une harmonie aussi variée que les sentimens mêmes dont l'âme peut se trouver affectée. Heureux celui qui, en lisant nos poëtes, peut sentir une partie, du moins, de ce qu'éprouvent à cette lecture les vrais Italiens !

Si Vossius avoit pu sentir cette force et cette différence de rhythme, qui, indépendamment des mots, affecte nos âmes, et y porte le sentiment des passions; s'il avoit senti que, dans notre langue, les syllabes ont une quantité tellement prononcée, qu'on peut y composer les hexamètres et les pentamètres des Latins par les mêmes combinaisons des longues et des brèves; s'il avoit senti, enfin, que la rime n'est point défavorable au chant, il n'eût jamais dit dans son livre, *De Poematum cantu et viribus rhythmi*, que le rhythme des langues modernes ne représente aucune image des choses, et ne peut produire aucun effet; que les langues modernes ne sont pas propres pour la musique, et que nous ne pouvons avoir de bonne musique vocale qu'en faisant des vers favorables pour le chant, en leur donnant la quantité et les pieds mesurés, et en proscrivant l'invention barbare de la rime.

Méthode à suivre dans l'étude de la versification italienne.

Un tout résulte de l'harmonie et de la réunion des parties qui le composent. Il faut donc savoir d'abord construire chaque partie séparément, avant de composer cet assemblage, dont la beauté dépend de la régularité des parties. Ce principe, que la théorie prescrit à tous les arts, doit être rigoureusement mis en pratique dans la construction des vers italiens.

On commencera par faire composer aux étudians de simples mesures, selon toutes les différentes règles que nous avons données. Ensuite, on leur fera joindre ensemble d'abord deux, puis trois, quatre, et cinq mesures: la première selon telle et telle règle; la seconde selon telle autre; et ainsi de suite. Enfin, lorsqu'ils seront en état de bien faire cet exercice, on leur fera composer progressivement des vers depuis ceux de cinq jusqu'à ceux de onze syllabes. Mais que l'on fasse bien attention que l'harmonie soit toujours analogue à l'objet; car si l'on exprimoit la rapidité de la foudre par un vers endecasyllabe de cinq mesures, il est évident que son harmonie très-lente produiroit un effet contraire à celui que l'on attend.

Après que l'élève aura bien appris les règles du rapport des accens toniques, pour lui rendre le mécanisme de ces mêmes règles plus familier, et pour accoutumer en même temps son oreille à l'harmonie qui en résulte, je crois qu'un des moyens les plus expéditifs, est de prendre un certain nombre de vers bien faits, d'en détruire l'harmonie, en déplaçant les accens et les mots, et de l'obliger lui-même à rétablir cette succession régulière de mesures d'où naît le vers. Prenons, par exemple, le vers de Pétrarque:

Non era l'andar suo cosa mortale,

Où le poëte, par une harmonie grave et soutenue, peint la démarche majestueuse de son amante, et dictons-le à l'élève de la manière suivante :

Il suo andar non era cosa mortale,

Après lui avoir démontré que, malgré le nombre des syllabes qui résulte de cette combinaison de mots, il n'y a point d'harmonie, et en conséquence point de vers, laissons à son jugement et à son oreille le soin de réparer ce désordre destructeur de l'harmonie et du vers. S'il y parvient, pour nous assurer si cela est plutôt l'effet du hasard que de son savoir et de son oreille, faisons-lui rendre raison de ce qu'il a fait, s'il ne réussit pas, si, par exemple, il arrange les mots ainsi :

L'andar suo non era cosa mortale.

Faisons-lui voir que cette combinaison d'accens ne peut pas produire une harmonie agréable, d'après la règle 11.e du rapport des accens toniques, qui prescrit que lorsque la première mesure est précédée d'une syllabe sans accent, la seconde doit l'être aussi. Si l'élève nous oppose la régularité de la mesure, *la perfida madre*, donnée pour exemple de la même règle, nous lui répondrons, 1.º Que cette combinaison d'accens ne peut avoir lieu que dans les vers de six syllabes ; 2.º que dans la phrase, *l'andar suo non era*, l'harmonie qui en résulte est tellement irrégulière, à cause des trois passages de la voix, du premier mot au second, du second au troisième, et de celui-ci au dernier, que, quoique composée de six syllabes, on ne peut pas le regarder comme un vers de six syllabes, ce que l'organe le moins exercé peut sentir, en substituant à tous ces mots deux ou trois autres qui donnent le même nombre de syllabes, et qui ont les accens à la même place, comme *vezzosa donzella, la mia pastorella*......; 3.º Que, d'après la même règle, si l'on substitue au mot *era*, *sarà*, le sens, à la vérité, est changé; mais que l'on a un vers de quatre mesures régulières, dont la première est composée d'une syllabe accentuée, de trois sans accent, et d'une pause d'après la règle 10.e; la seconde, d'une syllabe accentuée, et d'une pause égale à deux syllabes sans accent; et la troisième d'une syllabe accentuée et de deux sans accent, conformément à la règle 3.e.

Enfin, faisons écrire le vers de Pétrarque, tel qu'il l'a fait lui-même:

Non era l'andar suo cosa mortale,

Et démontrons-lui que ce vers résulte de la combinaison de quatre mesures régulières, dont la première est composée d'une syllabe accentuée, et de deux sans accent d'après la règle 3.e; la seconde, d'une syllabe accentuée, d'une pause, et d'une syllabe sans accent d'après la règle 8.e; la troisième,

DE LA POÉSIE ITALIENNE.   341

d'une syllabe accentuée et de deux sans accent comme la première. Si l'élève nous objecte que la seconde mesure de ce vers ne peut pas être régulière, parce qu'elle n'est pas précédée de la syllabe sans accent comme la première, ainsi qu'il est prescrit dans la règle 10.e, nous lui ferons observer que la pause que l'on doit faire entre *suo*, *e cosa*, est équivalente à cette syllabe. En effet, si au lieu de *suo cosa*, il y avoit un seul mot de trois syllabes, comme ces deux; si on disoit par exemple, *non era l'andar mortale*, on sent que toute l'harmonie seroit détruite par la seule raison que la syllabe ne pouvant être séparée du reste du mot, la pause n'auroit pas lieu.

Je laisse aux maîtres judicieux à décider si cet exercice doit être utile aux étudians.

Pour plus de facilité, voici un tableau où l'on peut voir en un coup d'œil, quel doit être le rapport des accens toniques dans les différentes sortes de vers dont nous avons parlé.

Pentasillabi.

Les vers de cinq syllabes ont deux accens qui sont susceptibles des deux combinaisons suivantes :

1 — — 4 —
— 2 — 4 —

Senarii.

Les vers de six syllabes ont aussi deux accens, mais ils ne sont susceptibles que d'une combinaison :

$$-\,2\,-\,-\,5\,-$$

Eptasillabi.

Les vers de sept syllabes peuvent avoir deux ou trois accens. Les deux peuvent être distribués de trois manières :

$$1\,-\,-\,-\,6\,-$$
$$-\,2\,-\,-\,-\,6\,-$$
$$-\,-\,3\,-\,-\,6\,-$$

Les trois, de deux manières :

$$1\,-\,-\,4\,-\,6\,-$$
$$-\,2\,-\,4\,-\,6\,-$$

Ottonarii.

Les vers de huit syllabes ne peuvent avoir que deux accens, distribués de la manière suivante :

$$-\,-\,3\,-\,-\,-\,7\,-$$

Novenarii.

Les vers de neuf syllabes ont trois accens qu'on distribue ainsi qu'il suit :

$$2\,-\,-\,5\,-\,-\,8\,-$$

Decasillabi.

Ces vers peuvent avoir trois ou quatre accens. On distribue les trois de la seule manière suivante :

— — 3 — — 6 — — 9 —

Les quatre peuvent être distribués de quatre manières :

1 — — 4 — 6 — — 9 —
— 2 — 4 — 6 — — 9 —
1 — — 4 — — 7 — 9 —
— 2 — 4 — — 7 — 9 —

Endecasillabi.

Les vers de onze syllabes peuvent avoir trois, ou quatre, ou cinq accens. On distribue les trois de trois manières :

1 — — — — 6 — — — 10 —
— 2 — — — 6 — — — 10 —
— — 3 — — 6 — — — 10 —

Les quatre accens sont susceptibles des combinaisons suivantes :

1 — — 4 — — — — 8 — 10 —
— 2 — 4 — — — — 8 — 10 —
1 — — — — — 6 » 7 — — 10 —
— 2 — — — — 6 » 7 — — 10 —
— — 3 — — — 6 » 7 — — 10 —

1 — — — 6 — 8 — 10 —
— 2 — — — 6 — 8 — 10 —

Les cinq accens peuvent être distribués de quatre manières :

1 — — 4 — 6 — 8 — 10 —
— 2 — 4 — 6 — 8 — 10 —
1 — — 4 — — 7 » 8 — 10 —
— 2 — 4 — — 7 » 8 — 10 —

DES LICENCES POÉTIQUES.

Pour procéder avec ordre, je diviserai ce chapitre en trois articles particuliers. Je parlerai, dans le premier, des licences que les poëtes italiens se sont permises, relativement aux syllabes ; je ferai connoître, dans le second, celles qu'ils ont introduites en faveur de la rime ; et dans le troisième, j'exposerai les licences qui concernent l'accent tonique.

ARTICLE PREMIER.

Des licences des syllabes.

Les licences des syllabes consistent à augmenter ou à diminuer les mots, soit au commencement, soit au milieu, soit à la fin.

On peut augmenter les mots d'une syllabe au commencement, en écrivant : *incontra*, pour *contra* ; *attraversare*, pour *traversare* ; *distruggere*, pour *struggere* ; *dipartire*, pour *partire*, etc.

DE LA POÉSIE ITALIENNE. 545

EXEMPLES.

Intantò voce fù per me udita;
Onorate l'altissimo poeta:
L'ombra sua torna, ch'era dipartita. (Dante.)

Che m'hanno congiurato a torto incontra. (P.)

Il mondo tutto, in quanto a se, distrugge
Chi le paci amorose offende, e fugge. (Bem.)

On augmente les mots d'un syllabe au milieu, par l'addition d'une ou plusieurs lettres, comme : *ad-diviene*, pour *avviene*; *similemente*, pour *similmente*, et ainsi de plusieurs autres.

EXEMPLE.

Similemente il mal seme d'Adamo:
Gittasi di quel lito ad una ad una,
Per cenni, come augel per su' richiamo.
                            (Dante, inf. C. 3.)

On peut aussi augmenter les mots d'une syllabe au milieu, en faisant deux syllabes des diphthongues qui sont ordinairement d'une seule syllabe, comme faisoient les Grecs, par une figure appelée chez eux *dieresis*. C'est ainsi que du nom personnel *io*, je, monosyllabe, Dante en fait un mot de deux syllabes.

EXEMPLE.

Vid' io scritto al sommo d'una porta. (D. inf. C. 3.)

Cette licence peut avoir lieu surtout lorsque la diphthongue qu'on veut faire de deux syllabes, est suivie d'un mot qui commence par une voyelle, comme dans les vers suivans de Dante, inf. c. 1 :

Poeta fui; e cantai di quel giusto
Figliuol d'Anchise che venne da Troja,
Poichè 'l superbo Ilion fù combusto.

On augmente les mots d'une syllabe à la fin, comme dans les suivans et beaucoup d'autres : *suso*, pour *su*; *giuso*, pour *giù*; *morio*, pour *mori*; *poteo*, pour *potè*; *fue*, pour *fù*; *feo*, pour *fè*; *sface*, pour *sfa*, etc.

EXEMPLES.

Così gli dissi, e poi che mosso fue,
Entrai per lo cammin alto, e silvestro. (D. inf. c. 2.)

Averois che 'l gran commento feo. (D. inf. c. 4.)

Come farfalla al lume, che la sface. (Bem.)

Lorsque deux mots, dont le premier finit et le second commence par une voyelle, se suivent immédiatement, les droits de l'harmonie exigent que la première voyelle soit élidée : or, la licence poétique dispensant l'écrivain de cette élision, en ce cas le mot est augmenté d'une syllabe; mais il ne faut faire de cette licence qu'un emploi très-modéré ; car elle affoiblit le vers, et en détruit souvent l'harmonie.

De la même manière que l'on peut augmenter les

mots, il est permis de les diminuer au commencement ou milieu, et à la fin.

On peut retrancher une syllabe au commencement des mots, en écrivant *dificio*, pour *edificio*; *'ve*, pour *dove*, et ainsi des autres.

EXEMPLES.

Veder mi parve un tal dificio allotta. (Dant.)

Là 've parte le piagge il bel Metauro. (Bem.)

On peut retrancher une syllabe au milieu des mots, en disant : *rompre*, pour *rompere*; *furno* pour *furono*; *spirto*, pour *spirito*; *mertai*, pour *meritai*, etc.

EXEMPLES.

Alto, e di cari fregi spirto adorno
Turba nel mar della mia vita i venti. (Pétr.)

Dove mertai le tempie ornar di mirto. (D. pur. c. 21.)

On peut retrancher une syllabe à la fin des mots, en disant : *fe'*, pour *fede*; *re'*, pour *rege*; *pie'*, pour *piede*; *virtù*, pour *virtude*; *bontà*, pour *bontade*; *me'*, pour *meglio*; *to'*, pour *togli*, etc.

EXEMPLES.

To' di me quel che tu puoi. (Pétr.)

Abraam patriarca, e David re;
Israel con suo padre, e co' suoi nati,
E con Rachele per cui tanto fè. (Dant.)

ARTICLE II.

Des licences de la rime.

Les licences que les poëtes italiens se sont permises, en faveur de la rime, consistent : 1.° dans la substitution d'une lettre à une autre ; 2.° dans le changement de place des lettres dans un mot ; 3.° dans l'augmentation ou dans le retranchement d'une voyelle ou d'une syllabe à la fin des mots. Ces sortes de licences que nos poëtes, soit par la variété, soit par imitation, soit par la gêne de la rime, ont introduites dans le vers italien, ont fait croire trop facilement à quelques étrangers qu'il est bien plus facile de faire rimer les mots dans notre langue, que dans les autres. Cette opinion, fondée sur une vaine apparence, seroit bientôt détruite, si ces personnes vouloient se donner la peine d'examiner les règles rigoureuses auxquelles nos rimes ont été assujetties, et le nombre des rimes qui entrent dans la composition de chacune des stances qui composent nos chants poétiques. Quoi qu'il en soit, voici les changemens que nos poëtes se sont permis, relativement à la rime.

Dans les verbes de la première conjugaison, on peut changer l'*i* en *e*, dans les trois personnes du singulier du présent du subjonctif ; comme : *compre*, pour *compri* ; *informe*, pour *informi* ; *schiante*, pour *schianti*, etc.

Tal son per te, nè di ciò duolmi, Amore;

Purchè tu lei che sì m'accese e strinse
Qualche poco, signor, leghi e riscalde.

Dante a aussi changé l'*i* en *e*, dans la seconde personne du singulier du présent de l'indicatif, dans les verbes de la première conjugaison.

EXEMPLE.

Che questa bestia per la qual tu gride,
Non lascia altrui passar per la sua via;
Ma tanto lo 'mpedisce che l'uccide. (D. inf.)

On peut aussi changer l'*e* en *i*, dans la troisième personne du singulier de l'imparfait du subjonctif.

EXEMPLES.

Non credo già, ch' Amor in Cipro avessi
O in altra riva sì soavi nidi. (Pétr.)

In premio promettendola a quel d'essi
Che in quel conflitto, in quella gran giornata
Degl' infedeli più copia uccidessi. (Arios.)

On peut changer les lettres de place en écrivant : *pogna*, pour *ponga*; *vegna*, pour *venga*; *piagne*, pour *piange*, etc.

EXEMPLE.

Per tutti i cerchi del dolente regno
Risposi lui, son io di qua venuto
Virtù del ciel mi mosse, e con lei vegno.
(D. pur. c.º 7.)

Quant à l'augmentation ou au retranchement d'une syllabe à la fin des mots, on peut appliquer ici tout ce que j'ai dit à ce sujet, dans l'article précédent; j'ajouterai seulement : 1.° que, dans la poésie, on peut indifféremment écrire les mots dont on a retranché une syllabe, tels qu'ils sont dans leur origine, et tels qu'on les emploie aujourd'hui dans le discours, comme : *amoe* et *amo* ; *morio* et *mori* ; *perdeo* et *perde* ; *piè* et *piede*, etc. ; 2.° que, dans beaucoup de mots dérivés de la langue latine, nos poëtes ont employé également le nominatif et l'ablatif des Latins, comme dans les suivans : *grando* et *grandine* ; *turbo* et *turbine* ; *sermo* et *sermone* ; *Dido* et *Didone*, etc.

EXEMPLES.

Facevan un tumulto, il qual s'aggira
Sempre 'n quell' aria senza tempo tinta,
Come la rena quando a turbo spira. (D. inf.)

Perchè non pioggia, non grando, non neve.
(D. pur. c. 21.)

ARTICLE III.

Des licences de l'accent tonique.

Les licences que nos poëtes se sont permises, relativement à l'accent tonique, sont celles que l'on doit le moins imiter, parce qu'elles détruisent souvent l'harmonie du vers. Cependant, comme il faut les connoître pour ne pas être surpris en les rencontrant dans la lecture des poëtes, nous dirons aussi en quoi elles consistent:

On a supprimé l'accent tonique dans quelques mots, sur lesquels la théorie des accens et les lois de l'harmonie l'avoient placé.

EXEMPLE.

E piu d'un mezzo di traverso non ci ha. (D.)

A la fin du vers, cette licence n'est pas à imiter, quelle que soit l'autorité de ceux qui en ont fait usage; c'est au milieu des vers que l'on peut se permettre cette suppression, dans les monosyllabes. Sans cette licence, le poëte seroit souvent obligé de sacrifier sa pensée à l'accent tonique.

La seconde licence que nos poëtes ont introduite, est celle qui change la place de l'accent tonique, en le transportant d'une syllabe sur une autre; comme dans les mots suivans: *sastifàra*, pour *satisfarà*; *ùmile*, pour *umìle*; *pièta*, pour *pietà*, etc.

EXEMPLES.

Quando verrà la nemica Podèsta. (D.)

Che l'alte cime con mormòrii lieti. (Ariost.)

Il ne peut y avoir, dans chaque mot, qu'une syllabe avec l'accent tonique. Nos poëtes, malgré cette règle générale, ont quelquefois donné l'accent à deux syllabes, comme dans les mots suivans et semblables : *differèntemènte*, *caninamènte*, *gloriosamènte*.

EXEMPLE.

Con tre bocche caninamente latra. (D.)

Les licences dont nous avons parlé sont celles qu'on rencontre le plus souvent dans nos poëtes. Quant aux autres, elles ne peuvent offrir aucun obstacle dans la lecture; et les observations des maîtres peuvent les faire connoître, toutes les fois qu'on les rencontrera.

Du langage poétique.

Il est impossible de renfermer, en un seul chapitre, tout ce que je pourrois dire de curieux et d'intéressant sur ce sujet; mais le temps, et la marche que je me suis prescrite, ne me permettent pas de lui donner une étendue proportionnée à la multiplicité des objets qu'il renferme. Ceux qui ont bien étudié et bien appris l'italien, ne doutent point qu'il n'y ait dans notre langue, entre le style de la poésie et celui de la prose, la même différence que dans la langue latine. Or, ce sont les mots exclusivement poétiques, les figures, les images, les comparaisons, la variété des expressions et des phrases, le charme et la magie des couleurs, l'harmonie qui résulte de la régularité des mesures qui composent le vers, qui établissent cette différence entre les deux langages.

Nous allons traiter chacun de ces articles, en particulier, avec le plus de précision et de brièveté qu'il sera possible.

Des mots poétiques.

Les mots sont ou naturellement poétiques, ou ils le deviennent par le changement des syllabes ou des accens, ou enfin par le sens figuré qu'on leur donne.

Les mots naturellement poétiques sont, dans notre langue, presqu'infinis; en voici quelques-uns:

Ange, pour *affligge*.
Tanto duol m'ange.... (Bembo.)

Ancide, pour *uccide*.
Non curo amor se m'arde, o se m'ancide. (Bembo.)

Lece, pour *è lecito*.
Io ti seguiterò quanto mi lece. (D. pur. C. 16.)

Miserere, pour *abbi pietà*.
Quando vidi costui nel gran deserto,
Miserere di me, gridai a lui,
Qual che tu sii od ombra, od uomo certo. (Dant.)

Carmi, pour *versi*.
Detta or sì felici, e lieti carmi. (Bem.)

Etra, pour *cielo*.
Rendesti grazie al regnator dell' etra.

Veglio, pour *vecchio*.
Vidi presso di me un veglio solo. (D.)

Speme ou *spene*, pour *speranza*.

Gli occhi bagnati porto, e'l viso chino,
E'l core in doglia, e l'alma fuor di spene. (Bem.)

Alma pour *anima*.

L'alma d'ogni suo ben spogliata e priva. (Pétr.)

Unqua, pour *mai*.

Leggiadria non veduta unqua fra noi. (Bem.)

Casso, pour *privo*.

Amor della sua luce ignudo e casso. (Pétr.)

Speglio, pour *specchio*.

Che sola agli occhi miei fù lume, e speglio. (Pétr.)

Les mots qui deviennent poétiques par le changement des syllabes ou des accens, sont les suivans et semblables : *disnore*, pour *disonore*; *oceàno*, pour *ocèano*; *umìle*, pour *ùmile*; *feo*, pour *fece*; *furno*, pour *furono*, et tant d'autres qu'on ne peut apprendre que par l'usage.

E le voci che'l volgo errante, e stolto
Di peccato, e disnor sì gravi estima. (Bem.)

Ed ella si sedea
Umìle in tanta gloria,
Coverta già dell' amoroso nembo. (Pétr.)

Enfin les mots qui, pris dans un sens figuré, de-

DE LA POÉSIE ITALIENNE. 355

viennent poétiques, sont si nombreux dans notre poésie, qu'on pourroit en faire un dictionnaire volumineux ; tels sont les suivans, par exemple :

Luci, pour *occhi*.

Chiuder morendo le sue luci sante.... (Bem.)

Piume, pour *letto*.

Vedrai te simigliante a quello 'nfermo,
Che non può trovar pace in su le piume. (Dant.)

Vesta ou *velo*, pour *corpo*.

Ove lasciasti,
La vesta ch'al gran dì sarà sì chiara. (Dant.)
Così disciolto dal mortal mio velo. (Pétr.)

Sera, pour *morte*.

Questi non vide mai l'ultima sera. (Dan.)

Les mots *spalle*, *fianco*, *fronte*, au figuré, expriment les parties d'une montagne, analogues à celles de notre corps.

Rè de gli altri superbo e sacro monte,
Ch' Italia tutto imperioso parti,
E per mille contrade e più comparti
Le spalle, il fianco, e l'una e l'altra fronte. (Bem.)

Des figures.

Les figures sont, dans l'italien, plus nombreuses peut-être que dans toute autre langue vivante ; elles sont le résultat du génie, du climat, des mœurs, des usages, etc. Nos poëmes en sont remplis, et c'est là qu'il faut en admirer le charme et en étudier les beautés.

Voici une belle figure, par laquelle Dante commence le premier chant du Purgatoire.

Per correr miglior acqua alza le vele
Omai la navicella del mi' ingegno,
Che lascia retr' a se mar sì crudele.

Dans le second chant du Paradis, le même poëte dit :

O voi che sete in piccioletta barca
Desiderosi d'ascoltar, seguiti
Retr'al mio legno, che cantando varca;
Tornate a riveder li vostri liti:
Non vi mettete in pelago; che forse
Perdendo me, rimarresti smarriti.

Voici encore une très-belle figure de notre poëte, dont chaque partie est aussi précieuse que le tout ensemble :

In mezzo 'l mar siede un paese guasto,
Diss' egli allora, che s'appella Creta,
Sotto 'l cui rege fù già 'l mondo casto.

Una montagna v'è, che già fu lieta
D'acque, e di fronde, che si chiamò Ida.
Ora è deserta, come cosa vieta.

DE LA POÉSIE ITALIENNE. 357

Rea la scelse già per cuna fida.
  Del suo figliuolo, e, per celarlo meglio,
  Quando piangea, vi facea far le grida.

Dentro dal monte sta dritto un gran veglio,
  Che tien volte le spalle inver Damiata,
  E Roma guarda sì come suo speglio.

La sua testa è di fin' oro formata,
  E puro argento son le braccia, e 'l petto,
  Poi è di rame infino alla forcata :

Da indi in giuso è tutto ferro eletto,
  Salvo che 'l destro piede è terra cotta,
  E sta 'n su quel, più che 'n sull' altro eretto :

Ciascuna parte, fuor che l'oro, è rotta
  D'una fessura, che lagrime goccia,
  Le quali accolte foran quella grotta.

Lor corso in questa valle si diroccia, etc.

Des images poétiques.

Ces images ne sont autre chose que la peinture des objets avec des couleurs assez vives et assez frappantes, pour que l'imagination soit séduite par le prestige de l'art.

Veut-on entendre ce que *Dante* entendit lui-même à l'entrée de l'enfer? qu'on lise la peinture qu'il nous en fait.

Quivi sospiri, pianti ed alti guai
Risonovan per l'aer senza stelle;
Perch' io al cominciar ne lagrimai.

Diverse lingue, orribili favelle,
Parole di dolore, accenti d'ira,
Voci alte e fioche, e suon di man con elle.

Facevan un tumulto, il qual s'aggira
Sempre 'n quell'aria senza tempo tinta;
Come la rena, quand'a turbo spira.

Veut-on voir des âmes furieuses déchirées par la rage et le désespoir? Veut-on voir les furies infernales, telles qu'elles sont dans le séjour de Pluton? Écoutons encore le Dante:

Questi si percotean non pur con mano;
Ma con la testa, e col petto, e co' piedi
Troncandosi co' denti a brano a brano.

Ove in un punto vidi dritte ratto
Tre furie infernal di sangue tinte,
Che membra feminili aveano ed atto;
E con idre verdissime eran cinte:
Serpentelli, e ceraste avean per crine,
Onde le fiere tempie eran'avinte.....
Con l'unghie si fendea ciascuna il petto
Batteansi a palme, e gridavan sì alto,
Ch'i mi strinsi al poeta per sospetto.

DE LA POÉSIE ITALIENNE.   359

Veut-on, s'il est possible de s'exprimer ainsi, flatter son odorat par la suavité des parfums, et sa vue par la variété des couleurs parsemées dans une agréable vallée? Voici la peinture que notre poëte nous en offre.

Oro, ed argento fino, e cocco, e biacca,
Indico legno lucido e sereno,
Fresco smeraldo in l'ora che si fiacca,
Da l'erba, e da li fior, dentro a quel seno
Posti, ciascun saria di color vinto :
Come dal suo maggiore è vinto il meno.
Non avea pur natura ivi dipinto :
Ma di soavità di mille odori,
Vi faceva un' incognito indistinto.

Enfin, veut-on voir des personnes pâles, difformes et décharnées par la faim? En voici encore la peinture par cet admirable poëte.

Negli occhi era ciascuna oscura, e cava,
Pallida nella faccia, e tanto scema,
Che da l'ossa la pelle s'informava.

Des comparaisons.

Les comparaisons sont un des plus beaux ornemens de la poésie; elles mettent les objets dans leur véritable jour, et donnent à la pensée plus de force et plus d'éclat. Dante nous en offre des modèles parfaits.

E come quei, che con lena affannata
    Uscito fuor del pelago alla riva,
    Si volge all' acqua perigliosa, e guata. (D.)

Qual i fioretti dal notturno gelo
    Chinati e chiusi, poi che 'l sol gl' imbianca,
    Si drizzan tutti aperti in loro stelo. (D.)

Come d' autunno si levan le foglie
    L'un' appresso dell' altra, infin che 'l ramo
    Vede a la terra tutte le sue spoglie. (D.)

Quali colombe dal disio chiamate
    Con l' ali alzate, e ferme al dolce nido
    Volan per l' aer dal voler portate. (D.)

Qual è quel cane, ch' abbaiando agugna,
    E si racqueta poi che 'l pasto morde,
    Che solo a divorarlo intende, e pugna. (D.)

Corda non pinse mai da se saetta,
    Che sì corresse via per l'aer snella. (D.)

Come d'un stizzo verde, che arso sia
    Da l'un de' lati, che dall' altro geme,
    E cigola per vento, che va via;
Così di quella schieggia usciva insieme
    Parole e sangue; ond'i lasciai la cima
    Cadere; e stetti, come l'uom, che teme. (D.)

Come quando cogliendo biada, o loglio

DE LA POÉSIE ITALIENNE.

Gli colombi adunati a la pastura
  Queti senza mostrar l'usato orgoglio,
Se cosa appar, ond' elli abbian paura;
  Subitamente lasciano star l' esca
  Perch' assaliti son da maggior cura. (D.)

Come le pecorelle escon del chiuso,
  Ad una, a due, a tre, e l'altre stanno
  Timidette atterrando l'occhio e l' muso;
E ciò, che fa la prima, l' altre fanno
  Addossandos' a lei, s'ella s' arresta,
  Semplici e quete; e lo perchè non sanno. (D.)

Quali per vetri trasparenti e tersi,
  Over per acque nitide e tranquille,
  Non sì profonde, che' fondi sian persi,
Tornan de' nostri visi le postille
  Debili sì, che perla in bianca fronte
  Non vien men tosto a le nostre pupille. (D.)

Des expressions et des phrases poétiques.

La richesse et la variété des expressions et des phrases sont, chez les Italiens, la source principale du charme qui nous séduit le plus dans le langage poétique. Je pourrois en offrir une foule d'exemples; mais je me bornerai à quelques traits pris au hasard dans les ouvrages du Dante.

Lo bel pianeta, che ad amar conforta,
  Faceva tutto rider l' oriente

L'alba vinceva l' ora matutina,
  Che fuggia 'nnanzi....

Quando noi fummo, dove la rugiada
  Pugna col sol....

Sì che le bianche e le vermiglie guance
  Là dov' i' era, della bella Aurora
  Per troppa etate divenivan rance.

Che 'l mover suo nessun volar pareggia.
  Tal che parea beato per iscritto.

Da tutte parti saettava 'l giorno
  Lo Sol, ch' avea con le saette conte
  Di mezzo 'l ciel cacciato 'l Capricorno.

O ombre vane fuor che nell' aspetto
  Tre volte dietr' a lei le mani avinsi;
  E tante mi tornai con esse al petto.

Lo sommo er' alto, che vincea la vista.

Sta come torre ferma, che non crolla,
  Giammai la cima per soffiar de' venti.

                    Del color cosperso,
  Che fa l' uom di perdon talvolta degno.

                    E li vid' io
  Delle mie vene farsi in terra laco.

DE LA POÉSIE ITALIENNE.

Era già l' ora, che volge 'l desio
  Ai naviganti, e 'ntenerisce 'l core
  Lo dì c' han detto ai dolci amici, a Dio;
E che lo nuovo peregrin d' amore
  Punge; se ode squilla di lontano,
  Che paja 'l giorno pianger, che si muore.

Temp' era già che l'aer s' annerava.

La concubina di Titon antico
  Già s'imbiancava al balzo d' oriente
  Fuor de le braccia del suo dolce amico;
Di gemme la sua fronte era lucente,
  Poste in figura del fredd' animale,
  Che con la coda percuote la gente:
E la notte de' passi, con che sale
  Fatti avea due nel luogo, ov' eravamo;
  E 'l terzo già chinava 'n giuso l' ale.

E quanto l' occhio mio potea trar d' ale.

Di lagrime atteggiata, e di dolore

            Se vecchia, scindi
  Da te la carne....

Grave alla terra per lo mortal gelo.

            Vedi, che torna
Dal servigio del dì l' ancella sesta.

Prima che morte gli abbia dato il volo.

Folgore parve quando l'aer fende.

Con quella fascia,
Che la morte dissolve....

Ai raggi morti già ne' bassi lidi.

Per la tua fame senza fine cupa.

Mi ripingeva là dove 'l sol tace.

Che spande di parlar si largo fiume.

Risonavan per l'aer senza stelle.

E che gent' è, che par nel duol sì vinta?

Du charme des couleurs poétiques.

C'est dans la richesse des mots et dans la variété des expressions, que le poëte trouve les élémens de ce charme si touchant des couleurs, qui répand dans ses tableaux une espèce d'enchantement, et fait naître dans nos âmes de si violentes sensations. Dante, ce poëte souverain,

Che sovra gli altri com' aquila vola,

nous offre deux tableaux où les lecteurs peuvent juger du charme qui en forme la beauté et la grâce. Dans le premier, il nous peint le mouvement léger du feuillage d'une forêt; dans le second, il nous fait la description d'un fracas épouvantable, tel qu'il l'a entendu lui-même aux enfers.

PREMIER TABLEAU.

Un' aura dolce senza mutamento
  Avere in se mi feria per la fronte,
  Non di più colpo, che soave vento
Per cui le fronde tremolando pronte.
  Tutte quante piegavano a la parte,
  U, la prima ombra getta il santo monte.
Non però da il loro esser dritto, sparte
  Tanto, che gli augelletti per le cime,
  Lasciasser di oprare ogni lor' arte;
Ma con piena letizia, l' ore prime
  Cantando, ricevieno intra le foglie
  Che tenevan bordone alle sue rime.

SECOND TABLEAU.

E già venia su per le sucide onde
  Un fracasso d' un suon pien di spavento
  Per cui tremavan amendue le sponde:
Non altrimenti fatto, che d' un vento
  Impetuoso per gli aversi ardori
  Che fier la selva senz' alcun rattento
Gli rami schianta, abbatte, e porta fiori:
  Dinanzi polveroso va superbo,
  E fa fuggir le fiere, e gli pastori.

De la puissance du rhythme.

L'effet que le poëte se propose de produire par ses tableaux, ne dépend pas moins des expressions, des couleurs qu'il emploie, que de la puissance du rhythme poétique. Il y a dans les mots de toutes les langues une cadence naturelle qui naît du rapport des tons graves et aigus et du temps, et dont la mélodie est plus ou moins agréable, selon la sensibilité plus ou moins exquise des organes de ceux qui parlent une langue, et la flexibilité plus ou moins grande de cette même langue.

On ne peut refuser aux Italiens cette espèce de sensibilité d'organes et une justesse d'oreille peu commune; c'est la source première de leur passion pour la musique; d'un autre côté, leur langue est si souple, si docile et si sonore, que l'on en peut tirer toutes sortes de sons et d'harmonie. C'est pour cela qu'en lisant la bonne poésie italienne, on est presque tenté de croire que les poëtes de l'Italie n'excellent pas moins dans la musique que dans la poésie.

Pour sentir jusqu'à quel point les poëtes italiens ont su tirer parti du rhythme, il suffira de quelques vers pris au hasard dans la *divine comédie*, et d'en faire l'analyse. Cet exercice aura encore un autre avantage, celui de persuader les personnes qui n'ont fait qu'une lecture superficielle de cet ouvrage, que les Italiens qui trouvent dans ce poëte plus de génie,

DE LA POÉSIE ITALIENNE.

plus de savoir et plus de beautés que dans les autres, ne sont ni fanatiques ni aveugles. Si je n'ai pas le bonheur de détruire ce préjugé, j'aurai du moins la satisfaction d'avoir rendu une justice méritée au plus grand de tous les poëtes italiens.

Dans le huitième chant du Purgatoire, pour exprimer un certain mépris pour cette dame qui, ayant perdu son premier mari, en épousa bientôt un autre, il ôte au vers tout le soutien de l'harmonie et lui donne une cadence froide et énervée :

La vipera che i Milanesi accampa.

Le rhythme de ce vers est exactement analogue à l'idée du poëte ; mais que dirois-je du son rapide et frappant du vers suivant, où il peint la descente précipitée de la foudre, et en même temps le fracas du tonnerre?....

Se subito la nuvola, scoscende.

La légèreté et la rapidité des deux dactyles *subito*, *nuvola*, expriment divinement le vol rapide de la foudre : la force, la dureté et le son du mot *scoscende* fait sentir le fracas du tonnerre.

Credo ch' a pena il tuono, e la saetta
Venga in terra dal ciel con maggior fretta.

Voici maintenant comment il exprime par la force du rhythme, la respiration oppressée d'un malheureux échappé à la fureur de la tempête, après avoir long-temps lutté contre les flots.

E come quei che con lena affannata.

L'harmonie de ce vers est tellement caractérisée, qu'il est impossible que l'idée qu'il exprime échappe à l'organe le moins exercé.

Enfin, voici un vers du neuvième chant du Purgatoire, d'une beauté surprenante, et dont le mérite cependant ne sera pas apprécié, si l'on ne consulte autre chose que les mots qui le composent, et le sens qu'il présente.

Ma pria, tre volte nel petto mi diedi.

Dans ce vers, le poëte non-seulement veut nous faire savoir qu'il se frappa trois fois la poitrine; mais, ce qui est bien étonnant, il veut nous faire sentir par l'harmonie les trois temps égaux des coups dont il se frappe. En effet, les trois mesures égales de ton et de temps, *tre volte, nel petto, mi diedi*, expriment parfaitement, par la nature et l'égalité de leur son, non-seulement les trois mouvemens égaux, mais aussi le moment précis où la main frappe la poitrine.

De la force des lettres et des syllabes dans les descriptions poétiques.

Les lettres et les syllabes diffèrent les unes des autres, autant par leur forme et par leur combinaison, que par la qualité et par la force de leur son, qui dépend des cordes vocales et de leur plus ou moins de tension. De là cette différence de tons dans le chant et dans les expressions de la douleur, de la crainte, de la joie, et de toutes les affections de l'âme.

On a donné aux lettres et aux syllabes des noms analogues à l'effet que produit sur le nerf auditif, l'action de l'air mis en mouvement, dans l'émission de la voix. Les unes sont dites *sonores*, les autres *sifflantes*; celles-ci *douces*, celles-là *fortes*, et ainsi de suite.

Le poëte doit choisir avec soin les mots dont les élémens offrent un son toujours analogue à la chose qu'il veut peindre. Dante, toujours fidèle à ce principe, nous en donne un exemple sensible dans le passage suivant :

Vassi in Sanleo, e discendesi in Noli,
Montasi su Bismantova in cacume
Con esso i piè; ma qui convien ch' uom voli:
Dico con l' ale snelle, e con le piume
 Del gran desio, diretro a quel condotto,
 Che speranza mi dava, e facea 'lume.
Noi salivam per entro 'l sasso rotto:
 E d' ogni parte ne stringea lo stremo,
 E piedi, e man voleva il suol di sotto.

En analysant chaque mot, on trouvera, depuis le

premier jusqu'au dernier, que toutes les idées y sont exprimées, non-seulement par la justesse de l'expression, mais par les lettres mêmes et les syllabes, de manière que la plus légère altération dans un vers, lui ôteroit sa force et sa beauté.

Observations particulières.

Quand un mot terminé par une voyelle est immédiatement suivi d'un mot qui commence par une autre voyelle, il y a élision dans le vers.

EXEMPLE.

Non fan sì grande e sì terribil suono
  Etna, qualor da Encelado è più scossa,
  Scilla, e Cariddi, quando irate sono. (Pétrarque.)

Les élisions sont dans les mots *grande, da, Encelado, Scilla, quando*.

Les élisions faites avec art donnent au vers plus de gravité. Tel est l'effet qu'elles produisent dans les vers suivans de Virgile et de Dante :

  Multum ille et terris......
Lasciate ogni speranza, o voi ch' entrate.

Plus il se trouve d'élisions dans un vers, plus la marche en est sévère ou majestueuse. En voici deux exemples de Pétrarque : le premier approche plus de la sévérité; mais le second est très-majestueux.

DE LA POÉSIE ITALIENNE. 371

Fior, frond', erb', ombr', antri, ond', aure soavi.
Quand' era in parte altr' uom da quel ch'i sono.

Plus il y a de voyelles dans la composition des syllabes, plus le vers a de dignité. On peut le sentir en prononçant exactement le vers suivant de Dante :

Tre furie infernal di sangue tinte.

On donne encore beaucoup de force à l'expression, en commençant un vers par le mot qui termine le précédent.

EXEMPLES.

Luce intellettual piena d' amore,
Amor di vero ben piena letizia,
Letizia, etc. (Dante.)

Più volte Amor m' avea già detto : scrivi,
Scrivi quel che vedesti in lettre d'oro. (Pétr.)

Stato era in campo, e avea veduta quella
Quella rotta che dianzi ebbe Re Carlo. (Arios.)

C'est avec le même succès que l'on commence plusieurs stances de suite par le même mot, comme on le voit dans les suivantes de Dante :

Amor che al cor gentil ratto s'apprende,
Prese costui della bella persona
Che mi fu tolta, e 'l modo ancor m' offende.

Amor ch' a null' amato amar perdona,

Mi prese del costui piacer si forte
Che, come vedi, ancor non m' abandona.

Amor condusse noi ad una morte, etc.

Nous avons vu que le vers italien est le résultat de l'harmonie que produisent les différentes combinaisons de l'accent tonique, dont nous avons fait connoître la nature et la place dans les mots; nous avons fixé le nombre des mesures dont chaque vers est composé, celui des syllabes qui entrent dans la composition de ces mêmes mesures, et la manière de varier leur forme pour en tirer telle ou telle harmonie. Pour remplir le but que je me suis proposé, il me reste à donner maintenant une idée des différentes compositions poétiques qui sont le plus en usage aujourd'hui.

Des différentes espèces de compositions poétiques.

Parmi les compositions poétiques, dont le nombre est presque infini chez les Italiens, je me bornerai à parler du *sonnet*, de la *chanson*, du *madrigal*, de l'*octave*, du *sixain*, du *chapitre*, et des *vers blancs*.

Du sonnet.

Le *sonnet* (*sonetto* diminutif de *suono*) est sans doute la plus jolie et en même temps la plus difficile de toutes nos poésies lyriques. Il est composé ordinairement de quatorze vers endécasyllabes, distribués en deux quatrains et deux tercets.

Du sonnet héroïque.

Le style de ce sonnet doit être sublime, comme son sujet même semble l'indiquer. Quatorze vers endécasyllabes divisés en deux quatrains et deux tercets le composent. En voici un exemple ; c'est un des plus estimés de Pétrarque :

Levommi il mio pensier in parte ov' era
    Quella ch' io cerco, e non ritrovo in terra :
    Ivi fra lor che 'l terzo cerchio serra
    La rividi più bella, e meno altera.

Per man mi prese, e disse : in questa spera
    Sarai ancor meco, se 'l desir non erra :
    I son colei che ti diè tanta guerra,
    E compiè mia giornata innanzi sera.

Mio ben non cape in intelletto umano :
    Te solo aspetto, e quel che tanto amasti
    E laggiuso è rimaso il mio bel velo.

Deh ! perchè tacque, ed allargò la mano ?
    Ch' al suon de' detti sì pietosi e casti
    Poco mancò ch' io non rimasi in cielo.

Du sonnet pastoral.

La beauté du sonnet pastoral dépend surtout de la pureté et de la simplicité du langage, des traits ingénieux et de l'imitation exacte des mœurs, des idées et des sentimens des personnes que l'on peint.

Ces qualités se trouvent réunies dans le sonnet suivant de Menzini, poëte digne d'être plus connu des étrangers.

Mentr' io dormia sotto quell' elce ombrosa,
 Parvemi, disse Alcon, per l'onde chiare
 Gir navigando donde il sole appare,
 Fin dove stanco in grembo al mar si posa.

E a me, soggiunse Elpin, nella fumosa
 Fucina di Vulcan parve d'entrare,
 E prender armi d' artifizio rare,
 Grand' elmo, e spada ardente e fulminosa.

Sorrise Uranio, che per entro vede
 Gli altrui pensier col senno, e in questi accenti
 Proruppe, ed acquistò credenza, e fede:

Siate, o pastori, a quella cura intenti
 Che 'l giusto ciel dispensator vi diede,
 E sognerete sol greggi, ed armenti.

Du sonnet badin.

Quant au style, ce sonnet doit être simple et léger comme son sujet; quant à la forme, outre les deux quatrains et les deux tercets qui composent les quatorze vers endécasyllabes, il peut être suivi par un ou plusieurs autres tercets. En ce cas, le premier vers de chaque tercet qu'on ajoute, doit être de sept syllabes, et correspondre par la rime avec celui qui le précède immédiatement. Ce qu'on ajoute s'appelle

DE LA POÉSIE ITALIENNE.

la coda, la queue. Le Burchiello nous en offre un modèle dans le sonnet suivant :

Va in mercato, Giorgin, tieni qui un grosso;
  Togli una libbra e mezzo di castrone,
  Dallo spicchio del petto, o da l' arnione,
  Di al peccion, che non ti dia tropp' osso.

Ispacciati, sta su, mettiti in dosso,
  E fa di comperare un buon popone:
  Fiutal che non sia zucca, nè mellone;
  Tolo del sacco, che non sia percosso.

Togli un mezzo tra cavoli, e fagiuoli,
  Un mezzo : non dir poi : io non t' intesi,
  E del resto dei fichi castagnuoli,
    Colti senza picciuoli,
  Che la balia abbia tolto loro il latte,
  E pajansi azzuffati con le gatte.

Des sonnets avec l'intercalaire.

On appelle ainsi les sonnets dans lesquels le premier vers du premier quatrain et le premier de chaque tercet sont répétés à la fin de chaque quatrain et de chaque tercet. Ils rentrent dans le style familier.

Lorsque la répétition du vers qui forme l'*intercalaire*, produit l'effet qu'on se propose, elle ajoute beaucoup de grâce à la poésie. En voici un exemple de Passerini :

Vivea contento alla capanna mia
  In povertade industre, e in dolce stento;
  E perchè al canto, ed al lavoro intento
  Qualche fama di me spander s' udia;
    Vivea contento alla capanna mia.

Fatto perciò superbo, io mi nutria
  D'un van desio d'abbandonar l'armento.
  Fui negli alti palagi, e in un momento
  Senza pregi restai; nè più qual pria
    Vivea contento alla capanna mia.

Degli anni miei perdendo il più bel fiore;
  Il viver lieto, e la virtù perdei;
  L'ozio, e la gola, e gli agi ebber l'onore,
    Degli anni miei perdendo il più bel fiore.

Scorno, e dolore i giorni tristi e rei
  M'occupa alfine, e dico a tutte l'ore
  Ah! s'io pover vivea, or non avrei
    Scorno, e dolore, e giorni tristi e rei.

Des sonnets à couronne.

On appelle couronne (*corona*) quinze sonnets composés sur un seul objet, et liés ensemble de manière que le dernier vers du premier sonnet commence le second, dont le dernier est le premier du troisième; et ainsi de suite jusqu'au quatorzième inclusivement. Le quinzième sonnet, qu'on appelle le *magistrale*, doit résulter de tous les premiers vers des quatorze précédens; ce qui fait que le premier sonnet commence par le premier vers du *magistrale*, et finit par le second; le second sonnet commence par le second vers du *magistrale*, et finit par le troisième; ainsi de suite. La difficulté de cette composition est bien grande; mais on peut la vaincre dans la langue italienne.

Du sonnet anacréontique.

Le sujet de ce sonnet est le plus souvent pastoral; le style en doit être simple et naïf. Les vers dont il est composé sont de huit syllabes. Rolli a réuni toutes ces qualités dans le suivant. C'est un dialogue entre un berger amoureux et un enfant à qui le premier demande des nouvelles de sa bergère.

P. *Sai tu dirmi, o fanciullino,*
  In qual pasco gita sia
  La vezzosa Egeria mia,
  Che pur cerco dal mattino?

F. *Il suo gregge è qui vicino,*
  Ma poc' anzi a quella via
  Gir l' ho vista, e la seguia
  Quel suo candido agnellino.

P. *Ne v' er' altri che l' agnello?*

F. *Seco avea vago pastore.*

P. *Era Silvio?* F. *Appunto quello.*
  Ma tu cangi di colore?

P. *Te felice, o pastorello,*
Che non sai che cos' è amore!

Voici un tableau où l'on indique par des chiffres, les différentes manières de lier ensemble les vers par la même consonnance de la rime.

Les quatrains sont susceptibles de quatre combinaisons différentes de rime :

$$\text{I.}^{\text{ere}} \left\{ \begin{matrix} 1.\ 4.\ 5.\ 8. \\ 2.\ 3.\ 6.\ 7. \end{matrix} \right\}$$

$$\text{II.}^{\text{e}} \left\{ \begin{matrix} 1.\ 3.\ 5.\ 7. \\ 2.\ 4.\ 6.\ 8. \end{matrix} \right\}$$

$$\text{III.}^{\text{e}} \left\{ \begin{matrix} 1.\ 3.\ 6.\ 8. \\ 2.\ 4.\ 5.\ 7. \end{matrix} \right\}$$

$$\text{IV.}^{\text{e}} \left\{ \begin{matrix} 1.\ 3.\ 6.\ 7. \\ 2.\ 4.\ 5.\ 8. \end{matrix} \right\}$$

Dans les tercets la rime peut être variée de huit manières différentes :

$$\text{I.}^{\text{ere}} \left\{ \begin{matrix} 1.\ 3.\ 5. \\ 2.\ 4.\ 6. \end{matrix} \right\}$$

$$\text{II.}^{\text{e}} \left\{ \begin{matrix} 1.\ 3.\ 4.\ 6. \\ 2.\ 5. \end{matrix} \right\}$$

$$\text{III.}^{\text{e}} \left\{ \begin{matrix} 1.\ 5.\ 6. \\ 2.\ 3.\ 4. \end{matrix} \right\}$$

$$\text{IV.}^{\text{e}} \left\{ \begin{matrix} 1.\ 4. \\ 2.\ 5. \\ 3.\ 6. \end{matrix} \right\}$$

DE LA POÉSIE ITALIENNE.

$$\text{V.}^{e} \begin{Bmatrix} 1. & 5. \\ 2. & 4. \\ 3. & 6. \end{Bmatrix}$$

$$\text{VI.}^{e} \begin{Bmatrix} 1. & 6. \\ 2. & 4. \\ 3. & 5. \end{Bmatrix}$$

$$\text{VII.}^{e} \begin{Bmatrix} 1. & 6. \\ 2. & 5. \\ 3. & 4. \end{Bmatrix}$$

$$\text{VIII.}^{e} \begin{Bmatrix} 1. & 3. \\ 2. & 5. \\ 4. & 6. \end{Bmatrix}$$

De la chanson ou ode italienne.

(Canzone.)

Le sujet de cette poésie doit être héroïque, et son style sublime. Le nombre des stances qui la composent ne doit jamais être moins de trois ni plus de vingt; et celui des vers dont chaque stance est composée ne peut être moins de huit, ni s'étendre au delà de vingt. Les vers qu'on emploie dans la *chanson* sont de ceux de onze syllabes, auxquels on peut entremêler ceux de sept. Quant à la rime, le poëte a la plus grande liberté, pourvu que chaque vers rime avec un ou deux autres. La première stance doit être la mesure des autres, hors la dernière qu'on appelle le *congé*, *chiusa*, qui peut n'avoir qu'environ la moitié des vers des autres, et même moins, mais jamais au-dessous de trois. La *canzone* suivante de Pétrarque nous offre un modèle parfait de cette espèce de poésie.

Chiare fresche e dolci acque,
  Ove le belle membra
  Pose colei, che sola a me par donna;
  Gentil ramo, ove piacque
  (Con sospir mi rimembra)
  A lei di fare al bel fianco colonna;
  Erba, e fior che la gonna
  Leggiadra recovrese
  Con l' angelico seno:
  Aer sacro e sereno,
  Ov' Amor co' begli occhi il cor m' aperse,
  Date udienza insieme
  Alle dolenti mie parole estreme.

S' egli è pur mio destino,
  E 'l cielo in ciò s' adopra,
  Ch' Amor quest' occhi lagrimando chiuda;
  Qualche grazia il meschino
  Corpo fra voi ricopra;
  E torni l' alma al proprio albergo ignuda.
  La morte fia men cruda,
  Se questa speme porto
  A quel dubbioso passo:
  Che lo spirito lasso
  Non porria mai 'n più riposato porto,

Nè 'n più tranquilla fossa
Fuggir la carne travagliata, e l' ossa.

Tempo verrà ancor forse
  Ch' all' usato soggiorno
  Torni la fera bella e mansueta;
  E là v' ella mi scorse
  Nel benedetto giorno,
  Volga la vista desiosa e lieta,
  Cercandomi, ed o pietà!
  Già terra infra le pietre
  Vedendo, Amor l'inspiri
  In guisa che sospiri
  Sì dolcemente che mercè m' impetri,
  E faccia forza al cielo
  Asciugandosi gli occhi col bel velo.

Da' be' rami scendea,
  Dolce nella memoria,
  Una pioggia di fior sovra 'l suo grembo;
  Ed ella si sedea
  Umile in tanta gloria,
  Coverta già dell' amoroso nembo:
  Qual fior cadea sul lembo,
  Qual su le trecce bionde,
  Ch' oro forbito, e perle
  Eran quel dì a vederle:
  Qual si posava in terra, e qual sull' onde,
  Qual con un vago errore,
  Girando parea dir, qui regna Amore.

Quante volte diss' io

Allor pien di spavento,
Costei per fermo nacque in paradiso!
Così carco d'obblio
Il divin portamento,
E 'l volto, e le parole, e 'l dolce viso
M'aveano, e sì diviso
Dall' immagine vera;
Ch' io dicea sospirando,
Qui come venn' io, o quando?
Credendo esser in ciel, non là dov' era.
Da indi in quà mi piace
Quest' erba sì ch' altrove non ho pace.

Se tu avessi ornamenti, quant' hai voglia,
Potresti arditamente
Uscir del bosco, e gir infra la gente.

Du madrigal.

Cette pièce de poésie admet toutes sortes de sujets et de styles. Elle est composée d'une seule stance, qui ne peut avoir moins de trois vers, et qui ordinairement ne va pas au delà de quinze vers endécasyllabes, auxquels on peut entremêler de ceux de sept syllabes. Le suivant est de F. de Lemene.

Al gioco della cieca Amor giocando,
Prima la sorte vuol che ad esso tocchi
Di gir nel mezzo, e di bendarsi gli occhi.
Or ecco che vagando Amor bendato
Vi cerca in ogni lato.

Oimè guardate ognun che non vi prenda;
Perchè, tolta la benda
Allor dagli occhi suoi,
Vi accecherà col bendar gli occhi a voi.

De l'octave.

L'octave, ainsi appelée par le nombre des vers dont elle est composée, est également propre au genre sublime et au genre badin. Les six premiers vers riment alternativement; les deux derniers ont la même correspondance de rime. En voici un modèle que nous offre Arioste dans le portrait d'Alcine:

I.

Di persona era tanto ben formata,
  Quanto me' finger san pittori industri;
  Con bionda chioma, lunga ed annodata
  Oro non è che più risplenda e lustri.
  Spargeasi per la guancia delicata
  Misto color di rose, e di ligustri :
  Di terso avorio era la fronte lieta,
  Che lo spazio finia con giusta meta.

II.

Sotto due negri e sottilissimi archi
  Son duo negri occhi, anzi duo chiari soli,
  Pietosi a riguardare, a mover parchi,
  Intorno a cui par ch' Amor scherzi e voli,

E ch' indi tutta la faretra scarchi,
E che visibilmente i cori involi.
Quindi il naso per mezzo il viso scende,
Che non trova l' invidia ove l' emende.

III.

Sotto quel stà, quasi fra due vallette,
La bocca sparsa di natio cinabro:
Quivi due filze son di perle elette,
Che chiude ed apre un bello e dolce labbro;
Quindi escon le cortesi parolette,
Da render molle ogni cor rozzo e scabro,
Quivi si forma quel soave riso,
Ch' apre a sua posta in terra il paradiso.

IV.

Bianca neve è il bel collo, e 'l petto latte,
Il collo è tondo, il petto è colmo e largo :
Due pome acerbe, e pur d' avorio fatte
Vengono, e van com' onda al primo margo
Quando piacevol' aura il mar combatte :
Non potria l' altre parti veder Argo.
Ben si può giudicar che corrisponde
A quel ch' appar di fuor quel che s' asconde.

V.

Monstran le braccia sue misura giusta,
E la candida man spesso si vede
Lunghetta alquanto, e di larghezza angusta,
Dove nè nodo appar, nè vena eccede.

DE LA POÉSIE ITALIENNE.

Si vede al fin della persona augusta,
Il breve, asciuto e ritondetto piede.
Gli angelici sembianti nati in cielo,
Non si ponno celar sotto alcun velo.

Du sixain.

C'est du nombre des vers dont le sixain est composé qu'il prend son nom. Propre aux sujets héroïques et aux sujets badins, il admet de même le style sublime et le familier. La correspondance de la rime doit être alternative dans les quatre premiers vers, et s'appareiller dans les deux derniers. Le célèbre Casti nous en offre le modèle suivant tiré de son poëme des Animaux parlans :

I.

Sorge di là dal Gange, in non ben nota
  Oriental contrada, immensa rupe
  Affatto inaccessibile e remota
Da uman commercio, ed ha profonde e cupe
Caverne in sen, di fere antico albergo
E di sassi e di sterpi ha ingombro il tergo.

II.

Sgorga dal fianco dell' alpestre masso
  Fonte che nel cammin rompesi, e casca
  Romoreggiando giù per borri al basso,
  Fino al muscoso sen d' amena vasca;
  Quivi nel gran calor sovente a bere
  Van le anelanti sitibonde fiere.

III.

Da questa si diraman due ruscelli
  Che bagnan della rupe entrambi i lati,
  Ed inaffiano i fiori, e gli arboscelli
Sparsi sui verdeggianti erbosi prati,
  Cui fa confine impenetrabil bosco
Di foltissime piante ombroso e fosco.

IV.

Su per montagne asprissime la selva
  Si dilata d' attorno, e si distende
  Per lungo tratto, a ogni feroce belva
Covo ed asilo, ivi principio prende
  La vasta interminabile catena
Dei monti Atlai, cui l'occhio segue appena.

Du chapitre.

(Capitolo.)

Le chapitre résulte de plusieurs tercets liés ensemble, de manière que le premier vers du premier tercet rime avec le troisième; le second avec le premier et le dernier du second tercet, et ainsi jusqu'au dernier tercet, auquel on ajoute un vers de plus, pour le faire correspondre par la rime à celui qui le précède immédiatement. Le style de cette poésie prend le caractère et le ton du sujet qu'elle traite. En voici un modèle parfait emprunté de Dante:

La bocca se levò dal fiero pasto
  Quel peccator forbendola a' capelli
  Del capo, ch' egli avea di retro guasto:

Poi cominciò; tu vuoi ch' i rinnovelli
  Disperato dolor, che 'l cor mi preme
  Già pur pensando pria ch' i ne favelli.

Ma se le mie parole esser den seme,
  Che frutti infamia al traditor ch' i rodo;
  Parlare e lagrimar vedrai insieme.

I non so chi tu sie, nè per che modo
  Venuto se' quaggiù; ma Fiorentino
  Mi sembri veramente, quand' i t'odo.

Tu dei saper ch' i fu 'l conte Ugolino,
  E questi l' arcivescovo Ruggieri :
  Or ti dirò perch' i son tal vicino.

Che per l'effetto de' suo' ma' pensieri,
  Fidandomi di lui, io fossi preso
  E poscia morto, dir non è mestieri;

Però quel che non puoi avere inteso,
  Cioè come la morte mia fù cruda,
  Udirai, e saprai se m' ha offeso.

Breve pertugio dentro da la muda,
  La qual per me ha 'l titol della fame,
  E 'n che convien ancor ch' altri si chiuda,

M' avea mostrato per lo suo forame

Più lùmi già, quand' i feci 'l mal sonno,
Che del futuro mi squarciò il velame.

Questi parevà a me maestro e donno
Cacciando 'l lupo e' lupicini al monte,
Per cui i Pisan veder Lucca non ponno.

Con cagne magre, studiose e conte
Gualandi con Sismondi, e con Lanfranchi
S' avea messi dinanzi da la fronte.

In picciol corso mi pareano stanchi
Lo padre e' figli, e con l'acute scane
Mi parea lor veder fender li fianchi.

Quando fui desto innanzi la dimane
Pianger sentì tra 'l sonno i miei figliuoli
Ch'eran con meco, e dimandar del pane.

Ben se' crudel, se tu già non ti duoli
Pensando ciò che 'l mio cuor s'annunziava,
E se non piangi, di che pianger suoli?

Già eran desti, e l'ora s'appressava
Che 'l cibo ne soleva esser addotto,
E per suo sogno ciascun dubitava.

Ed io sento chiavar l'uscio di sotto
All' orribile torre: ond' io guardai
Nel viso a' miei figliuoi senza far motto.

I non piangeva sì dentr' impetrai:
Piangevan essi; ed Anselmuccio mio
Disse: tu guardi sì, padre, che hai?

Però non lagrimai, nè rispos' io
   Tutto quel giorno, nè la notte appresso
   Infin che l'altro sol nel mondo uscio.

Com' un poco di raggio si fù messo
   Nel doloroso carcere, ed io scorsi
   Per quattro visi il mio aspetto stesso;

Ambo le mani per dolor mi morsi:
   E quei pensando ch'i 'l fessi per voglia
   Di manicar, di subito levorsi,

E disser: padre, assai ci fia men doglia
   Se tu mangi di noi: tu ne vestisti
   Queste misere carni, e tu le spoglia.

Quetami allor per non farli più tristi,
   Quel dì, e l'altro stemmo tutti muti:
   Ahi dura terra, perchè non t'apristi?

Poscia che fummo al quarto dì venuti
   Gaddo mi si gittò disteso a' piedi
   Dicendo, padre mio che non m'ajuti?

Quivi morì: e come tu mi vedi,
   Vid' io cascar li tre ad uno ad uno
   Fra 'l quinto dì e 'l sesto: ond' i mi diedi

Già cieco a brancolar sovra ciascuno;
   E tre dì li chiamai, poichè fur morti,
   Poscia più che 'l dolor potè 'l digiuno.

Quand' ebbe detto ciò, con gli occhi torti

Riprese 'l teschio misero co' denti,
Che furo a l'osso, come d'un can, forti.

Ahi Pisa vituperio delle genti
Del bel paese là, dove 'l si sona;
Poi ch' i vicini a te punir son lenti,

Movasi la Capraja, et là Gorgona,
E faccian siepe ad Arno in su la foce,
Sì ch' egli annieghi in te ogni persona :

Che se 'l conte Ugolino aveva voce
D'aver tradita te de le castella,
Non dovei tu i figliuoi porre a tal croce.

Innocenti i facea l'età novella,
Novella Tebe, Uguiccion, e 'l Brigata,
E gli altri due, che 'l canto suso appella, etc.

Du vers blanc.

(Verso sciolto.)

On appelle ainsi les vers qui n'ont entr'eux aucune correspondance de rime. Quelle que soit l'apparente facilité de ce système de versification, quoiqu'on n'ait pas craint d'avancer que ces sortes de vers ne coûtoient pas plus à faire que de la simple prose, je puis assurer, d'après l'expérience de tous les jours et le sentiment des maîtres de l'art, qu'ils présentent autant de difficultés, pour le moins, que les vers rimés.

DE LA POÉSIE ITALIENNE. 591

Le poëte y est partout obligé de suppléer au charme de la rime qui leur manque, par la pureté du langage, la force des pensées, l'énergie ou la vivacité de l'expression et par la noblesse des sentimens. Les licences poétiques y sont restreintes à un très-petit nombre, tandis qu'elles se prêtent, dans les autres vers, à toutes les intentions du versificateur. Parmi les poëtes italiens qui ont adopté ce genre de poésie, le célèbre Parini a eu la gloire de l'élever à son plus haut degré de perfection. Les exemples que j'en donne, sont tirés de son très-beau poëme sur les Quatre Parties du Jour.

IL MATTINO.

Sorge il mattino in compagnia dell' alba
Innanzi al sol che di poi grande appare
Su l'estremo orizonte a render lieti
Gli animali e le piante e i campi e l'onde.
Allora il buon villan sorge dal caro
Letto, cui la fedel sposa, e i minori
Suoi figliuoletti intiepidir la notte;
Poi sul collo recando i sacri arnesi,
Che prima ritrovar Cerere, e Pale,
Va col bue lento innanzi al campo, e sucote
Lungo il picciol sentier da' curvi rami
Il rugiadoso umor che, quasi gemma,
I nascenti del sol raggi rifrange.
Allora sorge il fabro, e la sonante
Officina riapre, e all' opre torna

L'altro dì non perfette, o se di chiave
Ardua e ferrati ingegni all' inquieto
Ricco l'arche assecura, o se d'argento
E d'oro incider vuol giojelli, e vasi
Per ornamento a nuove spose, e a mense, etc.

LA NOTTE.

Già di tenebre involta, e di perigli
Sola, squallida mesta alto sedevi,
Su la timida terra. Il debil raggio
De le stelle remote, e de' pianeti
Che nel silenzio camminando vanno,
Rompea gli orrori tuoi sol quanto è d'uopo
A sentirli vie più. Terribil ombra
Giganteggiando si vedea salire
Su per le case, e su per l'alte torri
Di teschi antichi seminate al piede
E upupe, e gufi, e mostri avversi al sole
Svollazzavan per essa, e con ferali
Stridi portavan miserandi auguri:
E lievi dal terreno e smorte fiamme,
Di sù di giù vagavano per l'aere,
Orribilmente tacito ed opaco;
E al sospettoso adultero, che lento
Col cappel su le ciglia, e tutto avvolto
Nel mantel se ne già con l'armi ascose
Colpieno il core, e lo stringean d'affanno.
E fama è ancor che pallide fantasime
Lungo le mura de i deserti tetti

Spargean lungo acutissimo lamento,
Cui di lontan per entro al vasto bujo
I cani ripondevano ululando.
    Tal fusti, o notte... etc.

Quant à l'ode de Toscane, l'ode saphique, l'ode pindarique, l'ode alcaïque, la chansonnette, la ballade, l'anacréontique, l'élégie, le quatrain et toutes les autres différentes espèces de poésies, il suffit, après avoir bien étudié ce que j'ai dit sur la versification en général, d'en voir les modèles dans les poëtes.

FIN.

TABLE
DES MATIÈRES
CONTENUES DANS LA GRAMMAIRE.

Dédicace. . . . . Page v
Rapport de l'Institut. . . . . vij
Préface. . . . . xj

PREMIÈRE PARTIE.

Introduction. *Des parties du discours en général.* 1

Chapitre premier. *De l'alphabet italien.* 4

Chapitre II. *Des noms.* 5
   De la manière d'exprimer les rapports que les Latins exprimoient par les cas. 6
   Exercice sur les noms. 8

Chapitre III. *Du genre.* 10
   Exercice sur le genre. 13

Chapitre IV. *Du nombre.* 14
   Exercice sur les nombres. 19

Chapitre V. *Des noms personnels.* . . 20
   Exercice sur les noms personnels. . . 27

TABLE

	Pages.
CHAPITRE VI. *De l'article.*	28
De la manière de lier les articles avec les prépositions.	30
De l'emploi des articles.	33
Exercice sur les articles.	42
CHAPITRE VII. *Des adjectifs.*	44
Division des adjectifs.	45
Des adjectifs physiques.	Id.
Exercice sur ces adjectifs.	48
CHAPITRE VIII. *Des augmentatifs et des diminutifs.*	49
Exercice sur les augmentatifs et les diminutifs.	54
CHAPITRE IX. *Des comparatifs et des superlatifs.*	55
Exercice sur les comparatifs et les superlatifs.	60
CHAPITRE X. *Des adjectifs métaphysiques.*	61
Exercice sur ces adjectifs.	55
CHAPITRE XI. *Des adjectifs numéraux.*	66
Exercice.	70
CHAPITRE XII. *Des adjectifs possessifs.*	71
Exercice.	75
CHAPITRE XIII. *Des adjectifs démonstratifs.*	76
Exercice.	79

DES MATIÈRES. 397

Pages.

CHAPITRE XIV. *Des adjectifs conjonctifs.* 80
   Exercice. 85

CHAPITRE XV. *Des pronoms.* 87
   Exercice sur les pronoms. 92

CHAPITRE XVI. *Du pronom absolu* on. . 93
   Exercice. 96

DEUXIÈME PARTIE.

CHAPITRE PREMIER. *Des conjugaisons.* . 98

CHAPITRE II. *Des différentes sortes de verbes.* 104

CHAPITRE III. *Des verbes auxiliaires.* . . 106
   Exercice. 117

CHAPITRE IV. *De la manière de rendre en italien les expressions* il y a, il y avoit, *etc.* 118
   Exercice sur ce chapitre. 120

CHAPITRE V. *Des conjugaisons des verbes réguliers.* 121
   Exercice sur les conjugaisons. . . . 134

CHAPITRE VI. *Des verbes irréguliers de la première conjugaison.* 135
   Exercice sur les verbes. 143

	Pages.
CHAPITRE VII. *Des verbes irréguliers de la seconde conjugaison*............	144
Observations sur la formation des participes...............	153
Exercice................	154
Des verbes qui, outre le parfait défini, ont des irrégularités.........	155
Des verbes irréguliers de la troisième conjugaison............	165
CHAPITRE VIII. *Des verbes défectueux*..	169

TROISIÈME PARTIE.

CHAPITRE PREMIER. *Des prépositions*..	172
Des prépositions a *et* in........	174
De la préposition da.........	176
De la préposition per.........	177
De la préposition con.........	178
Des prépositions fra, tra, intra.....	180
Exemples.............	184
Exercice sur toutes ces prépositions...	186
CHAPITRE II. *Des adverbes*.......	187
Exercice sur les adverbes.......	192
CHAPITRE III. *Des conjonctions*.....	193
Exercice sur les conjonctions.....	198
CHAPITRE IV. *Des interjections*.....	199
Exercice sur les interjections.....	203

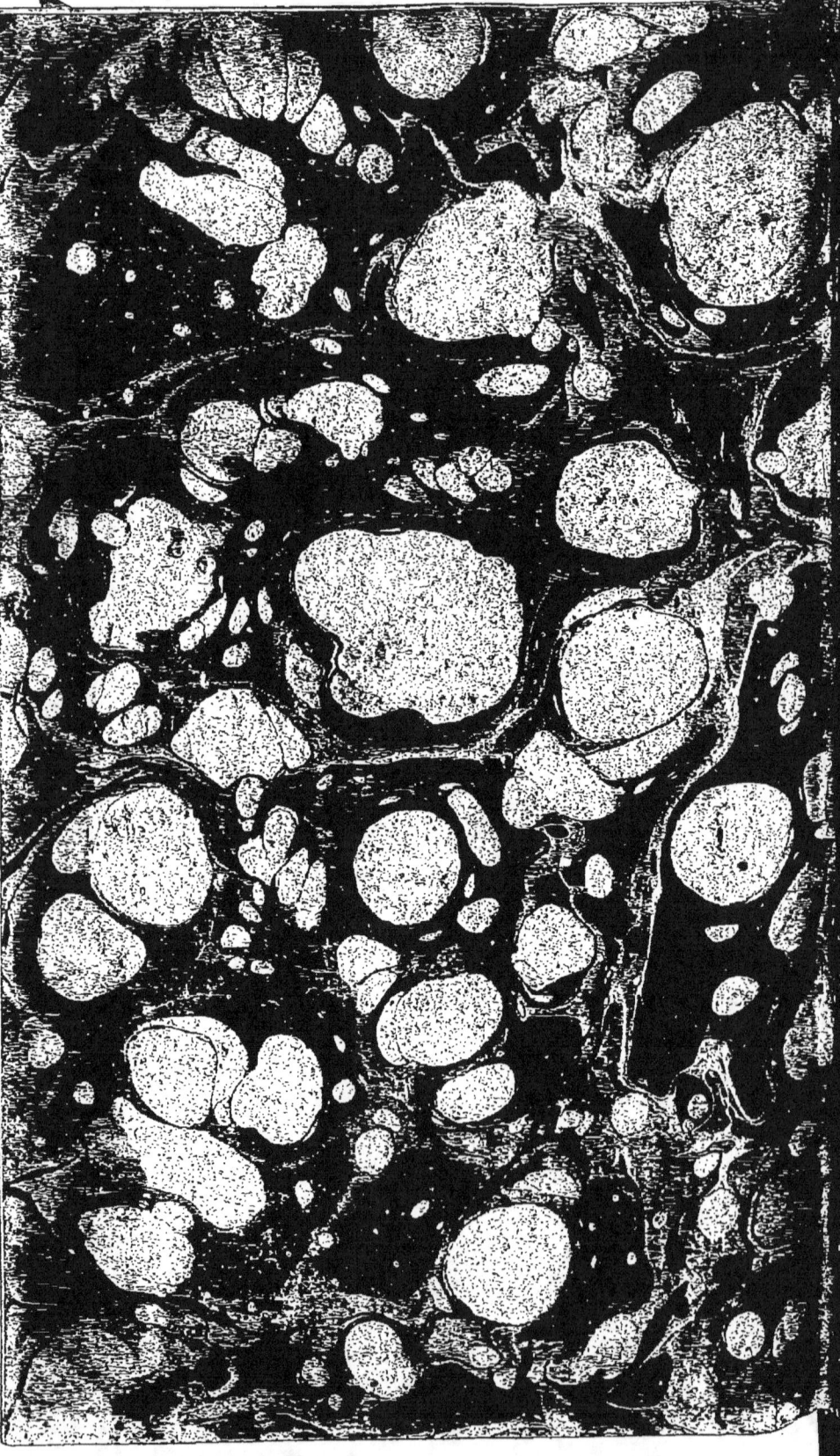

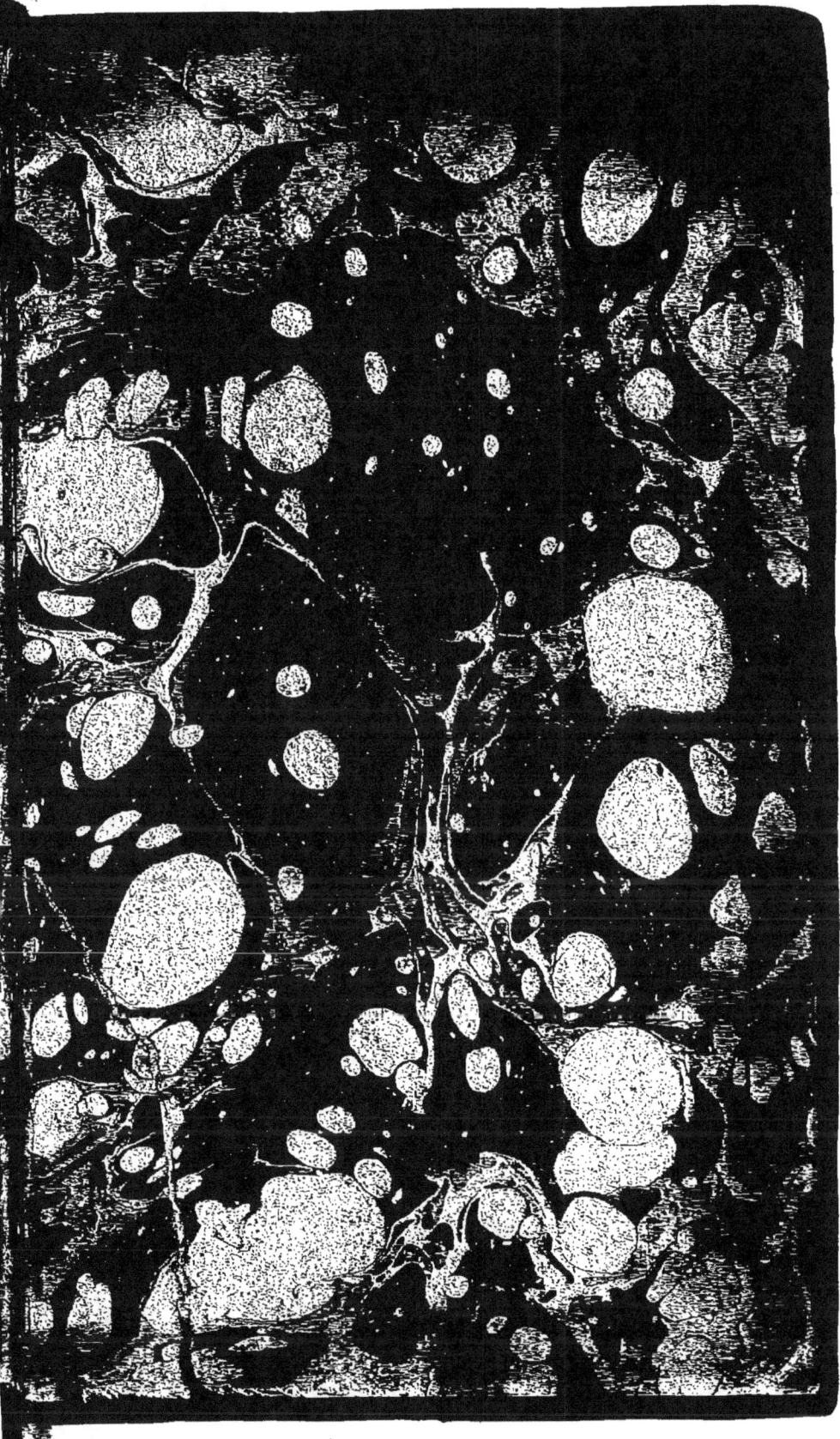

www.ingramcontent.com/pod-product-compliance
Lightning Source LLC
Chambersburg PA
CBHW060546230426
43670CB00011B/1702